中国人民大学科学研究基金（中央高校基本科研业务费专项资金资助）项目
"英语源语解码方式与口译质量的关系研究"（编号：14XN1010）成果

Research on Classroom-based
Interpretation Training

口译课堂
教学研究

江晓丽　著

ZHEJIANG UNIVERSITY PRESS
浙江大学出版社

图书在版编目（CIP）数据

口译课堂教学研究 / 江晓丽著. —杭州:浙江大
学出版社,2017.12(2020.1重印)
ISBN 978-7-308-16997-4

Ⅰ.①口… Ⅱ.①江… Ⅲ.①英语－口译－课堂教学
－教学研究－高等学校 Ⅳ.①H315.9

中国版本图书馆 CIP 数据核字（2017）第 132321 号

口译课堂教学研究

江晓丽　著

责任编辑	黄静芬
责任校对	仲亚萍
封面设计	北京春天书装图文设计工作室
出版发行	浙江大学出版社
	（杭州市天目山路 148 号　邮政编码 310007）
	（网址:http://www.zjupress.com）
排　　版	杭州中大图文设计有限公司
印　　刷	虎彩印艺股份有限公司
开　　本	710mm×960mm　1/16
印　　张	16.75
字　　数	230 千
版 印 次	2017 年 12 月第 1 版　2020 年 1 月第 3 次印刷
书　　号	ISBN 978-7-308-16997-4
定　　价	48.00 元

序　言

　　随着世界政治多极化、经济全球化发展的不断深入,特别是当前我国"一带一路"倡议的迅速推进,对高质量翻译人才的需求与日俱增,进而对我国翻译事业及翻译教学提出了新的、更高的要求。为了配合"一带一路"倡议,我国"走出去"的力度也在不断加大,所需的翻译已经从侧重对内译介西方文化与文明转为侧重对外译介中国文化和文明,翻译在推动对外传播中国文化的过程中发挥着越来越重要的作用。然而中国翻译协会的统计表明,截止到2016年年底,依靠翻译专业(本科)和翻译硕士专业学位(MTI)教育培养出来的翻译专业毕业生仅仅只有几千人(按现有专业饱和培训量估算),这样一支数量有限、规模偏小的专业队伍难以胜任和满足日益广泛的国际交流的需要。更何况,在目前开设翻译硕士专业学位教学的院校中,能真正达到国际职业口译要求的院校凤毛麟角,完全符合国际标准并得到国际认可的院校也只有极少的一两所,绝大多数开设口译课程的院校还处在非职业和半职业口译教学状态中。

　　为了加强和规范翻译人才培养,2000年修订的《高等学校英语专业英语教学大纲》中,明确要求高校英语专业为本科生开设口译必修课,这一要求又对高校英语专业的口译师资提出了新的更高的要求。而现实情况是,承担高校英语专业口译课程教学的师资的教育背景多为英语语言文学专业(硕士、博士),对口译职业化特点缺乏系统的学习和培训,普遍将"口译教学"实践为"教学口译",经过一年口译学习的英语专业学生只能够胜任一般的非职业口译任务,这些都有待定性、定量的研究和分析。

江晓丽老师的新作《口译课堂教学研究》,正是针对英语专业口译课堂教学现存问题所展开的一项深入而系统的研究。本书借鉴了国内外口译教学研究的成果,全面梳理了口译教学理论的发展轨迹,重点阐述了口译技能化训练理念,量化分析了我国口译教学的现状,并对如何构建英语专业的口译课堂教学提出了独特思考。本书创新地提出,英语专业口译教学要在遵循口译特有的教学规律的前提下,设置多重教学目标:以为职业化专业口译人才培养输送潜在后备力量为较高目标,以使学生能胜任一般性非职业口译任务为中等目标,以使学生充分了解口译的本质并提升双语思维能力为基本目标。在此基础上,本书通过一系列设计严谨的科学方法,研究对英语专业本科生实施口译技能化训练的可行性和有效性。

国内有近千所本科院校设置英语专业,虽然近年来越来越多的学者开始关注英语专业本科生的口译教学实践,也有学者对如何定位英语专业的口译教学展开讨论,但运用实证系统探索如何提升英语专业本科生的口译能力的研究目前尚不多见,江晓丽老师在此领域做的有益探索令人欣慰。

我与江晓丽老师结识于她所在的中国人民大学组团来上海外国语大学高翻学院调研之时。作为中国人民大学筹备翻译硕士专业学位口译方向的负责人,她对于自己的专业教育背景及肩负的责任存在一些困惑,多次与我进行深入交流。她的专业素养,对工作认真负责的态度,以及对口译领域的领悟力给我留下了深刻的印象。值此全国翻译专业学位研究生教育开展十周年之际,本书的出版将为口译专业教学的发展提供从本科开始做起的,很有研究、教学和实践价值的启示,可喜可贺!

柴明颎

上海外国语大学高级翻译学院荣誉院长

国际大学翻译学院联盟副主席

目　录

引　论 / 1

第一章　口译的本质 / 4

　　一、口译的定义 / 4

　　二、口译的过程 / 5

　　三、口译的特点 / 10

　　四、口译的质量标准 / 13

　　五、口译的评估与测试 / 15

　　六、小　结 / 18

第二章　口译教学理论的发展 / 19

　　一、翻译教学理论简述 / 19

　　二、口译理论综述 / 28

　　三、口译技能化训练理念 / 35

　　四、小　结 / 42

第三章　口译教学研究 / 44

　　一、西方口译教学研究 / 44

　　二、国内口译教学研究 / 46

　　三、小　结 / 63

第四章　口译教学现状 / 64

　　一、翻译硕士专业学位(MTI)口译教学现状 / 65

二、本科翻译专业口译教学现状 / 69

三、本科外语专业口译教学现状 / 71

四、口译教学现存的主要问题 / 74

五、外语专业口译教学的定位 / 78

六、小　结 / 80

第五章　英语专业口译课堂教学构建 / 81

一、英语专业口译教学的目标与定位 / 81

二、英语专业口译教学的任务与内容 / 82

三、英语专业口译教师的资质 / 91

四、英语专业口译教学的方法 / 92

五、英语专业学生的特点 / 93

六、英语专业口译教材的选用 / 94

七、英语专业技能化口译教学的课堂构建 / 96

八、小　结 / 98

第六章　英语专业口译听辨能力训练研究 / 99

一、口译听辨能力训练研究 / 99

二、英语专业口译听辨能力训练课程模式 / 102

三、英语专业口译听辨能力训练研究（以源语复述为例） / 106

四、小　结 / 118

第七章　英语专业口译记忆能力训练研究 / 119

一、口译记忆能力训练研究 / 119

二、英语专业口译记忆能力训练课程模式 / 123

三、英语专业口译记忆能力训练研究（以逻辑推理记忆训练研究
为例） / 127

四、小　结 / 145

第八章　英语专业口译笔记能力训练研究 / 146

一、口译笔记能力训练研究 / 146

二、英语专业口译笔记能力训练教学模式 / 150

三、英语专业口译笔记能力训练研究（案例研究）/ 155

四、口译专业笔记能力训练研究的启示（长时案例研究）/ 170

五、小　结 / 174

第九章　英语专业口译表达能力训练研究 / 175

一、口译表达能力训练研究 / 175

二、英语专业口译表达能力训练教学模式 / 177

三、英语专业口译表达能力训练研究（以有准备演讲结合口译训
练为例）/ 180

四、小　结 / 195

第十章　口译技能分阶段训练教学效果评估 / 196

一、问卷设计 / 196

二、结果讨论 / 200

三、控制班和实验班学生口译问题与策略使用的对比分析 / 215

四、口译测试成绩结果分析 / 218

五、学生对口译技能化训练教学的反馈 / 225

六、小　结 / 229

参考文献 / 231

索　引 / 257

引　论

自不同国家、民族开展交往始,口译活动便诞生了。但是口译作为一项职业活动,是以近代的两次标志性历史事件为开端的:一是1919年的巴黎和会首次使用英法交替传译,标志着会议口译的开端(Phelan,2001:2);二是以1945年的纽伦堡(Nuremberg)审判首次使用多语种同声传译为标志,进而使同声传译逐渐成为许多国际会议的口译工作方式(仲伟合、王斌华,2010)。随着社会发展对口译人才的需求不断增加,欧洲率先开始探索专业化会议口译人才的培养,其标志为1941年正式成立口译教学机构——日内瓦大学口笔译学院(ETI, Geneva)。随后,法国于1958年成立了巴黎高等翻译学院(ESIT, Paris),美国于1969年在蒙特雷国际研究学院成立了口笔译研究生院(GSTI,Monterey)。这些正式口译教学机构的成立,不仅确立了口译的职业化地位,形成了比较完整的口译理论体系和有效的口译人才培养模式,而且也奠定了口译教学和研究的学科基础。

中国的口译专业化人才培养起步较晚,但近年来呈现迅猛加速发展之势。20世纪70年代,由北京外国语大学承办的首届联合国译训班(中、英、法语)培训被认为是当代中国专业化口译教育的起点,随后,在90年代,厦门大学和广东外语外贸大学相继开设中英双语口译专业,开始了本科阶段的口译专业人才培养。到了2004年,上海外国语大学高翻学院在一级学科外国语言文学下自主设立了二级学科"翻译学",第一次设立了"翻译学"硕士和博士学位,确立了"翻译学"的学科地位。2006年,广东外语外贸大学也获得了翻译学硕士和博士学位授予权,同年,教育部首次批准三所院校开设翻译专业(本科)(复旦大学、广东外语外贸大学和河北师范大学)。2007年,国务院学位委员会和教育部批准设立"翻译硕士专业学位"(MTI),并在15所院校展开试点招生,由此形成了翻译学科从本科到博士的专业教学体系。截至2015年,教育部先后分五批批准206所院校开设翻译硕士专业。此外,在2000年新修订的《高等学校英语专业英语教学大纲》中,明确规定口译为专业必修课程;2004年教育部高教司制定的《大学英语课程教学要求》明确指出,要培养学生的英语综合应用能力,特别是听说能力,促使部分高校对非英语专业学生开设了口译选修课程。

除了以上正式的口译专业学位培养途径,行业协会和各种培训机构也在口译人才的培养方面起到了有益的补充作用。例如,成立于1953年的国际会议口译员协会(AIIC),迄今在全球80多个国家拥有2965名会员[①],具有重要的国际影响力,成为促进口译行业专业性发展和口译质量提高的重要力量。在中国,成立于1982年的翻译协会,不仅是中国口译资格认证的权威机构,也为口译教师队伍的发展承担着重要的培训任务。《中国翻译服务业发展报告(2014)》的统计数据表明,我国目前大约有37000多人从事笔译工作,17800多人从事口译工作。然而,高端翻译人才仍然极度缺乏(周明伟,2014)。

经过近30年的快速发展,中国的口译人才培养体系粗具规模,目前已经形成四大教学体系:本科(分为非英语专业选修课、英语专业必修、翻译专业必修课),硕士(英语语言文学专业非翻译方向选修课、英语语言文学专业翻译方向专业必修课、MTI专业学位课程),博士(口译方向、理论课程),以及非学历培训课程(詹成,2010)。不同层次的教学体系在教学内容和教学方法上各有侧重,但一个共同的目标就是培养适合市场需要的职业化口译人才或者研究人员。目前,引领国内口译人才培养的依然是几所主要的以外语类见长的高级翻译学院,

---

[①]　http://aiic.net/directories/aiic/regions/.

如上海外国语大学高翻学院、厦门大学高翻学院、广东外语外贸大学高翻学院、北京外国语大学高翻学院等。它们在教学内容、模式和方法上借鉴了西方的成功经验并试图发展具有自身特色的模式。这几所学院在口译专业和新课程设置、教学模式及具体培训方法上和国外顶尖的高翻学院(如蒙特雷高翻学院、利兹大学等)大同小异。但是，在具体教学方法上则保持和发展了自己的特色。

值得一提的是，这些高翻学院是中国口译专业学科的开拓者和引领者，它们在师资和生源方面拥有天然优势，所采用的教学模式很难原样照搬运用到其他院校。而且，这些学院每年培养出的人才数量有限，并不能满足社会对多层次口译人才的需求。事实上，全国近千所高校开设了英语专业(本科)，并且口译课程是该专业的必修课，如何在英语专业的口译教学体系内，挖掘有潜质的学生，为口译职业化的高端人才培养储备生力军，如何为现实的口译市场不同层次的需求直接输送高质量的口译人才，急需相关的理论和实践指导。正是在此背景下，作者根据自己多年的英语专业口译教学实践和筹建 MTI 学科的经验，开展了针对英语专业口译课堂教学的研究，希望为同行提供有益的借鉴。

第一章　口译的本质

本章拟根据口译的定义,对口译的过程、口译的特点、口译的质量标准,以及口译的评估与测试等进行简要阐述。

一、口译的定义

口译最早可能起源于人类迁徙交流的需要,一些略懂两种语言的人便充当完成交际任务的"中间体"(Hertnann,1956/2002)。现代会议口译通常以 1919 年巴黎和会为起点,这次会议首次打破法语的垄断地位,使用英、法两种语言进行谈判,语言转换使用翻译。口译从此从随机性的语言沟通(例如,随意在周围找一个懂点外语的人来充当翻译),转变成职业性的翻译服务,也即雇用掌握专门口译技能的人为国际组织和事务服务(Pöchhacker,2004)。

国内学者对口译的解释不尽相同。例如,刘和平(2005)认为,口译是借助认知知识听辨语言、分析、综合、推断、理解、意义产生、记忆和表达的过程。刘和平强调,口译的性质是跨文化交际活动,口译的信息处理是一种思维转换过程。刘宓庆(2006:54)则指出:"口译是一种特殊形式的翻译传播行为,是互不通晓对方语言的双方得以交流思想,进行和完成交谈的不可或缺的媒介和手段。不仅如此,口译还是保证交流(传播)质量、速度、效果甚至重点等重要元素不可或缺的杠杆。"还有学者(仲伟合、王斌华,2009:1)认为,口译是指用一种语言即时传达另一种语言口头陈述的内容,整个口译活动就是一个历经解码、换码、编码的思维转移过程。虽然学者们对口译的定义各有侧重，但是对口译的本质和特点的阐述趋同：口译是一种以语言活动为媒介的交际行为，它包含语言、知识、策略、心理等在内的不同能力要素，其目的是忠实地传达发言人信息，让"听众通过耳机通道听到的与源语听众直接从发言人那里听到的应当具有同等效果，不仅信息内容毫无二致，而且要同源语一样清楚，风格也要一致"（王立弟，2001）。

二、口译的过程

迄今为止，学者对口译过程的阐述仍没有达成一致。法国释意派由于较早描述了口译三阶段的过程，同时探索出了一套可以用于指导口译教学实践的理论而备受学者们关注并被广泛引用；也有学者主张口译就是原语理解和译语产出，由此衍生出对原语理解过程究竟是串行加工还是并行加工的探讨。

1. 口译过程的阶段论

法国释意派理论创始人 Seleskovitch & Lederer（1989：22）对口译过程的三阶段论在文献中占有重要地位（见图 1.1）。

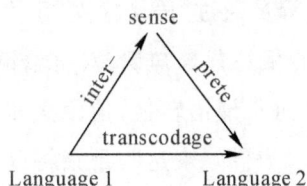

图 1.1　口译过程

她们认为，口译的过程包含：(1)融合语言意思与言外知识获得语言意义；(2)脱离语言外壳；(3)将意义同时用语言表达。在这个过程中，需要通过分析和解释来理解听到的带有一定含义的语言声，领悟其意思，并且要立即审慎地丢掉源语的措辞，去记住源语所要表达的思想内容(概念、见解等),再用目标语说出新的话语,新的话语既要完整地表达源语的意思又要让听者能听明白(塞莱斯科维奇、勒代雷,1992:8)。基于口译过程三阶段假说,部分学者认为口译过程分为听辨、记忆、转换和表达四个阶段,例如,胡庚申(1993)将口译的过程总结为听、记、思、表(见图1.2):

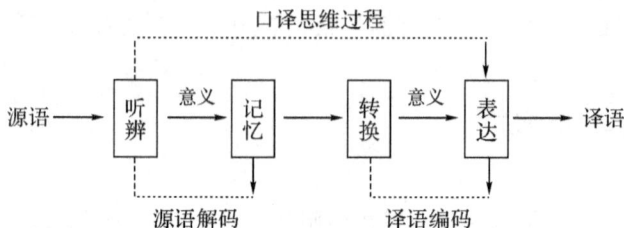

图 1.2　口译思维过程

"听"是指"听辨"过程。译员不仅要启动听觉系统,还要启动大脑中的分析理解机制和记忆机制。"听辨"过程中伴有很大程度的预测和判断,常常需要调动非语言因素,对所听内容进行分析、整理、补充和联想。"记"指的是"记忆"。口译的记忆主要有两种形式,一种是"脑记",另一种是"笔记"。无论是"脑记"还是"笔记",所记忆的内容主要是信息的意义。"思"指的是信息"转换"处理过程,即对源语信息的识别、解析和重构。译员通过"语义检索"手段,形成语义初迹,然后充分提取大脑所储存的相关背景知识,对言语链进行"阐释",再以语篇意义为单位,对话语进行译语转换,使原文和译文的等值表现为整体交际意义上的等值。"表"即"表达",是指将以目标语编码之后的信息通过口头表达形式再现出来。口译要求译员具备深厚的语言功底,在表达上做到口齿清晰、吐字干脆、音调准确、择词得当、语句通顺以及表达流畅。

然而,刘宓庆(2006:84)认为,口译的过程就是从"听"的理解到表达的过程,不能将听和译机械地分开。他认为,口译中的"听"包含:对源语语音信息准确接收、甄别的能力,对源语语音符号的语境化意义准确解码的能力,将源语、目标语词语意义准确对应配伍的能力,作为听觉过程终端的源语到目标语在句法、语义推断、完型方面过渡的能力。为了进一步论证这一观点,他将 Anderson 口译图式与 Ellis & Young 的听觉认知程序做了比较(见图 1.3)。

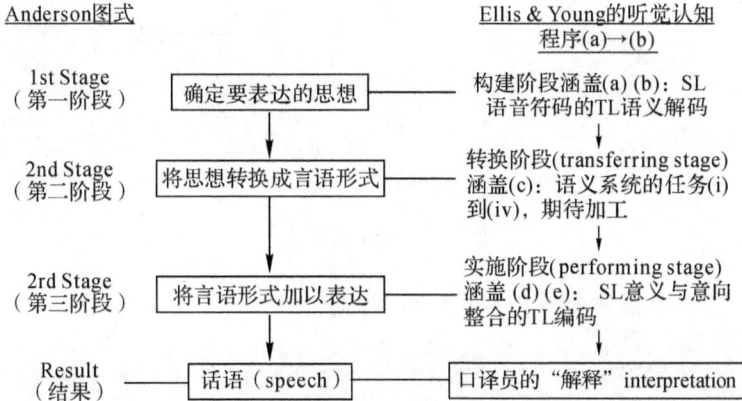

Anderson图式　　　　　　　　　Ellis & Young的听觉认知
　　　　　　　　　　　　　　　　　程序(a)→(b)

1st Stage (第一阶段)	确定要表达的思想	构建阶段涵盖(a)(b): SL 语音符码的TL语义解码
2nd Stage (第二阶段)	将思想转换成言语形式	转换阶段(transferring stage) 涵盖(c): 语义系统的任务(i) 到(iv),期待加工
2rd Stage (第三阶段)	将言语形式加以表达	实施阶段(performing stage) 涵盖(d)(e): SL意义与意向 整合的TL编码
Result (结果)	话语(speech)	口译员的"解释"interpretation

图 1.3　口译言语生成的认知图式:Anderson 图式与 Ellis & Young 的听觉
　　　认知程序比较

Ladmiral(2005,引自许明,2010)认为,口译过程分为语言加工和译语产出两个阶段。翻译的过程由"三个分割点所确立的两个连续的矢量线段"构成,三个分割点分别代表话语录入开始、脱离语言外壳的意义和译语产出的结束,两条矢量线段则表示对源语的理解和译语的产出。从这个角度看,口译的过程是"话语信息从话语语言层面到心理认知层面的过渡",也即"源语理解"和"脱离语言外壳"阶段可以总括为"源语理解",或者说提取源语意义,是口译过程中的第一阶段,译语产出为第二阶段(董艳萍、王斌华,2013:20)。

事实上,无论对口译过程进行三阶段还是二阶段划分,学者们都没有描述出口译过程中在源语理解过程中译员大脑的活动轨迹。王斌华(2006:10)认为,口译思维过程并非简单的从听解、记忆、转换到表达的直线过渡,这个过程是一个译员同时处理多任务的过程,涉及交叉、同时操作的程序(见图 1.4)。

口译思维

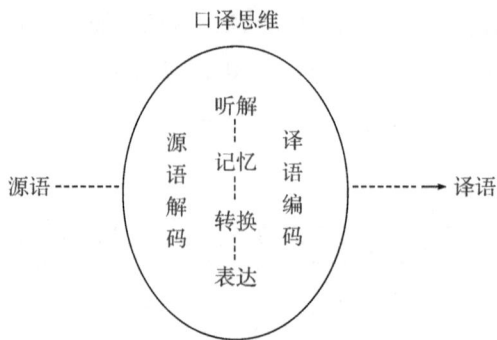

图 1.4　口译思维过程

2. 源语理解的串行和并行加工之争

由于口译需要产出忠实于源语的连贯意义,因此如何连贯理解源语意义势必成为译员的决策重点。以 Seleskovitch(1999)为代表的学者认为,译员只有在对源语完全理解之后才能开始源语与译语之间的语码转换,因此被认为是口译串行加工论的支持者(赵晨,2013)。按照串行理论,口译的语言理解可以分解为:译员通过听辨输入的音节确定词项,然后将词项与长时记忆中的储备词汇对比、匹配来确定意思,以此类推,译员从词汇、短句、长句到段落确定源语讲话的总体意义,是一个自下而上的过程,口译产出的过程则正好相反(刘绍龙,2007:192)。并行加工论观点则认为,译员在阅读源语时已经开始激活了译语的语言节点。根据并行加工论,译员听辨输入音节并确定对应词项,将词项与长时记忆中的词汇意义匹配,结合主题、语境来确定其意义,同时根据已知词汇推知下一词项的意义,以此类推,综合词汇、短语、句子意义进而确定源语的意义,在这一过程中,信息加工不是按照先后次序,而是同时进行,甚至出现交叉重叠(刘绍龙,2007:193)。

现有文献对口译串行或并行加工进行实证的研究不多,在少量的相关研究中,研究人员多借用心理语言学的研究范式来研究口译过程中的源语理解。例如,参照"从一种语言节点到另一种语言节点的转换会产生认知消耗"这一观点(De Groot,2000),一些学者试图从口译的源语理解是否比正常的阅读理解消耗更多的认知资源的角度,来判断受试者是否使用源语重构,进而推断是否使用了并行加工。Macizo & Bajo(2004,2006,引自董艳萍、王斌华,2013)通过借鉴心理语言学"自定步速阅读"试验模拟口译听力输入,比较受试在复述任务和口译任务条件下需要的工作记忆量:如果语言转换和源语理解是串行的,则受试在完成两种任务时工作记忆的消耗和阅读速度是相同的;如果是并行的,则在口译条件下需要消耗受试更多的工作记忆。而实验结果表明,口译源语理解伴随目标语而激活,也即并行加工(见图1.5)。

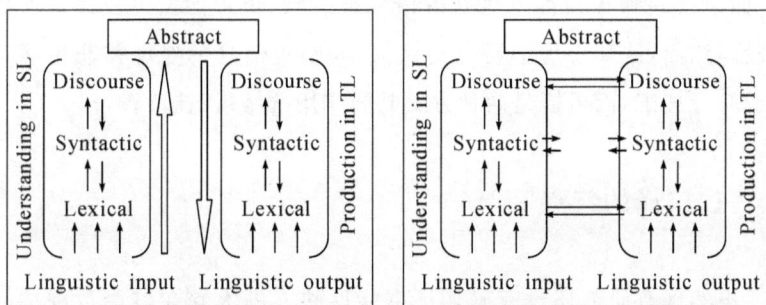

图 1.5　口译语言中串行及并行加工

赵晨(2013)通过实验调查了中英不平衡双语者在口译过程中对源语理解的过程,该研究发现,口译的源语理解比读后复述消耗了更多的认知资源,支持口译在源语理解阶段发生了源语重构这一现象,也部分支持了并行加工论。不仅如此,依据心理词库非对称表征模型(见图1.6)(Kroll & Steward,1994,引自董艳萍、王斌华,2013),董艳萍、王斌华(2013:21)认为,对于非平衡双语者而言,第二语言更容易激活第一语言的词汇,而第一语言更容易激活第二语言的概念表征,同时言语产生的过程是递增加工的,因此,语言理解的过程包含"提取心理词库中的意义,整合句内信息构建逻辑分句,整合句外信息以便构建事件",也即在源语理解的过程中,译语也参与了并行加工过程。

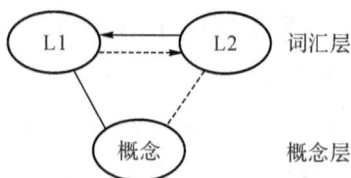

图 1.6 心理词库非对称表征模型

　　董艳萍、王斌华（2013）从心理语言学视角解读口译过程中的源语理解,指出并行加工论证明了口译三阶段论中的脱离语言外壳和语言转换都不是独立的阶段,因为源语的理解可能伴随着部分的译语激活,而语言转换极可能发生在源语理解阶段,也可能发生在译语产出阶段。然而,认知心理学研究则认为,人脑对信息的处理并非单靠串行或并行加工,而可能是两种方式共同作用的结果(桂诗春,2004)。

三、口译的特点

　　虽然现有研究还没有确切证据能反映人的大脑在口译过程中的具体活动方式,但学者们对口译的特点基本持相同的看法。从可以观察到的口译发生的过程看,口译具有现场性、限时性和动态性等特点。同时,口译的语言、思维和记忆机制也有不同于其他语言交际活动的特点。

1.口译的现场性

　　口译是双语的自然交际,译员不仅直接参与交际,还同源语听众一样借助各种渠道和方法试图理解发言人的交际意图,译员在听时,必须全部听懂,并借助笔记记忆,否则无法用目标语重现发言人的信息内容。在条件允许的情况下,交传译员可以向发言人求助、询问或确认信息,以保证翻译的准确性。此外,口译的现场性还表现在译员可以根据听众的反应随时校正(刘和平,2005)。而现场的氛围,如正式场合的严肃气氛也会给译员造成较大的心理压力,影响译员的发挥水平(王晓燕,2003:56)。

2.口译的限时性

口译是对发言人话语理解后用目标语进行表达的过程,译员接收的载体是语言声学特征的声波振动,呈现"转瞬即逝"的特点。口语凭借语音符号传达意义,其语言形式(字、词、句子结构等)可存留的时间很短。口语的正常语速大概为 14 音素/秒,最快可超出 30 音素/秒,其平均速度在每分钟 100 至 120 个字词(鲍刚,2005)。此外,人们说话的语速根据不同的语言、个人、情绪、场合等有很大的差别。口译中的有声语言稍纵即逝,听不懂、记不住就无法完成言语表述。

3.口译的动态性

口译始终处于动态过程,译员借助认知知识对语言进行阐释和理解,不断地进行听辨、记忆、表述。蔡小红(2001:26)将交替传译描述为:信息源输入;处理环节包括理解阶段的辨认有声的输入、分析及综合机制,产出阶段的形式合成机制和发声机制;记忆部分主要由概念形成机制组成,既把发言人的话语变为自己的交际意图,又据此拟定话语计划,综合机制也部分承担记忆任务;储存部分主要指长时记忆,包括输入、输出、内部监控相连接的心理词。译员在口译过程中,注意力是分散的,需要不断接续地完成这些环节。

4.口译的语言特点

在口译专业里,口译员所使用的语言通常被分为三类,即母语、主动工作语言和被动工作语言,简称为 A 语言、B 语言和 C 语言。所谓主动工作语言指的是口译员不但能够听懂这种语言所表达的意思,也能用这种语言说出所传译的内容。而被动语言在口译工作中,只能用于听,而不能用于说。口译员所使用语言进行信息传递的方向(从听到说)基本分为:B到A、A到B、C到A、C到B(较少)。因此,口译员所掌握的语言种类和这些语言的工作类别对其能否承担一项翻译任务是至关重要的。另外,口译员所听到的源语,在不同场合是以不同话语形式出现的。例如,在日常交际口译中,口译员听到和译出的以语句形式为主,单次翻译的信息量相对较少。而为国际会议服务的口译员所要面对的话语形式以长篇演讲为主,语段或者语篇中所包含的信息量相对就大得多。由于形式不同,语言和话语结构都有很大的不同(柴明颎,2007)。此外,口译语言还具有口语的部分特点,例如,在词汇方面,口译员常使用小词、单音节词,或少音节词。因为这些词无须费神思索,可脱口而出,也易于被听众接受。此外,在句法方面,口译员常使用句子较简短、结构较松散的句式,一般单句、并列句和简洁的主从复合句较多。在语音方面,口译员充分利用口语体发音流畅、易上口、大量使用单音节词和少音节词的特点,在翻译时常出现略音、合成音位音节和连读现象(任文,2009:7-9)。

5. 口译的思维特点

口译思维与计算机工作机制类似,前者包含"听进—控制(与转译、记忆交互)—说出",后者包含"输入—控制(与运算、存贮交互)—输出",但口译思维过程中不仅大脑控制的记忆、转译速度和准确度都无法和计算机比拟,语音因素、上下文因素等也都会对口译思维造成影响。为了有效使用脑力,口译思维需要摒弃第一语言记忆环节,直接完成"听进—第二语言记忆—说出"的思维过程(王超美,1990:22)。从口译思维类型看,刘和平(2005)指出,口译思维需要非常强的逻辑思维能力、形象思维能力及灵感思维能力。首先,口译员需要具备非常强的逻辑思维能力,要清楚发言人的身份,以及讲话的主题和特点,在听的时候就分析出讲话人的内在逻辑和讲话目的,不了解这些因素便可能使翻译来的语言支离破碎,难以实现交际目的。同时,译员也需要具备良好的形象思维能力,以便帮助自己进行概念化和记忆储存,提高译入语表述的质量。此外,译员需要具备灵感思维能力,由于时间限制,译者听完发言必须立刻表述听懂的内容,灵感会给译入语锦上添花。不过译员的灵感有赖于译前的充分准备,充足的睡眠和平日大量的练习、实践等要素。

6. 口译的记忆特点

Atkinson & Shiffrin (1968) 提出了记忆多储存模型的假设,即人脑拥有三种不同类型的记忆储存器:感觉储存器,每个感觉通道都有独立的储存器,信息只能保存极短的时间(不超过 2 秒);短时储存器,非常有限,受到注意的信息可以保存的时间不超过 1 分钟;长时储存器,容量大,信息能够长时保存,甚至终生。认知心理学将记忆分为瞬间记忆、短时记忆、工作记忆和长时记忆。记忆的高效运行需要满足三个条件:意义编码,即信息必须在意义层次加工,把信息与贮存的知识联系起来;提取结构,即线索应该与信息一起贮存,以利于今后的提取;加速,即广泛练习,以使编码和提取所涉及的加工过程越来越快(Ericsson & Kintsch,1995)。

瞬时记忆、短时记忆和长时记忆都与口译记忆相关,但是口译记忆主要由具有短时性质的工作记忆和类似长时记忆又在压力解除后不存在(或受抑制)的某种"中期记忆"组成(鲍刚,2005:168)。其中工作记忆能力是影响口译活动的重要认知因素,与同传效果的相关性较为明显(张威,2011)。译员通过专门训练,可以很快加工和提取信息意义,从而保证口译表达的顺畅进行(刘和平,2005)。

四、口译的质量标准

现有文献表明,Buhler(1986)是较早关注口译质量的学者之一,他通过调查 47 位口译人员对口译质量标准的看法,总结出九项重要指标,依次为:源语意思的转译,译语前后一致,翻译完整,译语的语法正确,译语与源语风格一致,术语正确,语音、语调正确,翻译流畅,译员的声音悦耳。此后的研究基本认同口译质量的重要参考标准是译语的意思正确、前后逻辑一致、术语正确(Kurz,1989;Marrone,1993:35)。李越然(1999:9)把口译质量标准概括为:"准"——忠实于源语的思想内容及特定情境下的感情;"顺"——译语形式应符合中外语言的各自规范,并同发言人的语体风格基本保持一致;"快"——在"准"和"顺"的基础上做到及时表达。蔡小红、方凡泉(2003)提出了口译六大标准:及时、准确、完整、易懂、自然、流利。梅德明(2007:9-10)将口译标准定为"准确"与"流利"。其中,"准确"是指"要求译员将来源语这一方的信息完整无误地传达给目标语那一方";"流利"是指在确保"准确"的前提下,译员应迅速流畅地将一方的信息传译给另一方。鲍刚(2005:267)在《口译理论概述》中强调,口译的标准应概括为"全面、准确、通畅"六个字。"全面"是指源语所谓"纯"信息领域中内容要点的全面,以及重要的源语意象和源语内涵意义的全面;"准确"是指关键内涵意义的准确,以及重要的术语、数字等代码转换的准确,而非所有语汇层次上的"准确";"通畅"是指双语的通达、流畅性,以及译员其他相关译语表达技术的完善,以保证双语交际的良好效果。

不同的国际组织机构对口译质量提出了不同标准和要求,一些权威口译专业组织和职业资格考试对口译质量也都做了详细描述(见表1.1)。

表 1.1　口译专业组织/职业资格证书对口译质量标准的描述

口译专业组织/证书	口译质量标准描述
联合国	两种语言基础扎实,口齿清楚,临场应变能力强,知识面广,词汇量大,有良好的心理素质,能顶住巨大的工作压力和精神压力。
欧盟口译司	表达严谨、前后一致,忠实于发言人(内容与风格),与听众交流,表达沉着稳定,避免直译和字对字翻译,准确自然地使用目标语。

口译专业组织/证书	口译质量标准描述
中国译协	口译员用清楚自然的目的语,准确、完整地重新表达源语的全部内容,明确说明要翻译的是什么(信息),强调了信息的准确性和完整性,考虑到了疑问的可接受性(自然地)。
翻译职业资格证书	合格的应试者应能熟练运用口译技巧,完整、准确地译出原话内容,无错、漏译,要求应试者知识结构分布合理,技能达到专业水平。简言之,应试者不仅需要过语言关、知识关、技术关,还要具备稳定的心态。

　　联合国是大量使用同声传译的地方。为了保证质量,联合国为同声传译确定了质量标准,主要包括:翻译的完整性、准确性,词汇与声音的运用,句法与风格,话筒的使用习惯,以及与源语有关的知识等(张维为,1999:195)。总而言之,学者和口译职业协会对口译的质量标准有以下几点共识:(1)信息的忠实与准确;(2)信息的完整性;(3)表达的流利与自然;(4)声音与口音;(5)词汇、术语与句法。其中"信息的忠实与准确""信息的完整性"和"表达的流利与自然"为口译质量标准的主要内容(徐瀚,2011:17)。

五、口译的评估与测试

　　口译评估是指对口译活动质量高低、优劣的衡量,口译质量评估分为成果评估和过程评估两大类:成果评估包括质量评定与效果测量,前者指译员的译语质量,后者为口译服务对象对口译效果的客观反馈;过程评估主要是对译员在工作中心理语言运用、心理因素影响、认知知识活动的了解(蔡小红、方凡泉,2003:42)。由于口译语言产出的短时性,以及口译活动影响因素的复杂性,对口译效果的检测存在困难,对口译质量的评估和测试还没有形成一个通用的标准。胡庚申(1988:45-47)提出,采用现场观察、自我鉴定、采访征询、记录检测、回

译对比、模拟实验、考核评定等方法,从译员译入语表达的清晰度和顺
畅度、语言的质量、言语的速度、声音的悦耳程度、知识面、控场能力等
维度考查口译的质量。蔡小红、方凡泉(2003:42)建议,口译评估的
标准为:可信度,译语信息转达完整、准确,忠实于原文内容;可接受
度,译语表达层次分明、逻辑清晰、确切到位,遣词造句贴切,发音清
楚;简明度,指发言人的风格、说话方式在译入语中简明准确地表达;
多样性,指译员适应不同口音、题材并表达自如;迅捷度,指译员在短
时间内应付难题,即时转达交流双方的信息,能综合发言人思路,简译
源语;技术性,指译员除了具备职业素养,还需要熟悉相关设备技术的
使用。王斌华(2006)认为,口译评估的关键是将口译质量的标准和评
估内容细化为可以具体操作的口译测试评分标准。国内部分具有代
表性的口译评估标准见表 1.2。

表 1.2　国内部分代表性口译评估标准

项　目	评估内容	分　值	研究者
口译量化评估表	知识能力(语言知识和言外知识)	35%	陈菁 (2002:53)
	技能能力(包括记忆、公众演说、口译笔记、意译、概述、应对策略和职业水平)	50%	
	心理能力	15%	
口译专业考试评分表	忠实(准确、完整)	50%	杨承淑(2005:237)
	表达(流畅、明确)	30%	
	语言(语法、选词)	20%	
	时间控制	在前三项总值的基础上浮动 2%	
口译测试内容	反应速度	15%	刘和平(2001a:54)
	理解	15%	
	表达	35%	
	心理素质	35%	

续表

项　目	评估内容	分　值	研究者
厦门大学口译评分表	信息转换/完整性	30%	高亮、林郁如 (1996：4)
	准确程度	30%	
	语言表达	10%	
	流利程度	10%	
	清晰程度	10%	
	应变能力	10%	
对外经济贸易大学口译考核标准	准确性	60%	刘和平(2005：67)
	流利程度	30%	
	总印象(包括语音、语调、声音大小、仪表仪态)	10%	

从表 1.2 可以看出,口译评估标准主要选取两个视角——口译涉及的能力及口译表达的效果,而后者被更广泛地运用。此外,王斌华(2011:69)依据口译能力的模块论,认为口译测试应当以信息内容、目标与表达和口译技巧、仪态作为主要衡量指标(见表 1.3)。

表 1.3　口译测试评分内容

评分项目	评分等级				
	优 (90—100 分)	良 (80—89 分)	中 (70—79 分)	及格 (60—69 分)	不及格 (59 分及以下)
信息内容 (60%) 准确性 完整性	源语的信息完整传达,语气、文体风格与讲话人源语完全一致	除个别细枝末节有遗漏外,源语的重要信息全部传达,语气、文体风格与讲话人源语基本一致	有少量漏译和错译,但能够基本传达源语的主要信息	有个别重大漏译或错译现象,部分信息含混,但总体上可以基本达意	漏译、错译非常严重,主要信息未传达,曲解或歪曲源语信息和意义

续表

评分项目	评分等级				
	优 （90—100 分）	良 （80—89 分）	中 （70—79 分）	及格 （60—69 分）	不及格 （59 分及以下）
目标语表达 （30%） 语言规范 交际功能	语言符合目标语规范，比较地道，用词贴切，表达流畅	语言比较规范，基本无语法错误，表达比较流畅	语言有轻微语法错误，表达比较死板，只有个别不流畅的情况	目标语表达僵硬，不符合目标语表达习惯，表达不流畅	大量语法和用词错误，表达生搬硬套，影响意义传达
口译技巧 和仪态 （10%） 技巧娴熟 仪态大方	口译技巧娴熟，台风大方得体，表现出职业译员的心理素质和整体风貌	能够有意识地运用口译技巧；台风比较稳定，心理素质比较稳定，具备从事职业口译工作的潜力	能够运用基本的口译技巧；不怯场，仪态虽不自然，但能够较好地完成测试	勉强能够完成测试，没有重大的临场失误，有一定的非言语交流	没有口译技巧，心理素质差，基本上没有目光和其他非语言交流

　　这些细化后的口译测试量表虽然在具体的条目上有差别，但依然着眼于与口译表达整体效果相关的各项因素。虽然以上这些口译评分测试量表各有千秋，但对于英语专业学生而言，杨承淑（2005）的评分表可以满足口译测试的要求，而且便于操作。

六、小　结

　　本章简要介绍了口译的定义、口译的过程、口译的特点、口译的质量标准，以及口译的评估与测试。尽管学者对口译的定义和口译的具体过程，尤其是大脑的思维过程存在争议，但是对于口译员所应具有的能力要素已经达成基本共识，并形成了较为一致的口译质量参考标准和评估细则。这些将是口译课堂教学设定教学目标、选择教学内容、采用教学方法、开展教学活动、评估教学效果的重要依据。

第二章　口译教学理论的发展

　　法国释意派口译教学理念的兴起,极大地推动了口译教学相关原则与方法的提出、论证及其在教学实践中的运用和探索。但是现有文献在探讨口译教学理论时通常借鉴的是翻译理论或者口译理论的成果,鲜有学者正式提出系统的口译教学理论。本章主要简述翻译教学理论,综述代表性口译理论和口译技能化训练教学理念。

一、翻译教学理论简述

　　翻译教学理论的发展与翻译理论、翻译过程研究、教育学理论及翻译市场的现实需求推动密切相关。

1. 翻译理论与翻译教学

　　学者们公认,翻译理论所揭示和概括的翻译规律与原则等能有效指导翻译实践活动。从翻译理论的角度,Wilss(1982/2001)明确提出,翻译理论的成果应当用于教学。Colina(2003)也指出,翻译学研究应当为学生的翻译学习提供依据。从翻译教学的角度,Cronin(2005)提出,只有在翻译理论的指导下,翻译教学才会有明确的目标,遵循科学的方法并保障翻译教学的效果。此外,翻译理论可以为译员提供"解决特定问题的必要技巧",使翻译活动"系统化",为翻译结果提供"合理性解释"(Bartrina,2005:178)。参照 Gile (2005)对翻译培训中最有影响的翻译理论的总结,以及国内对相关翻译理论的推介,本部分简要回顾对翻译教学产生重大影响的四种翻译理论:图里翻译规范理论、诺德功能理论、韦努蒂翻译文化研究、奈达动态对等理论。

图里(Toury)翻译规范理论

图里,当今著名的翻译理论家,以色列特拉维夫学派的代表人物之一。他试图探索语言、文学、社会等各方面对翻译造成影响的因素,建立决定翻译译作的相关因素,最终创立了翻译规范理论。Toury(1995)认为,翻译涉及源语和目标语两种语言及其各自的文化传统,译者在进行翻译活动时需要判断其翻译是否符合相关社会文化背景,因为正是社会文化对翻译的制约形成了翻译应当遵守的准则。图里将翻译规范分为三类:首要规范、初步规范和操作规范。首要规范作为最重要的概念,决定了译者在遵循原文或服从译语文化之间应如何选择。如果坚持原文原则,其翻译就会因为需要遵循原文语言文化的准则,而和译语的语言文化准则冲突;反之,则可能和原文的语言文化偏离。通常,译者需要决定在多大程度上放弃源语文化的规范和打破译语文化的规范,在"充分翻译"(较多保留源语文化规范)和"可接受翻译"(较多保留译语文化规范)之间取舍(Toury,1995:56)。初步规范主要是对翻译素材的选择依据,例如,译入语在社会、经济、文化、政治等方面的政策,对原作者、作品类型、文学流派及是否接受中介语译入等进行选择。操作规范是具体翻译过程中的实际选择,包括模板规范和文本语言规范两部分:前者决定译语的形式和在文本中的位置、分布形式、段落组成;后者控制译语语料的选择,例如,在语言风格和文体方面的倾向。

诺德(Nord)功能理论

诺德的翻译思想是德国功能派翻译理论的延伸和发展,其理论依据来自四个方面:篇章语言学、文本类型理论、目的论和翻译行为理论(Nord,2006)。诺德的翻译思想概括起来主要有"功能加忠诚理念,环形翻译模式,翻译纲要分析,原文分析,功能翻译策略和翻译能力理论"(姜力维、张东东,2016)。对于最重要的功能加忠诚理念,"功能是译文在译语环境中按预定的方式运作的因素;忠诚指的是译者、原文作者、译文接受者及翻译发起者之间的人际关系。忠诚原则限制了某一原文的译文功能范围,增加了译者与客户之间对翻译任务的商议"(张美芳,2005)。Nord(2006)将文本按照功能分为四类——指称功能、表达功能、诉求功能和寒暄功能,并强调翻译导向的语篇分析模式,提倡译者了解原文的功能并将其与目的文本的文化功能比较甄别,在翻译过程中排除无效功能。诺德功能加忠诚理论的核心概念由三要素组成:翻译纲要、原文分析及对翻译问题的分类。翻译纲要指翻译委托人对翻译提出的要求,应包含:译文的预期功能、读者、传播媒介、出版时间和地点,甚至译文目的或出版译文的动机。原文分析为译者判断翻译任务的可行性、原文与译文功能的相关性,以及采用何种翻译策略来实现译文功能提供依据。翻译问题则涵盖语用、文化、语言和文本方面,自上而下根据不同问题寻求不同的翻译措施(张美芳,2005)。

　　韦努蒂(Venuti)翻译文化研究

　　韦努蒂将翻译置于大文化系统中,批判了以往英美文化中占主导地位的"通顺"翻译原则,推崇"异化"翻译策略,"这种翻译不仅避免译文通顺,而且对目的语文化提出挑战,因为通顺的翻译是以目的语文化的种族主义对外国文本进行篡改"(郭建中,2000:50)。但同时,韦努蒂指出,"异化翻译中的'foreign'一词并不是指对存驻于外国文本中的精髓的一个透明的展示,而是有其本身的价值,它是一种战略建构,其价值是依当下目的语的情形而定的。异化翻译意味着外国文本的不同,但只是通过破坏流行于目的语中的文化符号来做到这一点。异化翻译必须偏离本民族语言的规范,培育一种相异的阅读经历,选择翻译某个被本土文学常规所排斥的外国文本,或者是使用边缘化的话语来翻译"(Venuti,1995:20)。韦努蒂进一步指出:"译文是永远不可能'忠实'于原文的,多少总是有点'自由'发挥。它的本体从来不确定,总是存在对原文的增减。它也从来不可能是透明的表述,而只能是一种诠释的转化,把外语文本里的多义与歧义显露出来,又代入同样多面、同样分歧的意义"(Venuti,1992:8)。韦努蒂的"异化"翻译理论并不是和传统的提倡与原作者保持完全一致的"归化"理念格格不入,而是提倡译者作为主体,其所处的文化背景、语境等需要被尊重(谭晓丽,2009)。

奈达(Nida)动态对等理论

Nida(1969)指出,动态对等就是指"译语读者与源语读者的心理反应要极为相似"。他主张,翻译不必受源语中语言形式的各种束缚,在接受语中要考虑读者的反应,翻译要在内容上与源语内容对等,反对因辞害义的形式对等(formal correspondence),主张翻译就是意译,使得译文内容最接近原文。因此,检验翻译的标准不在于原文与译文语言形式的对比,而在于源语读者和译语读者的反应是否趋于一致。"动态"就是指要有两种关系之间的对等:一方面是指源语作品和原文读者的关系,另一方面是指译文作品与译文读者的关系。动态对等要求不同语言表达的相同信息要在不同读者群中产生极为相似的效果。在这一理论中,奈达指出,翻译是用最恰当、自然和对等的语言从语义到文体再现源语的信息(郭建中,2000)。奈达有关翻译的定义指明,翻译不仅是词汇意义的对等,还包括语义、风格和文体的对等,翻译传达的信息既有表层的词汇信息,也有深层的文化信息。"动态对等"中的"对等"包括四个方面:(1)词汇对等;(2)句法对等;(3)篇章对等;(4)文体对等。

图里的翻译规范理论打破了以往要求翻译忠实于原文、与译文产生对等一致关系的衡量准则,强调不同语言结构和社会文化史的翻译不可能充分反映原文,也不可能充分被译语文化接受,只能在两端之间寻找合适的度(苗菊,2001)。正因为掌握翻译规范需要译者通过学习训练,在社会环境中不断获得,图里认为翻译教学不应当崇尚教师的权威,而应鼓励学生自己去摸索和发现,注重学生之间、师生之间互相进行翻译切磋和点评,从翻译实例中提炼指导原则和规范,不墨守成规(张淑贞、赵宁,2009)。诺德的功能理论对翻译教学具有重要的指导意义。通过考虑原文与译文之间的文化差异、翻译委托人、译者、译文受众等因素,传统的"功能对等""忠实、通顺"等翻译原则可能并不能实现翻译的功能和目的,这种理念可以帮助学生避免受传统译文评价标准的制约,优先考虑译文的功能和目的(姜力维、张东东,2016)。但在实际操作层面,译者很难同时忠诚于委托人、原文作者和读者,同时,如果优先考虑委托人规定的目的文本功能,译者对原文的文本分析在多大程度上有效值得商榷(张美芳,2005)。

虽然部分翻译理论遭到质疑,例如,付仙梅(2014:77)认为:"韦努蒂从文化学视野彰显文化的翻译身份,挑战翻译'忠实'观,发展了解构主义在译学理论中的研究。但是缺乏在具体的实践层面上的描述。"贺显斌(2007:80)指出,韦努蒂讨论的语境具有局限性。邱晨(2011)指出,奈达的动态对等忽视了语言的个性和特殊性、语际转换的复杂性、不同语言间存在的文化差异,以及原文形式和语篇多样性。但是,翻译教学中引入文化翻译理论,可使学生们加强对语言功能的重视和研究,从而加强学生们跨文化交际的能力(何晓婷,2013)。动态的翻译文本要求有动态的翻译理论和翻译对策,才能动态地处理和解决翻译过程中遇到的种种问题(季益水、王勇,2006)。

2. 翻译过程研究与翻译教学

翻译过程研究的发展一直影响着翻译教学的实践。20 世纪 60 年代,Nida(1964:484)根据语言学家乔姆斯基提出的转换生成语法理论,提出了翻译过程的三阶段模式:从源语文本到译语文本经历分析、转换、重构三个环节。根据这个模式,译者将源语语言表达的信息,通过分析其语法、语义,将其表层结构转换为深层结构,然后译为译文的深层结构,最后再从译文的深层结构转换为表层结构。Steiner (1975)提出,翻译是一个解释的过程,由信任、侵入、吸收和补偿四部分组成。Wilss (1982/2001:55)认为,翻译是译者对源语解码,利用自身的双语能力对信息进行重新编码,再用译语的语言规则表达出来,翻译的过程是语际信息传播的过程。这些对翻译过程的理论解读很大程度上影响了以语法为主导的翻译教学法。然而,这些翻译过程模式很快被学者们诟病,例如,Toury (1995:233)认为,这些对翻译过程的论述都是学者们的主观猜想和臆断,并没有得到实证研究的验证。

20 世纪 80 年代,随着心理学研究中"有声思维法"的诞生,这种方法被用来研究翻译过程。Chesterman & Wagner (2002:75,引自王树槐,2013)将运用"有声思维法"研究翻译过程的成果归纳为:文本加工是一个不断回归的过程;既有自动加工,又有需要思考的控制加工;对普通文本和异常文本的加工方式不同;专业译者更多地使用单语词典,更注重读者需求、翻译功能;学习者更关注原文的细节意义,会提出更多的问题,对可能存在的问题更警觉;译者的心情、态度、自我形象影响翻译质量;对主题的熟悉程度影响译文的质量。他们试图探索认知过程对翻译教学的启示意义。李德超(2005:32)通过对自"有声思维法"被用于翻译过程研究后的 20 年的文献梳理,总结出其研究内容主要包括以下几点:翻译策略,它强调翻译过程中的"问题取向"和"译者意识";翻译单位,它不同于语言学定义上的语言单位,而是强调"译者在翻译过程中所能流畅转换为目标语的源语语段";翻译述要研究,它强调翻译述要对于整个翻译过程,包括对翻译策略和翻译步骤的确定,都具有重要的指导作用;翻译方式,它指出协同翻译比单独翻译过程更加复杂,译者采用的处理方式"非直线",等等。这些研究的成果有效地指导了翻译教学,例如,强调翻译述要的重要性,减少翻译中风格不一的情况。但是,部分学者也质疑用"有声思维法"研究翻译过程的合理性,他们认为有声思维是基于"'意义和知识是个体认知的结果'的假设,即知识是独立于社会互动、可以复制、可以迁移的静态结构"的(Kiraly,2000:2)。

值得一提的是,有声思维研究法引发了实证研究热潮,例如,Bell(1991:21)从心理语言学视角,创建了翻译过程的动态模型。他指出,应当按照心理学规律,在感觉、信息处理、记忆及认知科学等心理研究框架内探索翻译的过程。他认为,翻译过程涵盖以下内容:(1)翻译是人类信息处理这个普遍现象中的特殊案例;(2)翻译过程模式应属于翻译信息加工的心理领域;(3)翻译过程发生在短时记忆和长时记忆中,这需要通过源语里的篇章解码装置和目的语里的篇章编码装置,再经过与语言无关的语义表征;(4)不论是在对进入的信号的分析过程中,还是对外出的信号的合成过程中,翻译过程都是在从句的语言层次上进行的,以自下而上和自上而下的方式加工文本,并通过串联的操作方式将两种方法结合起来;(5)翻译过程需要视觉词汇识别系统和写作系统,句法处理器,常用的词汇存储、词汇搜索机制,常用的结构存储及从语法上分析句子的机制,语义处理器,交换信息、语用处理器和概念组织器,将源语语篇的内容与意义重新表达出来。

苗菊、朱琳(2010:100)借助认知语言学研究成果,指出译者思维是转换思维,有八种心理类型(见表 2.1)。译者由于社会文化和思维方式的不同,必然选择不同的方式进行翻译活动。

表 2.1 翻译思维转换心理类型

翻译转换思维类型	原文本和译文本的对应关系	简单举例
范畴链接	译文和原文的联系(视角或焦点的不同所致的差异),如整体脚本(scenario)中不同范畴的联系或如图形—背景之认知关联	《红楼梦》—*The Story of the Stone*;*A Dream of Red Mansions*

续表

翻译转换思维类型	原文本和译文本的对应关系	简单举例
场景替换框架（框架—场景）	原文的抽象框架变为译文的具体场景	得意忘形—have one's nose in the air come straight to the point—开门见山
	原文的具体场景变为译文的抽象框架	reap what he has sown—咎由自取 快马加鞭—speed up
设计新场景	译文改变原文的场景，创造新的场景	雨后春笋—shoot up like mushrooms burn one's bridge—破釜沉舟
设计新框架	译文改变原文的框架，创造新的框架	kiss—握手
场景扩展	译文对原文场景描写加入新的成分，扩展了场景范围	引狼入室—set the wolf to keep the sheep
场景对应	原文场景对应译文场景不变	fish in the troubled water—浑水摸鱼
框架对应	原文框架对应译文框架不变	熟能生巧—practice makes perfect

认识翻译思维的内涵，可以在翻译教学中培养学生按照翻译思维序列的规律去思考，在翻译开始阶段对文本所涉及的诸多因素，如主题范围、文本类型、委托人要求、译文读者期待、译文与原文的关系等进行综合考量，在翻译过程的理解、转换和生成环节选择最佳的思维模式（苗菊、朱琳，2010）。

3. 教育学理论与翻译教学

在教育学领域，20 世纪 60 年代后期提出的建构理论（Piaget，1970）、社会建构理论（Vygotsky，1978）、人本主义理论（Rogers，

1969），都对翻译教学产生了重要影响。基于一系列实验，Piaget（1970）认为，孩子的认知发展遵循一定的规律，每个学习者都有独属于自己的内在发展系统，这也意味着知识是学习者自己构建的，而不是被别人施与或者教会的。Vygotsky（1978）不同意这种只强调学习者自身构建知识的观点，而是强调学习者是在和自身所处的社会环境不断的互动中获得知识的，他用了一个"Zone of Proximal Development"（最近发展区）概念，指出学习者现有的脑力状态是学习的起点，通过和他周围更有能力的人互动，学习者可以获得认知的提升。Rogers（1969）借助人本主义观点，提倡应该把学生看作一个整体，全面发展他们的能力，教师应该不带偏见地帮助学生实现自然学习，也即帮助学生建立个体的学习系统，而不是将同一的知识标准强加给所有学生。这些教育理论给教育带来的最大变革就是，教学从以教师为中心的学习向以学习者为中心的合作性学习转变。体现在翻译教学方面就是从培养学生翻译能力向培养学生译者能力转变；译员教育的目的是培养具有职业能力、在反思性实践中实现自动化发展的翻译职业人才（Kiraly，2000：20-32）。参照建构主义观点，翻译课堂教学主张教师要"引导学生积极主动参与教学过程，让学生在翻译中学习翻译方法和技巧；注重评价效应；关注学习过程，鼓励学生自主学习"（陈葵阳，2005），要充分发挥学生的能动性、创造性，培养学生的自主性、独立性和团队合作精神，采用启发式、讨论式、发现式、研究式教学方法（廖志勤，2008），强调"师生合作、生生合作"（黄梨，2011）。

4. 翻译市场与翻译教学

随着全球经济、文化、政治等交往的加深，翻译市场发生了快速和根本性变革。直到20世纪90年代，翻译行业还主要是各国国内市场发展，其服务供应链中的大多数甚至所有环节还是直线联系，但此后翻译市场迅速演变为全球市场，翻译行业标准化成为这一市场的必然需求（谢莉，2006）。在2007年由国际翻译家联盟主办的第五届亚洲翻译家论坛上，Hannelore Lee-Hahnke 指出，翻译培训必须在逼真的环境下进行，成功的翻译教学必须具备以下要素：(1)根据市场需求随时进行变化；(2)理论与实践融会贯通；(3)融合交叉学科的教学模式；(4)导入真实翻译任务的模式。翻译培训必须以市场为导向，培训过程必须突出学术性与实践性相结合的原则(王银泉，2008：22)。张金陵、文军(2005)提出了以市场需求为培养目标的循环课程模式：分析情景与需要—确定目标—选择课程(内容和材料)—确定课程实施的内容及方法—检查、评价、反馈和改进—分析情景和需要。类似地，汪宝荣(2005)也提出了以市场需求为前提的翻译课程模式：从市场需求分析市场需要和改革教学模式，分析市场需要包括确定课程目标、选择课程和实施课程，改革教学模式包括学校与翻译机构合作，或者学校自创翻译公司。

翻译教学理论的发展从不同角度、不同程度影响着口译理论及口译教学原则和方法的发展。例如，翻译理论中的规范化、翻译的功能、动态对等影响口译教学的评价标准，翻译过程中的思维转换模型作用于理解口译的思维过程，教育学中建构理论框架下的翻译教学模式被口译教学借鉴，翻译市场的日益成熟发展要求翻译行业标准化同样适用于口译，也因此成为口译人才培养的风向标。

二、口译理论综述

1. 法国释意学派口译理论

20 世纪 80 年代，由国际著名口译理论家和实践家达尼卡·塞莱斯科维奇(Danica Selescovitch)女士和玛丽亚娜·勒代雷(Marianne Lederer)夫人提出的"口译释意理论"被认为是世界上最早的系统的口译理论(鲍刚，2005)。释意，是指理解文章或讲话的意义，并以一种能够为来自另一种文化的人们理解的方式重新表达出来（Lederer，2003：227）。在对大量口译现实的观察和分析的基础上，Seleskovitch（1978：32）认为，口译不是简单的语言结构和语言单位的转换，而是语篇意义的获取和再表达的过程；是一种特定语境下的交际行为，是一个以意义理解为基础的认知过程（1978：7）。释意翻译在本质上是一个从言语到意思，再从意思到言语的翻译方法，这个过程需要译员把内容从一种语言中取出，再注入另一种语言，而不是用一种语言模拟前一种语言（Seleskovitch & Lederer，1984/1992：26）。该理论的提出颠覆了过去人们认为翻译活动是为了寻求词语对应的语言转换过程这样的理念，强调"翻译的对象不是语言，而是借助语言表达的意义"，"翻译的任务是交际意义，理解的内容也应该是交际意义"（许钧，1998：9）。释意理论的关键概念即以"脱离源语语言外壳"为核心的口译过程三角模型。脱离源语语言外壳描述的是一种现象，例如，听者可以听到讲话者口头陈述的整体内容，却几乎忘记了陈述所使用的词语。口译的"脱离源语语言外壳"指译员在词语消失时记住并理解了内容，摆脱了源语语言形式。这种现象是人认知的程序：感官数据在消失时变为非感性形式知识，是一种不同于语言记忆的知识获得（勒代雷，2001：8）。需要指出的是，释意理论认为，脱离源语语言外壳后留存下来的意义是"非语言的，先于讲话者的语言表达，受话者理解篇章的结果……这一意义的输出需要非语言形式的思想同符号迹象结合（话语或手势，这无关紧要，总之是可感知的东西），接受意义要求受话者的有意识行为。在这种情况下，词语排列对陈述者来说只是表述信号，对受话者来讲是要辨识这些信号；对陈述者来讲，它们只是其思想的标识，对受话者来讲，是意义构成的途径"（勒代雷，2001：11）。然而，不同的人知识和经验不同，译员若想理解并传递讲话

人/文章的意义,需要一定程度的"认知补充"①,认知补充的内容包括
百科知识(语言知识和语言外知识)和语境知识。理解的实现取决于
个人的语言知识、主题知识、百科知识和交流的语境(Seleskovitch,
1975:79)。不同于对源语进行大量添加、删减和意义广泛重组的自由
翻译,释意理论下的口译是译员运用个人的认知知识,阐释出讲话所
包含的暗示意义,从而实现对源语讲话意义正确、完整的理解和表达,
它主要是一个实现意义对等的过程,但也偶尔寻找词语对应
(Lederer,2003:226)。

　　基于以上这些假设,Seleskovitch & Lederer(1984/1992:168)大
胆提出了口译过程的三角模型。Seleskovitch(1992:8)改进了模型的
表现形式,用虚实结合的箭头,强调口译绝对不是从源语到目的语的
直接代码转译(见图 2.1)。她进一步解释了口译程序的三阶段:听到
带有一定含义的语言声,通过分析和解释,理解这种语言,领悟其意
思;立即审慎地丢开原来的措辞,记住源语所表达的思想内容(概念、
见解等);用译入语说出新话,新话必须符合两个要求,即完整地表达
原话意思,并使听者听得懂。

　　释意理论的创始者将以上这些论述与教学紧密结合,提出了一系
列口译办学原则、内容、步骤和方法。Seleskovitch & Lederer(1995:
113-114)将其概括为:

　　(1)会议口译专业学位研究生课程,招收获得本科学位的语言或
非语言专业学生。

　　(2)学生入学前必须参加严格的选拔考试;为保证教学质量,为学
生安排中期淘汰考试和毕业考试。

---

　　①　认知补充既包括概念(也即认知知识),也包括情感(也即认知语境)。认知知识并
非一个个单独命名的概念结合体;它由记忆(有人称之为理念表现)、经验、重要事件和情感
组成。认知知识也是理论知识、想象,它是思考的结果,阅读之成果,同时也是百科文化知识
和专业知识的启动。认知知识是一种存在于大脑的整体物,是非语言的,每个人为理解文章
可从中汲取需要的内容。认知语境指译者脑中源于文章的语言外知识和脱离语言形式的信
息。(勒代雷,2001:18,20)

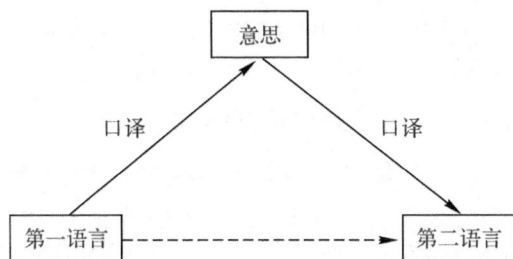

图 2.1　塞莱斯科维奇改进的模型

（3）教师必须为口译从业人员，研究型学者或者语言教师无资格从事口译教学。

（4）口译教学不是外语教学，口译课应只教口译技能不教语言，学生入学前必须已熟练掌握有关外语。

（5）为保证译语质量，同声传译只用母语作为译入语，学生只接受外语到母语方向的同传训练。

这些口译办学原则被国际口译界称为 ESIT 模式，被国际会议口译员协会（AIIC）采纳，并向世界各地会议口译办学机构推荐执行。

2. 吉尔（Gile）的"认知负荷模型"

"认知负荷模型"是吉尔在 20 世纪 70 年代提出并发展的。依据 Gile（2011:146）的观察，译员无论是在处理速度快、信息量大、技术性强的演讲还是在处理速度慢、无障碍的演讲时都会面临翻译出错的问题。错译和漏译不仅发生在学生译员身上，即使是专业译员也存在这种现象。借鉴信息加工理论的成果，Gile（2011）认为，译员为了保证语言输出的质量和流畅，必须通过协调和管理各种信息，精确分配有限的注意力资源。由此，他提出了著名的口译认知负荷模型（the Effort Mode），具体又分为同传模型 SI（simultaneous interpretation）、交传模型 CI（consecutive interpretation）和口译理解模型 C（comprehension）。

SI(同传)=L(listening and analysis effort 听力和分析精力)+M(short-term memory 短时记忆力)+P(production effort 语言产出精力)+C(coordination effort 协调精力)(Gile,2011:156)。

交传模型有两个阶段:阶段一,CI(交传)=L(listening and analysis 听力和分析)+N(note-taking 记笔记)+M(short-term memory 短时记忆力)+C(coordination 协调);阶段二,CI(交传)=Rem(remembering 记忆)+Read(note-reading 笔记阅读)+P(production 语言产出)(Gile,2011:164)。

C(理解)=KL(knowledge of the language 语言知识)+ELK(extra-linguistic knowledge 言外知识)+A(analysis 分析)(Gile,2011:176)。

三种模型中,每项精力都有其特定的处理能力要求,由于话语语段存在复杂性和多变性,各种精力在不同时间内的需求也不尽相同。但是,无论是同传还是交传,译员的口译过程都涉及一个口译任务注意力需求量的问题:听力与分析注意力需求,输出阶段注意力需求,短时记忆注意力需求。根据这个模式,口译任务所需要的注意力总量必须小于译员大脑能提供的注意力总量,当口译所需注意力总量大于译员所具备的能力范围,口译错误就容易产生。

从认知负荷模型出发,Gile 进一步猜想:口译所需要的三种注意力需求都要占用注意力资源,彼此间甚至存在部分竞争,多数情况下译员的工作处于接近满负荷状态,因此容易在对脑力需求总量增加或者认知资源处理不妥的情况下出现错译或者漏译。

Gile 的口译认知模型"旨在提供一个整体意义上的操作模式而不是提供详尽的口译过程的结构分析模式"(刘和平,2001a:41),也没有进一步解释导致译员精力分配不当的原因与口译员自身能力之间存在何种关系(王斌华,2006)。在进一步探索译员精力分配不当的原因中,王斌华(2006:38)指出主要原因在于四个方面:(1)译员双语能力不足;(2)译员"言外知识"不足;(3)口译任务超负荷;(4)因为口译准备不充分而紧张,从而削弱口译任务处理能力。

总体而言,Gile 的口译认知模型及其他学者在此基础上对该模型的进一步探索,对口译教学中的技能训练有着重要指导意义。例如,参照 Gile 认知负荷模型,改进口译笔记教学(王晓露,2011),对口译技能进行分解训练探讨(黄跃文,2003)等,这些将在后文详细论述。

3. 鲍刚的口译理论本土化概述

鲍刚(2005)对口译、口译理论的研究方法进行了系统回顾,并对口译的特点和口译过程进行了详细阐述和论证。他在介绍国外口译理论的同时,指出:(1)口译中涉及外部言语和内部言语。外部言语是言语的外在表现,呈线性分布特点,有一定的语音、语法、用词习惯等规律;内部言语仅供言语者自己使用,与外部言语的结构不同,很少有虚词,甚至不具有语音形式,能以多头绪、非线性、跳跃式发展。译语具有口语的即席特点,但在信息清晰度、语音清晰度、节奏和音量控制、言语结构和措辞方面优于口语。口译的复述技术是口译的基本技术之一,译语产出后很少能有反复修改的机会。(2)口译的工作言语可以分为叙述类、介绍类、论证类、联想类等话语结构。(3)参照国外双语熟悉度概念(见表 2.2),在不平衡双语者概念基础上,因国情所限,国际常见的"平行双语者"在我国很少见,我国译员大部分仍属于"合成性双语者"。鉴于双语在脑内贮存时拥有单一(或较为单一)的双语共同语义贮存体制,我国译员在词层译语搜觅的速度上不一定逊色于平行双语者,但是劣势表现在双语间的细微差异、即席组织的熟练度及译语的有效性上。(4)口译职业化听辨与普通的外语听辨的区别在于,外语听辨注重"标准音",听辨时不一定同时完成理解,善于抓词汇,而口译职业化听辨"注意力"集中在自己真正需要的声学符号上,可以在复杂的听辨环境下职业化地以自动或者半自动"听辨+理解"的方式依据语言以外的因素对这些声学特征做出弥补。(5)法国释意派理论中关于"意义"的阐述需有所补充,"意义"是某种具有语用

性质、长短不一、因人而异但同时又是交际环境内多数人所能达

表 2.2　双语熟悉度描述

熟悉度（主动语言掌握）	熟悉度（被动语言掌握）
1. 语汇及语义的丰富与准确程度	1. 听辨、视读等方面完型心理的完善程度（如听辨时不必每个音都听清便可自动"完型"填补未听清语音，视读时不因字母略有变形或不完整而影响理解速度者，均可看作"完型"熟悉度高）
2. 语法和其他句法规律的熟练度	
3. 语音、语调等应用熟练度	
4. 口语语速的自如程度（但不一定表现为快的口语节奏）	
5. 笔语书写的自如程度（包括书写是否正确、书写习惯与形式是否符合以该语言为母语的民族的惯用方式、笔记是否熟练、书写是否迅速等）	2. 口、笔语的理解效率（如较短时间内译员理解的准确性和全面性） 3. 迅速归纳能力和分析能力，以及其他各种快速处理双语信息的能力（如能否一目十行地处理双语信息）
6. 对身势语及副语言信息的应用熟练度	4. 对双语身势语、副语言信息的解码能力
7. 对主题、语境、交际环境等各种超出语言的信息的应用熟练度	5. 对主题、语境、交际环境等各种超出语言的信息感知程度
8. 双语文化应用熟练度	6. 双语文化感知能力
9. 双语干扰的多寡	7. 双语干扰的多寡
10. 对双语所代表的思维习惯的熟练应用程度	8. 对双语隐含的思维习惯的理解力
11. 个人双语应用经验的多寡	9. 个人双语应用经验的多寡
12. 言语应用时的应变能力	10. 言语理解时的应变能力
13. 使用双语时的创造能力（包括文学的和所谓"语言的"创造力）	

成共识的模糊信息单位，但是在我国外语环境下，"隐形信息关键词"是"意义"不可或缺的组成部分。（6）口译的思维并不是在听辨完成之后启动，而是与听辨几乎同时开始的，对于合成性双语者而言，在思维过程中进行译语搜寻时更多的是聚焦在好的表达方式、使用方法等上，而平行双语者则是言语组织体验者，口译思维中的译语灵感与译

员用积累的潜意识去创造思维紧密联系,口译思维具有整合功能,表现为:(a)提炼源语内容的信息要点,感知源语中少量关键词语并贮存,建立意义单位和意义单位群;(b)形象标定源语意象或感知其鲜明特性;(c)感知源语中重要的情感信息及其他重要的隐形信息;(d)把握源语叙述线索或源语逻辑思维;(e)感知源语副语言信息或其他语言外信息。(7)将"脱离源语词语外壳"解释为译语搜觅过程,包含对译语浓缩化的内部言语、源语重点信息或译后信息、源语的符号系列、源语(或译语)的意象或意象代码、源语(或译语)语言或语言外的情感信息、源语语言外的知觉信息、交际语境、环境等附带的言外信息进行智力加工,并强调合成性双语者需要特别留意发言人内心所真正表达的信息实体,才能摆脱源语形式上的困扰。

鲍刚(2005)不仅系统介绍了西方口译理论,而且结合心理学、语言学、教育学等方面的研究成果及国内的具体国情,为西方口译理论的本土化发展做出了重要贡献,他的专著《口译理论概述》成为我国在探讨口译教学时的重要理论指导。

三、口译技能化训练理念

口译技能化训练理念深受法国释意派教学理念的影响,同时也汲取了心理学在认知技能方面的研究成果,逐步被国内学者探索和推动,从而成为国内口译教学实践的重要参考依据。

1. 法国释意派"只授技能"口译教学理念

释意派认为,口译是一种交际行为,目的是传递信息,其对象是意义,译员借助语言符号通过自己的认知知识补充,理解发言人信息的同时用得体的目标语将意义传递。为了保证翻译教学或者翻译程序的讲解的顺利推进,Seleskovitch & Lederer(1995)认为,口译教学不应该进行语言分析,因为口译的暂时性和译员在译语传递时注意力的集中程度都不利于语言学习。Setton(2006)指出,目前世界上主要的口译训练课程基本遵照释意派的基本教学理念和指导原则。几十年来,该教学理念在口译界产生了深远的影响,提供了口译人才培养的行业规范。在此背景下,西方针对口译技能训练的研究成果大量涌现,例如,口译听辨分析技巧、公共演说技巧、口译记忆训练等一系列口译教学方面的专著应运而生,并不断被推广到世界各地。

但是,随着越来越多的研究者和实践者加入口译教学的研究、探索中,释意派把语言问题留给受训者自己解决的合理性逐渐受到其他学者的质疑。例如,释意派教学理念诞生的环境源于欧洲多语种环境,许多受训者本身就是非常优秀的平行双语者或多语者,只要具备相关的翻译训练和口译过程训练,受训者可以将发言人的信息流畅得体地用母语表达(Setton,1999)。这种对受训者自身语言能力理想化的预设很显然不符合实际情况,也受到其他学者的批评。Gile(2005:59)指出,释意理论拒绝承认诸如人认知的局限性、特定语言产生的困难等因素的影响,从而否定了某些特定语言培训的价值。这一点也被我国第一批引介释意派教学理念的学者关注,因此他们提出在中国外语环境下,口译教学必须融入语言训练。

2. Anderson 的认知技能发展模式与口译技能训练

依据 Anderson(1995)的"认知技能发展模式"(Adaptive Control of Thoughts),任何熟练的行为在经历认知(cognitive)—联想(associative)—自主(autonomous)的发展过程后,都会实现从陈述性知识(declarative knowledge)到程序性知识(procedural knowledge)的转化。在这个过程中,认知阶段对知识的提取依靠解释,速度很慢;在联想阶段对知识的提取介于陈述性知识和程序性知识之间,速度依然不够快;但是在自主阶段,知识已经完全程序化了,因而其提取速度非常快。这种对知识认知习得的过程被学者们用来解释语言技能的习得(梅德明,2007)和口译技能的习得(蔡小红,2001;刘和平,2001a;王斌华,2006)。

蔡小红(2001)认为,口译能力的发展也遵循认知技能发展模式,由于译员的大脑精力有限,如果过多的精力被用在处理陈述性知识方面,译员便很难较好地完成口译任务,因为口译任务要求译员在信息处理中合理分配精力。基于此,口译技能习得应该努力提升对信息处理的自动化程度。王斌华(2006)进一步指出,可以通过口译训练促使学生提升任务处理的自动化程度(如口译听辨中的信息点捕捉、信息转换等),以及各项任务协调的自动化程度(如一心多用等)。

3. 国内口译技能化训练理念的发展

国内学者最早开始有关口译教学的探讨是刘和平、鲍刚(1994)提出的技能化口译教学法原则。考虑到国内当时尚无专业翻译院校,通常由外语院校承担翻译培训任务,而承担口译课教学任务的教员普遍缺乏职业技能以及对口译过程、方法论的研究,而且学员自身的外语水平存在局限性,刘和平、鲍刚(1994:22)提出符合当时国情的训练原则:开设口译能力基础训练课,奠定口语基础;开设语言进修课,提升学员语言表达能力,同时强调将口译课与语言课区分的必要性;开设口译技能训练课,从交际角度出发,训练口译技能。然而,并不是所有的教学实践者都认同这种口译教学理念。例如,在1996年第一届口译理论和教学研讨会上,有学者提出外事口译应当训练学生以单词/词组,而非句子为单位(穆雷,1999)。不过总体而言,在以刘和平、仲伟合、柴明颎等学者为代表的学者的不断推广下,以培养职业口译人才为目标的教学理念在不断发展。蔡小红(2001:22)指出:"技能化口译教学是指根据口译职业技能、口译心理思维过程、口译方法论的特点及规律,以技能训练为主,语言训练为辅,旨在培养学生的口译技能意识及自觉运用口译理论、技能规范与原则指导实践的能力。"

刘和平(2001)借鉴释意理论与思维科学的研究成果,指出翻译活动有自身的规律,口译教学的目标是帮助学生掌握双语思维和转换技能,需要将口译教学与语言教学区分开来。口译的教学原则是让学生了解口译过程,在口译实践中增强口译技能意识和掌握口译技能。以交替传译教学为例,刘和平(2005)认为,可以将口译技能分为四个阶段:(1)听与理解训练,目的是解决如何听取信息的问题,在听的过程中启动认知知识,了解信息意义;(2)记忆训练,目的是跟踪讲话人思路,通过不同的记忆方法识记信息,包括使用笔记等;(3)笔记训练,目的是掌握如何记笔记;(4)表达训练,目的是掌握如何借助笔记把理解的内容表达出来。在比较了口译训练的吉尔模式和厦门大学的训练模式后,仲伟合(2001)指出,两种模式都强调语言知识与言外知识的重要性,理解是口译的第一步,吉尔模式基于作者自身的经验,对口译过程的阐述十分清晰,对口译技巧的描述非常具体;厦大模式以技巧与职业准则为训练核心,强调口译过程中对语言及言外知识的理解、对语篇与跨文化交际因素的分析,以及语言信息和知识的重组,强调口译训练以技巧训练为主,具体技能、训练目的和方法总结如下(见表2.3)。

表 2.3　连续传译技能

技能名称	训练目的	训练方法
口译短期记忆	训练译员的短期记忆能力,准确理解发言者的讲话内容	单语复述练习,单语延迟复述练习,译入语复述练习
口译笔记	口译笔记不是速记,是辅助记忆的手段,在听讲过程中用简单文字或符号记下讲话内容中能刺激记忆的关键词	应贯穿口译训练的前期过程,帮助译员建立一套可行的笔记符号,训练常用词的口译笔记速写
口译笔记阅读	根据笔记的内容组织语言、归纳主题	可设计给出几个核心词,要求学员根据核心词综述出一段内容
连续传译理解原则	训练学员对源语的理解、翻译过程中注意力的分配(听、记、想)	跟读练习,提取意思练习等
言语类型分析	熟悉六种主要言语类型的特点	可适当配置书面语篇分析

技能名称	训练目的	训练方法
主题思想识别	训练学员如何在理解过程中抓主题,进而在译入语中根据主题重新组织语言内容	
目的语信息重组	强调信息的理解与重组,暂不强调语言形式的完美	可从单语复述过渡到译入语复述,再到信息重组
数字传译技巧	训练对数字的理解和准确翻译	该训练应贯穿口译训练的整个过程
口译应对策略	介绍在口译困境时可以采取的应对策略,如跳译、略译、鹦鹉学舌等	安排在连续传译训练的后期
译前准备技巧	长期译前准备,临时译前准备	结合实际的口译活动
演说技巧	介绍公众演说技巧,提高学员的语言表达能力	
跨文化交际技巧	提高学员的跨文化交际意识	
口译职业准则	介绍职业口译员所应遵循的职业准则	

　　随着口译技能化教学理念在国内不断被推广,越来越多的学者(吴冰,1999;刘伯祥,1999)认同口译技能化训练的必要性和重要性。而致力于推广口译技能化教学理念的第一批学者也在不断完善对这一理念的深入思考。在秉持技能化训练为核心的前提下,口译教学不能脱离口译人才培养的最终目标,也需要研究实现口译技能化教学的具体教学手段和方法。刘和平(2005)指出,口译教学的前提是了解口译的性质,从而确定口译的教学目标和具体的技能训练内容。根据职业译员所应具有的知识结构——双语知识、百科知识和口译技能,仲伟合(2007)提出培养专业化口译人才应该遵循的原则:(1)技能性原则,在口译训练与教学中以向学生传授"口译技能"为主要训练原则,辅以不同题材的语篇来强化口译技能的习得;(2)实践性原则,持之以

恒的口译实践是翻译技能获得的最重要的途径;(3)理论性原则,翻译理论对翻译实践具有指导作用,掌握一定翻译理论的译者在从事翻译实践时,方法往往更灵活;(4)阶段性原则,口译是一门科学,需要遵循其发展的规律,循序渐进。

近年来,刘和平(2011:38)根据职业译员能力的构成要素——双语能力、分析综合抉择能力、语篇处理能力和职业能力(见图2.2),参照翻译能力发展的阶段性特点,指出翻译能力培养应该分为两个阶段:初始阶段以语言能力培养为核心,随后以技能训练为核心。

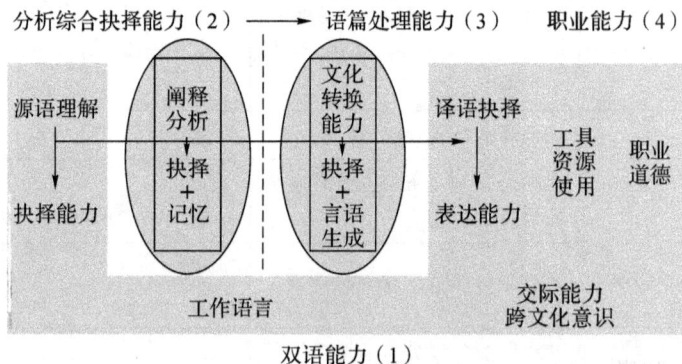

图 2.2　职业翻译能力构成

以交替传译为例,刘和平(2011:39)设计了交替传译教学对学生口译能力培养的流程表(见表 2.4),分别为入门阶段、基础阶段和强化—自动化阶段。

表 2.4　口译能力发展阶段与训练重点

交替传译 1:入门阶段(视、听、说)			
热身:了解职业,纠正语音、语调,纠正姿态,把握讲话节奏			
无笔记训练	母语听辨记忆	"信息的视觉化、形象化、现实化+逻辑分析+大脑记忆法"	借助各种手段记忆方法
	外语听辨记忆		
	转换训练		

无笔记与有笔记交替训练	"画面＋综述＋删除"	笔记的引入	大脑与手的协调方法
	"开头、结尾、数字、专有名词＋框架"	仍以大脑记忆为主	强调其与信息的关系
	篇章连接词	借助常见符号记录	部分常用符号使用方法
	关键词	常规记录方法	部分常用缩略方法
测试:重点在听辨、理解、分析和表达能力,可采用综述、复述、摘要等方法			
交替传译 2:基础阶段(技能分节训练)			
热身:了解职业	口译职业的各类照片,使用口译的场合、工作条件、国际机构等		
译前准备	选择与各校特色结合的主题	准备中应运用的方法和常见问题的处理	熟悉工作语言
口译程序:通过无笔记训练强调"得意忘形"的重要性	母语听辨记忆	"信息的视觉化、形象化、现实化＋逻辑分析＋大脑记忆方法"	借助各种手段记忆方法
	外语听辨记忆		
	转换训练		
有笔记与无笔记交替训练(快速过渡,本阶段需注重语言能力与翻译能力提高的交替进行)	"画面＋综述＋删除"	笔记的引入	大脑与手的协调方法
	"开头、结尾、数字、专有名词＋框架"	仍以大脑记忆为主	强调其与信息的关系
	篇章连接词	借助常见符号记录	部分常用符号使用方法
	关键词	常规记录方法	部分常用缩略方法
交替传译 3:交传模拟(各类口译场合的模拟翻译)			深入了解口译职业特点和要求,心态训练,各种问题的处理

续表

交替传译 4:强化—自动化阶段

巩固笔记,并以主题为线,结合各校特色,在获得相关领域知识的同时实现口译技能的自动化	叙述类讲话 论述类讲话 描述类讲话 祝词等各类讲话 带稿翻译	从听辨理解转入信息的抉择、记忆和表达	讲话包括一定比例的陌生词或信息;长度从 3—5 分钟延长到 5—8 分钟,语速从 180 字(词)/分到 190 字(词)/分;不同口音、状况处理等,翻译的准确度和完整性不断提高,翻译的表达水平接近职业化

由此可见,口译技能化训练理念是贯穿口译教学的核心要素,语言训练是必要的构成要素,在具体训练过程中应当遵循口译习得规律,循序渐进,理论与实践相结合才能取得较好的教学效果。

四、小 结

本章简要回顾了对翻译教学有重要影响的翻译理论、国内外代表性口译理论及口译技能化教学理念。翻译理论自始至终影响着翻译教学,而翻译教学的理论与实践对口译理论和口译教学的发展也产生着重要的影响。目前,口译理论的代表性理论还是法国释意派理论、吉尔的认知模式,以及鲍刚在介绍这些口译理论时融入的自己对口译理论本土化的理解,鲍刚的研究尤其为中国环境下合成性口译人才培养提供了理论依据。虽然口译教学实践在 20 世纪就已经展开,但是还没有产生代表性口译教学理论。现有文献中的口译教学理论多为对西方口译培训的介绍,或是结合职业口译人才培养,对口译教学目标和内容进行的探索,此外,还有翻译院校口译教学的实践。总体而言,现有专业口译人才的培养理念提倡以技能化训练为核心,以培养职业化、符合口译市场对人才的需求为目标,但是这些理念需要更多的口译教学研究来支撑和丰富。

第三章 口译教学研究

与西方的口译教学研究相比,我国的口译教学研究起步较晚。由于西方的口译理论和口译教学实践联系紧密,西方很早就运用科学的研究方法,对口译教学展开实证研究。国内的相关研究经历了萌芽期、启动期和发展期三个阶段。虽然国内早期的口译教学研究多为对西方研究成果的介绍,但发展期的研究宽度和广度上已呈现超越西方同类研究的势头,相关研究成果不断为在本土环境下如何培养合格的口译人才提供重要依据和理论参考。

一、西方口译教学研究

西方口译教学研究始于从事口译实践活动同时承担口译培训任务的一批学者对教学内容的探索,例如,艾赫贝尔(1982)的《口译须知》(*The Interpreters' Handbook*:*How to Become a Conference Interpreter*)自 20 世纪 60 年代起一直是口译培训项目的重要参考依据;法国释意派理论创始人 Seleskovitch & Lederer(1984/1992)合著的《口译理论实践与教学》更加系统地结合口译理论,提出了一系列口译教学的原则和方法,并对口译教学的课程设置、教学方法、教学评估做了详尽描述;Gile(1995)基于长期从事翻译研究和实践的经验,对翻译培训的具体概念和模式进行了细致、全面的分析和讨论,其经典的认知负荷模型更是被口译教学的研究者和实践者视为经典理论。几乎同一时期,西方学者开始注重运用实证方法研究口译教学。例如,

Ficchi（1999）针对学生在口译中出现的主要问题——漏译、反应迟缓、语言问题、表达不畅和句子不完整，引导学生利用课后的时间进行专项训练，半年后经过测试发现，学生在这些问题上的错误率明显降低，从而得出结论：有针对性的技能训练可以提升学生口译水平。Bottan（2000）通过比较控制组和试验组的演讲技能训练在口译课程中的有效性，发现经过演讲训练的学生在口译发言过程中的演讲意识更为出色，具体表现在呼吸、声音控制，以及利用身体语言，例如眼神交流方面。Liu, Schallert & Carroll（2004）对比研究职业译员和口译专业学生的记忆能力，指出整体而言受试的总体记忆能力没有太大差异，但是在具体口译记忆测试中，职业译员由于经过了职业培训，在捕捉信息要点、有效分配认知资源和处理信息的技巧运用方面，都优于口译专业的学生。Szabo（2006）对学生的口译笔记进行了研究，结果发现学生在做笔记过程中倾向于使用目标语或者混合使用源语和目标语。这些研究成果都为口译教学实践提供了重要参考。

此外，口译教学研究不断借鉴其他学科（如语言学、心理学、翻译学、教育学等）的研究方法和成果，对相关的口译理论进行验证，推进口译教学实践的发展。Sawyer（2004）依据教育学中的反思理论，指出口译教学应该更多地融入反思环节，不仅是学生自己的学习反思，还应有教师对口译课程的反思，这种反思贯穿于课程设计、课程实施、课程教学效果评估环节，并不断完善课程设计。Pöchhacker（2004）对西方自 20 世纪 50 年代以来的口译教学研究进行了归纳总结，发现相关研究主要围绕课程设置、学生遴选、口译测试及教学方法展开。近年来，Yan, et al.（2012）通过回顾国际九种权威翻译期刊 2000—2010年的口译研究，发现口译教学与评估研究在总共 235 篇文章中占25％，而在这一小部分口译教学研究中，绝大部分（约 80％）是对教学方法、模式，或者教学理论的探讨。但是，有少量论文开始关注新技术与口译教学，以及口译教学中的学习者因素。例如，Yan, Pan &Wang（2010）调查了学习者个体因素、语言能力和口译学习效果之间

的关系,发现学生性别、动机、个人习惯及语言能力与口译学习效果紧
密相关。

西方的口译教学研究在时间上早于国内,在研究内容和研究方法
上都给国内的相关研究提供了有益参照。但是,正是由于西方的研究
者通常自身既是译员又是口译培训者,所面对的学员多为平行双语或
多语者,其研究内容和研究结果必然和国内的口译教学研究有很大
区别。

二、国内口译教学研究

以"口译教学"为关键词在 CNKI(中国知网)核心期刊进行文献搜
索后发现,1980—2015 年,国内论文总数为 244 篇,剔除"本期聚焦"
"新书目录"等无关论文 16 篇,实际口译教学研究的论文共计 228 篇。
依据文献的发表趋势,口译教学研究可以分为萌芽期、启动期、发展期
三个阶段(表 3.1)。

表 3.1　口译教学研究文献统计(1980—2015 年)CNKI 核心期刊

口译教学研究阶段	核心期刊论文数量
萌芽期(1980—2000 年)	12 篇
启动期(2001—2006 年)	35 篇
发展期(2007—2015 年)	181 篇

1. 第一阶段,萌芽期(1980—2000 年)

这个阶段的口译教学研究以介绍西方口译教学理论为主要内容,
也正是在这个时期,法国释意派的口译理论及相关教学理论、吉尔的
技能培训方法等被以刘和平、鲍刚、仲伟合等为代表的学者介绍到国
内。例如,刘和平、鲍刚(1994:20)详细描述了巴黎高翻学院的口译三
阶段论,即源语理解—脱离语言外壳—译语,指出口译是一种交际活

动,听辨理解是一个概念化的过程,通过译员的心智活动用目标语的语言规则表达出来。同时指出,职业口译技能训练的基本条件为:教员具有丰富的实践经验;学生具备无障碍理解目标语的外语水平,表达基本自如,具备译员的反应速度、综合分析能力、记忆能力、知识面及口译任务中注意力高度集中的品质。结合中国的国情,两位学者提出了改进口译教学的具体建议,例如,在进行口译技能培训前期开设口译基础课和语言提升课,并明确要将外语口语课与促进口译能力提升的语言课进行严格区分(刘和平、鲍刚,1994:21)。鲍刚(1992)还从口译的技能构成要素——思维整理及记忆技术、笔记技术、译语复述基本能力、主干词汇与重点词汇转译基本方法、数字转译技术、专有名词复述能力、译前准备技术(包括词汇强记)——出发,指出口译的训练方法依次为记忆、笔记、B—A 语口译、A＝B 语互译、译前准备训练。

　　类似地,仲伟合(1998:18)介绍了口译的工作特征、标准,技能内涵和技能训练方法。他指出,口译工作要求译员通晓两种语言,具有宽广的知识,同时口译活动是受限制活动(受时间和发言人限制);口译的标准为忠实、即时;口译技能包括逻辑整理与记忆、译入语复述和译前准备技能;技能训练由记忆训练、笔记和数字口译训练、视译训练组成,按照循序渐进的方式展开。此外,也有学者开始关注口译教材(陈菁,1999;吴冰,1999)。在厦门召开的第一届口译理论和教学研讨会上,总共收到 21 篇论文,而且基本是对口译培训条件、教学目标、教学内容、教学方法的介绍(穆雷,1999)。方健壮(1998) 指出,口译教学研究应该加强口译理论和教学实践的结合;加强高校之间,高校与科研机构、学术团体和政府涉外部门之间的交流与合作;加强口译教师队伍的建设。

　　总体而言,这一阶段的口译教学研究通过大量介绍西方的口译教学理论和相关研究,开启了国内口译教学研究之门。

2. 第二阶段,启动期(2001—2006 年)

由于在我国翻译作为专业学科的地位还没有得到确立,因此规范的教学理念、模式、方法、课程设置和教学评估等所有涉及课程教学的组成部分都没有形成。但是正是由于已经有一批学者将西方的口译理论和研究成果介绍到了国内,同时国内日益增长的口译培训需求推动了口译教学的发展,国内的口译教学研究也得到了极大的发展(见图 3.1)。

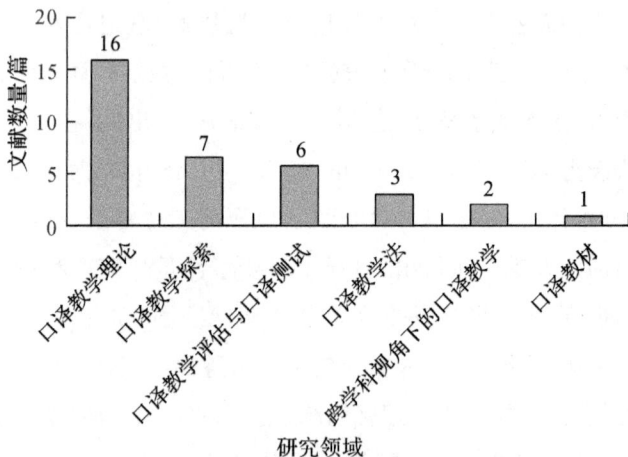

图 3.1　2000—2006 年口译教学研究文献分布

从这一阶段的口译研究文献看,口译教学研究主要集中在口译教学理论(刘和平,2001a,2002,2003,2005)、口译教学探索(鲍川运,2004;卞建华,2004)、口译教学法研究(王晓燕,2003;林巍,2006)、口译教学评估与口译测试(陈菁,2002,2003;蔡小红、方凡泉,2003;蔡小红、曾洁仪,2004;蔡小红,2005;冯建中,2005)、跨学科视角下的口译教学(陈小慰,2005;鲍晓英,2005)、口译教材(王金波、王燕,2006)。

在口译教学理论研究方面,刘和平(2001b:18)以第三届口译理论和教学研讨会的结论为依据,指出参会者就口译教学在教学目标、教学原则、教学手段和方法上都不同于语言教学这一观点达成一致,为我国将来制订统一的口译教学大纲奠定了基础;同时编写统一的口译教材也被提上日程;跨学科研究是口译教学研究的方向,信息技术的发展也给口译教学带来挑战。中国的口译理论和教学研究虽然起步较晚,但是已经开始从早期的经验陈述逐步走向深层次理论研究,对口译本身的封闭型研究开始扩展到开放型的跨学科研究,成为构建中国翻译学框架研究的重要组成部分。刘和平(2005)指出,如何从跨学科角度脚踏实地加强实证和认知研究,如何引导口译向职业化方向发展,如何根据中外文特点进行口译教学,这是口译界面临的新课题。

在口译教学探索方面,鲍川运(2004)指出,从口译的过程和口译技能训练的规律看,大学本科口译课程存在局限性,因此应该调整教学目标、教学原则和教学内容。在教学目标上,需要了解口译的形式、性质、基本概念和认知过程,培养双语思维能力,学习口译基本技巧和方法,建立一定的双语反应能力和基本的口译能力;在教学原则上,实践应多于理论介绍,以技能训练为主、主题训练为辅;在教学内容上,应包括口译理解的方法、交替传译记忆和笔记的方法,以及信息转换的方法。卞建华(2004)提出,在新时期应尽可能建立专业翻译院系,保证课时数及教学的规范化和系统化,正视国内师资现状,加大师资培训力度,更新观念,明确定位,改革口译教学模式。

在口译教学评估和口译测试方面,蔡小红、方凡泉(2003)提出,应从口译工作的本质、各种不同要求的任务、口译员的主观努力、源语发言人与现场听众的客观反馈及评估的目的建立合理的评估标准。陈菁(2002,2003)从语言测试理论和交际法原则角度分别探索了口译测试的重要因素和具体操作方法。冯建中(2005)从口译测试需要面临的六个问题——口译教学大纲、口译考试大纲、口译考试内容、口译测试质量、口译测试评分标准,以及口译测试与口译教学的关系,对我国口译测试的规范化提出建议。此外,蔡小红(2005)认为,教学评估不仅必要,而且要测量教学质量标准的实现程度,分析学生的翻译能力。在整个课程中,评估可以帮助调节训练节奏、方向,掌握训练进度。完整的评估体系由前瞻性和回顾性评估、持续性和挑选性评估、课上和课下评估、校内评估和学校与职业机构的合作评估等构成。

在口译教学法方面,王晓燕(2003:56)依据口译语言的口译体不等同于非正式语体,但又大量采用单音节或少音节词及高频词,句子简短、灵活,不用或少用非谓语动词形式等特点,建议教师从语言的角度进行口译体语言训练,同时在教学方法上可以运用记忆、引语、一意多译和综合训练方法展开训练。张宝钧(2003)从口译员需要较高的心理素质的角度,提出口译教学除了语言文化和口译技巧方面的训练外,还应注重对学生心理承受能力、临场应变能力、公共讲话能力的培养,帮助学生完成向一个合格译员转变的心理准备过程。滕亿兵、李云平(2003)指出,源语概括能力是口译其他能力的基础,因此在口译教学中应当重点训练,并且提出了具体的源语概括能力训练方法。

口译教学的跨学科研究主要借鉴了语言学(陈小慰,2005)、心理学(鲍晓英,2005)的相关理论。例如,从语用学角度,陈小慰(2005)探讨了口译教学中重视培养学生语用意识和语用能力的重要性和必要性,以及如何在教学中建立相关语用链接,提出通过引入语用学知识和建立相关语用链接,增强学生语用意识和能力,最终在口译实践中解决好语法正确与语用得体之间的矛盾,正确、得体地进行英、汉互译。从记忆心理学角度,鲍晓英(2005)试图将记忆心理学的短时记忆规律应用到口译教学中。

在口译教材研究方面,王金波、王燕(2006)认为,大量现有口译教材理论基础薄弱,违反了技能训练的原则,在科学性、真实性、多样性方面都有待提高。在口译的重要性日益凸显的今天,作为承载口译知识的主体,口译教材应该以口译理论为基础,以社会的实际需要为导向,真正体现口译的特点。

这一阶段的口译教学研究已经具有雏形,在研究内容方面基本涵盖了口译教学的主要方面,如口译教学理论、口译教学、评估与测试、教学法、口译教学跨学科研究、口译教材等,但是多数研究依然停留在理论介绍和经验思辨层面,缺乏有实证数据支撑的有影响力的研究成果。

3. 第三阶段,发展期(2007—2015 年)

随着本科翻译专业的设置及翻译硕士学位点的开设,真正意义上的口译教学研究才开始发展。如图 3.2 所示,口译教学研究细化为口译教学法研究(77 篇)、现代信息技术与口译教学研究(27 篇)、口译教学现状研究(26 篇)、口译教学模式研究(15 篇)、口译测试与口译教学质量评估研究(14 篇)、口译教学理论研究(9 篇)、口译教材研究(9 篇)、口译师资研究(4 篇)。

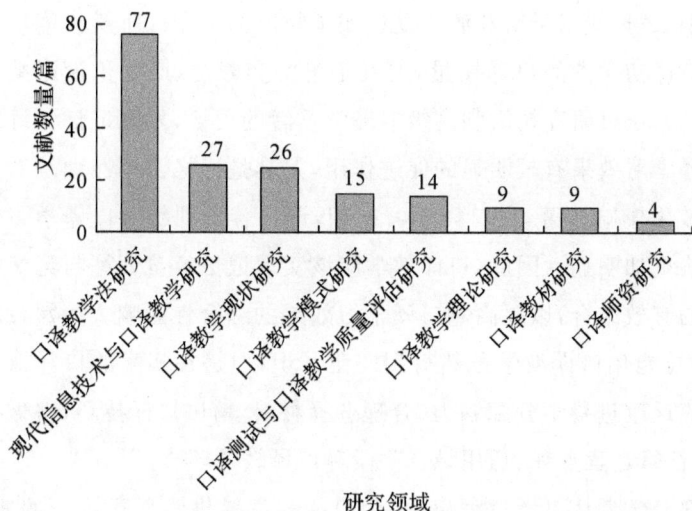

图 3.2 2007—2015 年口译教学研究文献分布

口译教学法研究

口译教学方法与教学策略是新时期口译教学研究的重要内容,几乎占此阶段相关研究总量的 50%。从研究主题看,包括具体口译技能的培养方法(杨莉,2010;白佳芳,2011;张威,2014)、口译过程与口译教学的研究(闫怡恂,2009;徐海铭,2010;詹成,2012;王巍巍、李德超,2015)、相关教育理论在口译教学中的运用(文军、刘威,2007;魏晓红,2009;吴建,2010)。

相关口译技能培养方法涵盖数字口译、口译听辨训练、认知记忆训练及技能化口译教学理念如何在口译教学中实现。例如,杨莉(2010)根据数字口译的特点,提出数字口译应首先强化数级差异训练、一数多译灵活训练,以及数字信息综合训练,建议学员根据自身对数字的感知习惯,形成一套个人熟悉并相对固定的听译笔记系统,以提高数字口译质量。白佳芳(2011)研究英汉口译听辨理解技能培训的有效性及其对口译的影响,发现培训能有效提高口译初学者的听辨理解水平,有助于促进听辨理解技能的运用,尤其是音流听辨、关键信息识别、逻辑线索听辨和源语复述四项技能的运用。听辨技能培训能够对口译初学者的口译质量,尤其是忠实和表达,产生积极影响。张威(2014)通过研究初级和高级口译学习者的记忆,发现记忆训练对提高口译学习效果有较明显的促进作用,尤其是记忆协调性训练对口译学习效果影响显著,在口译学习初期,记忆容量训练对口译学习效果的影响更加明显。因此,口译教学应该实现记忆容量训练与记忆协调训练的有效结合,以提高对口译学习效果的综合性影响。唐媛(2013)指出,技能化口译教学虽然得到广泛共识,但是在实际的口译课堂教学中应该改进科学分配脑力、合理选择材料,精讲口译技巧、多做技能训练,注重过程点评、巧用录音手段等口译教学环节。

部分学者从口译过程出发,为口译教学提供参考建议。例如,林巍(2006)以思维过程和语言应用为主线,对同声传译教学的设计和操作进行综合性调查,探索如何开启译员的特殊能力,建立注意力分配机制,进行思维模式转换等。曾记、洪媚(2012)分析了参加全国性口译赛事的学生译员在汉英连传口译产出中的自我修正模式和性质,发现学生译员针对内容方面进行的修正率高于形式方面的修正率,他们监控和修正形式偏误的能力稍显不足,此外,口译任务类型与要求会影响译员的自我修正模式。因此,建议口译教学应当思考语言基础课程如何与口译方向的特点结合,促进语言基础向口译技能的转化,以及加强学生对句法知识的吸收与内化,增强针对口译的句法训练。还有学者针对汉英口译中的停顿现象揭示对口译教学的启发意义(徐海铭,2010),针对汉英非流利现象的研究指出口译教学应当侧重语言能力的提升(戴昭辉,2011),针对东盟自贸区口译需求的分析研究如何帮助学生减少听辨障碍(樊毅,2012)。从视译教学的原理、步骤和内容,揭示在一个完整的口译教学课程系列中,有效的视译训练对于学生口译能力的培养非常重要(詹成,2012)。通过对比职业译员和学生译员在交替传译中策略使用的情况,指出职业译员在译前准备、笔记与记忆、语言能力、焦虑控制和听众意识方面的优势,应该是口译教学中可以借鉴的培训内容(王巍巍、李德超,2015)。

此外,还有学者探索相关教育理论在口译教学中的运用(文军、刘威,2007;魏晓红,2009;吴建,2010),例如,文军、刘威(2007)通过实验设计,探讨了任务型教学法应用于口译教学的可行性。魏晓红(2009)运用模因论探索口译过程中信息和文化的复制方式,从而为口译教学提供新的视角;吴建(2010)从建构理论出发,从提高学生跨文化交际能力的角度来讨论学生口译教学质量的提高。

现代信息技术与口译教学

这类研究集中探索现代信息技术迅猛发展下的口译教学模式。例如,将多媒体手段用于口译课堂教学的必要性和可行性(朱晓青,2009);构建一个基于语料库的现代化口译教材包,由口译教学指南、译员指南、自主学习平台、电子教材(录音带、录像带、幻灯片、电影片和口语化的文字材料等)、学生用书五部分构成(陶友兰,2010)。陈圣白(2015)结合口译语料库和翻转课堂的教学理念,对口译教学内容体系、技能体系、任务体系与评价体系进行了创新设计研究,从而创建了一个语料库驱动下的口译翻转课堂教学模式,包括口译教学内容体系设计、口译教学任务体系设计、口译技能体系设计和口译评价体系设计四大模块,促进学生为主、教师为辅的口译教学方式,借助信息技术与语料库来引导学生开展个性化学习,从而实现全面提升口译教学质量和提高学生口译综合能力的双重目的。王洪林(2015)针对当前口译教学存在的问题,借助 Moodle 教学平台,对口译翻转课堂教学开展行动研究。他分别从口译技能训练模式、口译学习模式和口译评价机制三个方面进行探索,发现翻转课堂教学可提高口译训练效果,而Moodle 教学平台对翻转课堂实践起到辅助作用。

口译教学现状研究

口译教学现状研究主要由理论思辨型和实证研究型研究构成。思辨型研究主要从宏观上对口译教学现状进行梳理或总结。例如,刘和平(2007)指出,国内的口译教学分为四个层次——职业会议译员、职业译员、交替传译人员、旅游/联络口译,中国的口译职业化是大势所趋,而且专业化也有可能实现,因为中国建立翻译学院的大学基本都有自己的强势学科(外交、外贸、经济、医学、法律、科技、文化、教育等)。如果能将口译培训和各学校的专业特色结合,必将为中国口译市场提供专业化人才,从而满足不同领域发展和交流的需要。穆雷(2008,2010)分别对全国翻译学科建设和翻译教学与研究会议进行总结,指出口译教学拥有了更好的学科支撑基础和办学条件。和静(2009)通过对本科口译教学现状的思考,指出应当加强听力训练,做好口译铺垫,强化技能系统,提高学生的口译认知,引入评估机制,量化训练指标,打造互动平台,鼓励自主实训。詹成(2010) 对中国口译教学 30 年的发展和现状进行了梳理,指出口译教学的目标是培养职业化人才,口译教学的技能性、实践性、理论性、阶段性原则比较具有代表性,教学层次涵盖本科、硕士、博士及非学历教育培训,教学内容包括理解语言与理解信息、记忆语言与记忆信息、多任务协调与处理、口译笔记与解读、口译技巧与知识、肢体技能与表现、语言表达与信息表达,教学模式多为基础技巧训练、口译操练和口译观摩与实践。近年来,口译教学呈现的特点为:口译教材不断出版,教学研究从早期的单纯经验总结和教学法探索到结合认知学科、关联理论、文化研究、翻译研究、信息技术等进行理论水平较高和跨学科的研究,注重口译市场和职业认证体系的建立,从而指导口译教学。

实证型研究则对现有口译教学实践展开调查。例如,罗选民、黄勤、徐莉娜(2008)以 11 所高校不同专业的大四学生和大学英语课教师为对象,调查他们对口译教学的培养目标、教学原则、教学内容、课程设置、教材、教学方法、师资培训和学习需求等方面的看法,结果显示,目前对于大学英语口译教学的理论研究和实践还远远不够,应该高度重视大学英语口译教学的培养目标、教学内容、课程设置、教学法、教材编写和测试方法等各个教学环节。葛卫红(2009)对 19 所高校英语专业的口译课堂展开了调查,发现了口译课时偏少,课程设置有待提高,师资力量薄弱,教学内容与学生实际水平脱节、内容松散、指导性不高、东西不系统、内容少、针对性不强、实用性差等问题。教学方法上,接近 90% 的口译课堂是听录音练习口译,或者教师朗读练习口译,或者学生间相互练习口译,很少进行口译实践。王文宇、周丹丹、王凌(2010a)分析了 191 名英语专业大四学生在英译汉、汉译英任务中的表现,结果表明,学生的汉译英能力稍强于英译汉能力,但总体表现不够令人满意:学生在英译汉任务中的问题主要表现在理解、记忆源信息上,特别是在遇到数字、生词、复杂句式时易卡壳;在汉译英任务中,学生的问题集中于目的语表达层面,如句子建构、专有名词的表达及对小词和中式短语的传达。这些都为英语专业的口译教学提供了重要参考。邓军涛(2015)调研了我国 11 所高校的口译教学资源开发情况,发现我国高校对学生前期学习需求了解不足,选材标准缺乏客观依据,资源形式单一,缺乏系统管理,资源反馈环节薄弱。

口译教学模式研究

这类研究侧重运用口译理论或者其他理论探讨口译教学的模式。

例如,一些学者展开了对翻译硕士专业学位教育的特色培养模式(穆雷、王巍巍,2011)、翻译硕士专业学位课程设置(文军、穆雷,2009)的研究,以及对上外口译精品课程模式的介绍(万宏瑜、张燕,2008)。还有学者分析了法国释意理论思辨口译教学模式(刘莹、姜涛,2008),或者探索了巴黎高翻学院的口译教学模式是否完全适合中国的口译教学(张吉良,2008)。刘和平(2011:42)在分析口译教学人才培养目标、技能化口译教学原则、阶段性口译教学步骤后,提出了五种教学模式:(1)自省式教学,以培养学员翻译能力自评为基础,教师将口译要求(语言能力、交际能力、应变能力、综合能力、逻辑分析能力等)发给学员,让学员进行自测,并将结果统计交给教师,教师可以根据教学要求组织测试,有针对性地制定大纲和教案;(2)互动式教学,以学员为中心,改变学员被动听讲的现状,让学员更积极主动地参与学习过程,教师调动学员课堂主动参与的积极性,让练习和互动成为手段;(3)模拟式教学,以工作坊的形式,提供广泛观察自我和他人的机会和环境,教师在设计工作坊时,要有明确的任务目标(即能力训练点),设计有利于学员发现问题和解决问题的场景,尤其应将可能出现的困难设计进去,在互动中让每个参与者都有"自省"的机会和可能;(4)实战教学,以项目为主导,实战目标和内容需要根据学员未来就业和市场需求为导向,将有代表性、能集中体现翻译某些能力的项目直接引进课堂,其特点在于在整个教学过程中,要处理学员—教师、学员—客户、学员—译文的使用者、学员—资源(人和物)之间的关系;(5)团队式教学,以学员间互动为基础,学员之间可以根据各自的特点有针对性地进行练习,团队的讨论和合作可以促进知识的内化,最终变成能力。

此外,部分学者进行了对口译教学模式的实证研究。例如,古琦慧(2009)提出以培养译员能力为中心的课程模式,口译能力训练包含双语能力、口译技巧、百科知识、演讲能力,在课程模式上首先进行口笔译核心课程学习,然后进行口笔译分专业学习,开设提升语言能力的选修课和注重口译实践的课程,增加专业口译课及设置相应的课程,以提高学生的口译交际能力、职业服务意识、职业道德意识和身心健康水平。陈振东(2008)提出"以学生参与为中心,以实战操练为手段,以提高技能为目的"的口译课程培养模式。王静(2010)提出网络环境下的任务型口译教学模式,即把口译活动当作一项综合的交际任务,教师指导学生在运用口译技巧完成口译交际的过程中领悟、使用、输出语言并进行双边或多边的课堂互动,从而拓展教学形式和内容。葛林、罗选民、董丽(2011)以诺德翻译能力理论为依据,结合对首批13所MTI院校进行的问卷调查,从翻译能力培养途径、作用范围、检验方式等角度,提出运用文本分析模式构想翻译问题及策略、调整专业翻译难度、关注实践课程建设、具体化翻译能力检验过程等具体的意见,并对目前的MTI培养模式进行了反思。李芳琴(2012)参照功能翻译理论,指出口译教学模式应该充分体现语言能力提高与各项能力培养的关联性、目的性和指向性。邓媛(2012)以生态翻译学在口译中的教学应用为切入点,探索从理论基础、目标倾向、实现条件、操作程序和效果评价五个维度建立MTI口译教学的新模式,以期实现学习者口译技能的自动化,培养口译素养和持续发展的综合能力,实现口译生态环境的和谐统一。

口译测试与口译教学质量评估研究

这类研究侧重口译质量和口译教学质量评估,包括以下几个方面:口译互动教学模式的教学质量研究(蔡小红,2008)、口译质量评估的研究(张威,2008)、英语专业口译教学结业测试设计与评估(刘银燕、张珊珊,2009)、形成性评估在口译教学中的应用(曹荣平、陈亚平,2013)、交际语言测试理论下的口译测试构卷效度研究(鲍晓英,2009)、口译教学评估模式的研究(刘育红、李向东、何莉,2014)、基于形成性评估的口译教师反馈(万宏瑜,2013)、高校英语专业口译能力评估及对口译教学的启示(邬姝丽,2010)。

蔡小红(2008)基于信息技术环境下的口译互动训练模式,利用网络和多媒体技术优势,营造多元化的口译训练环境,同时应用科学的评估系统全程监控口译训练的绩效,从而不断检验口译教学中的得失,及时调整训练步骤,优化师生配合,探索和发挥先进教学模式的潜在优势。刘银燕、张珊珊(2009)基于英语专业本科口译教学的目标,根据交际语言能力模型及语言测试"有用性"原则,结合作者自己的教学实践提出了若干口译测试设计思想,包括命题难度、真实性和可操作性,并设计了针对英语专业本科生的口译测试评分表。邬姝丽(2010)以交际能力模式为基础,运用问卷调查的方式从语言能力、知识结构、策略(技能)能力和心理能力这四个方面对英语专业学生的口译能力进行了量化评估,旨在找出学生们在语用能力、听力、笔记和转换技能方面存在的问题,并指出这些问题应该在英语专业口译教学中引起重视。曹荣平、陈亚平(2013)通过对英语专业本科生和研究生的英语口译课程共 4 个班进行案例教学研究,探讨了形成性评估的教育理念与英语口译教学相结合的课堂特点及实效。研究发现,尽管学生在初期遭遇到一些心理和情感因素的压力,但总体上口译课程可以利用形成性评价的策略提高学习任务的互动性和生动性,充分发挥同声传译语言教学实验室的多功能教学设备和多渠道的资源存储和提取优势,提升学生的学习动机和自主能力。张威(2011)调查分析了现场口译中口译员与口译使用者对口译质量的期待。结果显示,口译员与口译使用者对口译质量的期待有较大差异,口译员对口译质量的期待一般高于口译使用者,但特殊场合下,口译使用者对具体口译质量因素有着更高的期待,口译内容要素一般比口译形式要素更受重视。但特殊情况下,口译形式要素的期待程度更高。这些结论对完善口译质量评估体系、推动口译教学改革、提高口译实践策略应用具有重要的参考意义。刘育红、李向东、何莉(2014)通过比较同组学生同场口译考试的现场评分和录像评分,发现评估模式的改变会造成同组学生同次口译表现的评估结果发生改变,且录像评估方式比现场评估更为严格,学生分数在录像评估方式下与现场评估相比几乎都呈现下降趋势。

口译教学理论研究

口译教学理论研究一方面承袭了对西方口译教学理念的解析和推广，另一方面也不断融入对本土化口译教学的思考。这类研究包括介绍口译课程设置和教学原则（仲伟合，2007a）、反思释意理论产生的历史背景（高彬、柴明颎，2009）、分析国际关于法国释意派理论的争议（张吉良，2008）、总结语言服务人才培养模式（柴明颎，2007；王斌华，2012）、构建翻译体系（刘和平，2008）、讨论本科翻译教学的原则和方法（刘和平，2009）、探索翻译能力发展的阶段性及其教学法研究（刘和平，2011）、介绍翻译教学模式（刘和平，2013）等。

一方面，部分学者展开了对西方口译教学理念的分析和反思。例如，仲伟合（2007b）对口译教学原则和方法进行了介绍①。高彬、柴明颎（2009）从历史角度客观回顾了口译释意理论的诞生、发展、影响及其存在的争议，指出它是第一个将语言思维关系进行系统说明的口译理论，并根植于语言与思维的假说中。由于20世纪60年代认知研究刚起步，释意的实质一直没有得到实验论证，也因此饱受争议。但是，释意理论被运用到口笔译教学中，严格区分了翻译教学和教学翻译，形成了系统的培养体系，产生了积极影响。此外，释意理论推动了口译研究进入认知研究的跨学科研究阶段。相比之下，我国的口译教学尚未跨越释意理论产生时的历史境况，教学翻译与翻译教学的讨论仍在进行。教学大纲、课程设置等会议口译员的培养方式还在不断探索，需要在我国的语境下反思释意理论在口译教学中的指导作用。张吉良（2008）梳理了国际学者对释意理论的争议，指出该理论适用于教学，但作为解释性理论，无法回答口译认知心理的许多疑问。同时，针对释意学派的研究多为个体式、"一次性"行为，很少有持续、深入、系

---

① 仲伟合（2007）对口译教学原则和方法的介绍已在前章简述，此处不赘述。

统的研究,不能形成具有较高学术价值的研究,新时代的学者已经逐渐从早期的经验思辨转向更加精确的实验法,来对释意理论进行验证。

另一方面,部分学者从翻译职业化特点和专业化人才培养的需求来探索口译教学理念。柴明颎(2007)从语言、话语、译语方向、口译技能特点、翻译服务场合等要素出发,指出口译的职业化特点要求口译教学必须专业化。刘和平(2009)同样认为,口译人才培养必须遵循职业化人才培养的目标和要求,他指出,无论是外语专业的口笔译课程,还是本科翻译专业课程,都要突出职业特点,充分认识翻译过程培训对翻译技能形成的重要性,以及阶段性训练时翻译认知自动化形成的影响。本科翻译教学应以翻译思维训练为主,以文本/讲话体裁和题材为辅,以技能训练和语言提高为双重教学目标,逐渐形成学生为主、教师为辅、课堂教学为指导、课后练习为重点、充分利用现代网络技术的本科口笔译一体化教学模式。在此基础上,刘和平(2011)进一步指出,评价翻译的职业水平与译员的工作语言水平及翻译职业相关的各种因素息息相关,翻译技能训练应被放在教学的最重要位置。翻译能力、技能、练习是翻译教学的核心内容,自省式、互动式、模拟式、实战式、团队式"五式"教学法是实现翻译人才培养的重要教学手段和途径。王斌华(2012)认为,译员能力的发展包括三个阶段:口译教学前的"双语能力"提升和"言外知识"储备阶段,口译教学中的"口译技巧"学习和掌握阶段,口译教学后的"职业技能"习得阶段。他以此为理据,设计了专业口译教学三个环节的教学目标、教学内容和课程方案,指出口译教学应该由六个模块组成:B语提升、口译技巧、知识专题、口译技能转换、职业实践和实务、口译理论研究。

近年来,通过对口译教学理念的梳理和思考,刘和平(2013)对翻译教学的理论依据、教学目标、操作程序、实现条件和教学评价做了系统介绍,指出翻译教学必须以培养职业化人才为目标,通过不同的教学模式分阶段展开。

口译教材研究

口译教材研究涉及会议口译教材(严志军、张沫,2010)、同传教材(覃江华、黄海瑛,2014)的开发、口译教材与口译人才培养的契合研究(高彬、徐珺,2012)、构建多语种教材库的设想(张爱玲,2015)。

高彬、徐珺(2012)通过对 1990—2011 年我国出版的口译教材进行分类与统计,结合高校口译人才培养目标和口译教学理论,分析了口译教材类型、结构、内容等的特点和演变,讨论了教材与口译人才培养体系、口译教学方法、口译形式特点、现代教学技术的契合程度,指出口译教材从形式到内容都在逐步区分于外语教材,并与各层次人才培养方案逐步契合。同时,考虑到市场的变化、口译理论的支撑和现代教学技术的发展,建议探索立体式教材形式。覃江华、黄海瑛(2014)对我国同声传译教材的出版数量、语种分布、读者层次、再版与重印情况进行了分类统计,对其编排思想与体例进行了深入分析,指出了一些普遍存在的问题,如教学理念模糊、理论与实践脱节、违背循序渐进的教学规律、多媒体资料缺乏及讲解详略失当等,并试着提出若干改进措施,以推动我国翻译教材建设和翻译专业教育的健康、可持续发展。张爱玲(2015)提出,多语种组合口译专业人才是现实需求,但相关教学点经常会受制于合适的教学训练材料的缺乏,尤其是包括中文在内的非通用语言素材。在参照欧盟口译司建立专业口译演讲视频素材库的方法的基础上,作者提出有必要深入践行专业口译系统化教学的理念,借鉴相关成功经验,按照口译专业技能渐进发展规律,建设包括中文在内的坡度性多语种视频演讲素材库,满足国际、国内教学点在专业口译教学及测试中的迫切需要。

口译师资研究

虽然数量不多,但是一些学者开始关注口译教学的师资队伍建设。例如,鲍川运(2009)指出,翻译师资培训是翻译教学的关键。鲍川运(2009)以本科翻译教学的师资建设为例,认为本科翻译教学是翻译教学和翻译学科建设的一个重要部分,其成功与否的关键在于教师。本科翻译教学实际上是翻译的启蒙和基础阶段,因此,教学法对于本科翻译教学的重要性甚至超过了研究生层次的翻译教学。由专业组织牵头组织师资培训可以采用统一的教学大纲,既能够保证培训的系统性、连续性和专业性,避免课程重复、浪费资源与精力,又能使各个有比较优势的高校通过负责模块的教学在统一的体系中发挥其教学优势。任文(2009)提出,翻译教学需要更新翻译教学理念,能够把握翻译教学规律,开展技能化、语境化的翻译教学活动,而非仅仅视翻译课程为语言教学辅助手段;而实施建立在成人学习原则基础上的"培训者培训"计划是提高翻译教学队伍素质,促成教师在教学理念和行为上发生变革的有效手段。此外,还有学者(韩子满,2008)从翻译教学师资面临职业化和专业化双重压力的角度,探索了师资队伍建设。韩子满(2008)指出,教师职业化和译者职业化存在矛盾:一方面,教师的职业化需要教师有出色的科研能力、教学能力和接近职业译者的翻译实践能力;另一方面,译者的职业化要求教师具备职业译者的多重素质。要解决这对矛盾,需要在师资队伍中招募职业译者,与翻译机构合作,在借用职业译者的同时增加教师的翻译实践活动。此外,教育机构可创办自己的翻译公司,为教师提供锻炼的平台,稳定师资队伍。

可以看出,本阶段的口译教学研究不仅拓宽了原有的研究内容,例如,已经开始关注口译师资的研究,而且在研究深度上有所改善,实证研究数量上升。从研究成果看,现有的针对口译教学法的研究仍没有形成有影响力的研究成果;现代技术及跨学科视角对口译教学进行研究,无疑为口译教学研究提供了崭新的视角,但同样需要深度研究、挖掘其在口译教学中的运用;口译教学理论研究粗具规模,但是仍然需要相关实证研究和教学实践验证;口译教材研究和口译师资研究仍属于薄弱环节;另外,还缺乏从学生角度探索口译能力习得的研究。

三、小　结

　　本章简要回顾了西方口译教学的相关研究,进而对国内口译教学研究进行了文献梳理和综述。虽然西方更早开展口译教学研究,并为后来的实证研究提供了借鉴,但国内的研究从数量和广度上都大有后来居上之势。尽管国内许多研究存在诸如观点重复、采用理论思辨而非实证研究等问题,但高质量的研究成果不断涌现,推动着口译教学研究不断走向正规化和科学化。

第四章　口译教学现状

鉴于我国地区发展不平衡及对口译多层次人才存在需求的现实,在实际的口译教学中,我国的教学层次和内容也呈现多样化。詹成(2010)对中国 1979—2008 年的口译教学相关文献进行了梳理和考察,总结了国内高校目前的口译教学层次和内容(见表 4.1)。

表 4.1　国内高校的教学层次及内容

层次	成分	教学(训练)内容
本科	非外语专业	口译的基本知识,简单的交替传译(联络口译)技能
	外语专业(高年级)、双学位/双专业	一般性主题的交替传译技能
	翻译专业	一般性主题的交替传译技能、基础的同声传译知识
硕士研究生	专业方向必修课(翻译学)	一般性主题的高级别交替传译技能
	研究方向课程(国际会议传译等)	特定主题的高级别交替传译和/或一般性主题的同声传译技能
	专业选修课(语言学或翻译学)	一般性主题的交替传译技能
	专业学位课程(MTI)	一般性主题的交替传译和同声传译技能、特定行业主题的交替传译技能
博士研究生	翻译学博士(口译研究方向)	交替传译和同声传译的理论知识、工作原理和基本方法
培训(非学历教育)	各类技能强化训练课程	口译工作所需的语言强化、一般性主题的交替传译和/或同声传译技能、某些行业主题的知识和技能

近代以来,我国真正意义上的口译专业训练源于 20 世纪 80 年代北京外国语学院(现北京外国语大学)的联合国译训班,但此后的相当长一段时间内,口译专业教学处于混乱状态。在 20 世纪 90 年代对几所重点外语高等院校的法语口译教学进行考察后,刘和平(2005:105)将当时的口译教学分为四类:"一是完全停留在口语教学层面,口语训练后将其内容逐字逐句翻译成外语或母语;二是作为语言教学训练的补充手段通过逐句'翻译'达到对语言的完全掌握;三是笔译的口语化,即把事先翻译好的文字拿到课堂上进行口头翻译;四是'背诵',即事先准备上课要翻译的内容,学生在课前几乎可以记忆和背诵全部内容,课堂练习实际上是记忆背诵比赛。个别学校也涉及口译,但只是旅游景点的介绍翻译。"

本章对国内口译教学的主体组成部分——翻译硕士专业学位(MTI)口译教学、本科翻译专业口译教学及本科外语专业口译教学的现状进行分析,并指出国内口译教学现存的主要问题。

一、翻译硕士专业学位(MTI)口译教学现状

直到 2003 年 4 月上海外国语大学成立高级翻译学院,并于当年 12 月,中国第一个翻译学学位点在上海外国语大学高级翻译学院设立,口译专业教学才纳入人才培养体系正轨。2007 年,国务院学位委员会批准设置翻译硕士专业学位,以培养高层次、应用型、专业化的翻译人才,并成立全国翻译专业学位研究生教育指导委员会(简称"MTI 教指委"),具体负责指导这一新兴学位课程。截至 2016 年 7 月,获准试办翻译硕士专业的高校已达 206 所。分别是 2007 年第一批,包括北京大学在内的 15 所;2008 年第二批,包括北京第二外国语学院在内的 25 所;2010 年第三批,包括安徽大学在内的 118 所;2011 年第四批 1 所,即吉林华侨外国语学院;2014 年第五批,包括北京工商大学在内的 47 所。从国务院批准翻译硕士学位点的时间间隔和数量可以看

出，国内在翻译专业硕士人才培养方面大致经历了四个阶段：2008 年以前，实验期；2008—2010 年，发展期；2011—2013 年，调整期；2014 年后，平稳期。至今，翻译专业硕士的人才培养机制日趋规范，尤其是在 MTI 教指委的指导下，不断加大评估力度和处罚措施（例如，2016 年有个别院校被除名，还有几所院校收到警告，必须停止招生，进行整改），无论是拥有学位点的院校还是从事具体教学工作的一线教师员工，都在自觉提升办学水平。

值得一提的是，近年来，以刘和平、穆雷、柴明颎、仲伟合等为代表的学者们作为第一批将西方先进口译教学理念介绍到国内的专家，不断呼吁要厘清"教学口译"和"口译教学"的关系，认识口译的本质，并坚持以职业化口译人才培养为目标。王斌华（2009：211）将西方有代表性的口译专业教学模式总结如下：(1)专题教学模式，特点是围绕口译专题展开教学；(2)语言转换教学模式，针对两种语言的比较差异和转换规律进行教学，侧重句法差异，确定口译转换的难点并进行教学；(3)技能教学模式，把口译过程及技能分解为听辨技能、记忆技能、转换技能、表达技能、精力分配技能进行教学；(4)(模拟)实战教学模式，通过"口译工作坊""模拟会议传译"等课程模拟实战操练。

在这样的口译教学理念的指导下，国内涌现出了一批培养职业化口译人才的著名院校。例如，以广东外语外贸大学（见图 4.1）为例，王斌华（2009）指出，广外的口译教学结合了以上四种模式，以培养职业化口译人员为目标，以形式多样的课堂教学、仿真教学和口译实践结合的模式，采用口译技巧讲解、学生口译操练与教师示范的教学方法，形成了立体化课程教学系统。

另一个经常被推荐的是厦门大学模式（仲伟合，2001，见图 4.2）。在这一模式中：I＝interpreting，即口译产品；A(D＋CC)＝analysis of discourse＋cross-cultural understanding，即对语篇与跨文化交际成分的分析；C(SL＋K)＝comprehension in source language＋knowledge，即对源语及言外知识的理解；R(TL＋K)＝reconstruction in target

英语口译（课程系列）

以技巧为导向	以专题为导向	以语言转换为导向	以（模拟）实战为导向
基础口译	专题口译	英汉/汉英口译	口译工作坊
连续传译	商务口译		口译观摩与欣赏
视译	政治外交口译		模拟国际会议传译
同声传译	法庭口译		

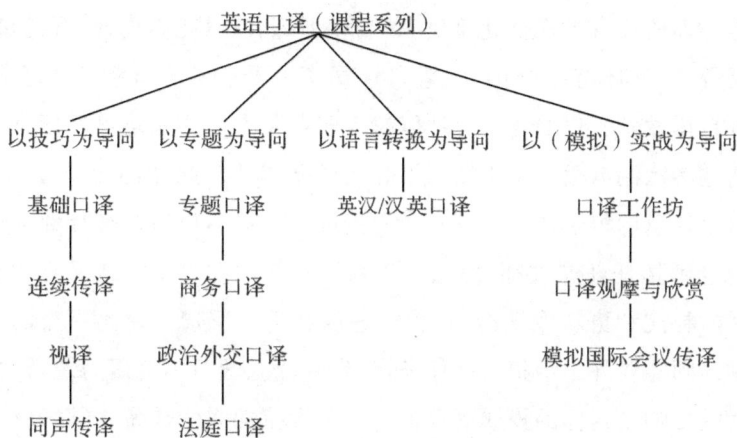

图 4.1　广外模式

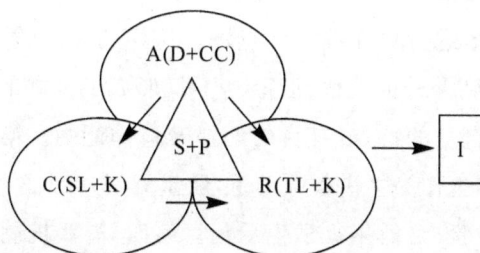

图 4.2　厦大模式

language＋knowledge，即整合言外知识进行目标语的重构；S＋P＝skills＋professional standard，是口译过程中译员应用的口译技巧及遵守的职业准则。

　　厦大模式以技巧与职业准则为训练核心，贯穿口译培训过程的是交互融合的三个方面：口译过程中对语言及言外知识的理解，语篇与跨文化交际因素的分析，以及基于语言信息及言外知识的目标语重构。这一模式既强调了培养职业译员的教学目标，也凸显了口译技巧培训的重要性。

　　近年来，上海外国语大学模式以其高质量的口译人才输出成为国内外调研学习的典范。除了兼有广外模式、厦大模式在口译专业人才培养方面所倡导的职业化准则、技巧化训练、双语能力提升、百科知识拓展等,上外还有联合国、欧盟口译司实习及会议口译服务等实战。上外口译教学不仅始终如一地以口译职业化人才为其培养目标,而且以遴选淘汰制激励学生不断打下扎实的基本功。此外,上外形成了具有自身特色的教学体系。第一,平行班教学机制,以口译交传课为例,三位老师担任任课教师,遵循一套系统的教学大纲来实施课堂教学,并时时补充和更新教学内容、教学进度和学生反馈。如此一来,如果个别老师需要外出承担口译任务,学生的课堂学习不会因为老师的缺席而受影响。这样的模式既保证了口译课堂的教学质量,同时又满足了口译师资需要保持口译实践的要求。反之,教师的口译实践又增加了口译课堂的宽度和深度。第二,学生课后学习小组,学生以三人一组在课后自发地进行口译练习和点评。这样的课后学习形式不断把课堂学习延伸到课外的巩固训练中,不仅形成了良好的学习氛围,学生还可以根据自身的特点,有目的地提升口译能力。第三,老生传帮带,高年级的学生作为主讲教师助手,随堂见习,参与学生的口译练习和点评,分享经验,给低年级学生示范。第四,淘汰机制,上外的口译专业分为会议口译和 MTI 口译两个方向,无论是哪个方向,学生在入校学习一年后都将面临升级考试,这样的压力无形中更是调动了学生的积极性,使他们不断夯实口译基础,提升技能。第五,多渠道口译实践,正是因为上外一直秉持培养高素质口译职业化人才的理念,并将其落实到课堂教学实践,学生的素养很快被行业认可,也不断获得在大型国际会议、联合国、欧盟口译司等签约实习基地实战的机会。第六,积极开展口译研究,上外高翻学院兼顾学院派理论研究,也鼓励学生在口译实战中展开研究,不断为口译教学和研究提供参考数据。毋庸置疑,上外高翻学院的口译人才培养模式已经形成了教—学—研的良性循环,也是口译教学的一个理想模式。

二、本科翻译专业口译教学现状

　　自教育部 2006 年批准设立本科翻译专业以来,国内已经有 230 所学校在本科阶段开设翻译专业。为了规范本科翻译专业教学,2011 年教育部高等学校翻译专业教学协作组在第一届年会上通过了《全国高等学校翻译专业本科教学要求(试行)》(以下简称《教学要求》)。《教学要求》明确指出,高等学校本科翻译专业旨在"培养德才兼备、具有宽阔国际视野的通用型翻译专业人才。毕业生应熟练掌握相关工作语言,具备较强的逻辑思维能力、较宽广的知识面、较高的跨文化交际素质和良好的职业道德,了解中外社会文化,熟悉翻译基础理论,较好地掌握口笔译专业技能,熟练运用翻译工具,了解翻译及相关行业的运作流程,并具备较强的独立思考能力、工作能力和沟通协调能力。毕业生能够胜任外事、经贸、教育、文化、科技、军事等领域中一般难度的笔译、口译或其他跨文化交流工作"。同时,《教学要求》确定本科翻译专业的学生需要的专业知识与能力包括:(1)语言知识能力(外语语音、词汇、语法知识,外语听说读写能力,汉语知识与写作能力,演讲与辩论能力,语言学习能力);(2)翻译知识与技能(口笔译技能,口笔译理论,跨文化交际能力,译者综合素质);(3)通识教育(中外社会文化,语言学与文学知识,计算机与网络运用)。对学生的能力要求分为基础阶段和专业阶段。以口译为例,基础阶段,学生要能"复述一般难度的外语新闻和话语片断,准确率达 90%;初步掌握数字、专有名词的记忆等常用口译技巧;熟悉口译中常见的话语类型;初步掌握笔记技巧;能担任一般场合的联络口译,译文准确率不低于 70%,无明显语言错误"。在专业阶段,学生要能"较熟练掌握口译技巧,较好地承担导游、联络口译等任务,掌握译前准备的方法,较熟练地掌握数字、专有名词的记忆和转换技巧,能够担任一般难度的商务谈判、演讲、访谈、解说等交替传译工作,译文准确率不低于 85%,无明显错译或漏译"。《教

学要求》还规定了学生总学时为 2800—3000 学时,总学分为 155—170
学分,其中专业课总学时不低于 1800 学时,总学分不低于 100 学分
(不包括公共必修课和公共选修课,也不包括第二外语课、专业实习、
社会实践和毕业论文)。由于口译课程的特殊性,《教学要求》建议以
任务为中心,展开多种形式的教学方法。教学评估与测试结合形成性
评估和终结性评估,学生毕业需参加"全国翻译专业资格(水平)考试"
(三级)。总体而言,颁布《教学要求》是为了规范本科翻译教学,为试
行开办翻译专业的高等学校提供指导(仲伟合,2011)。

　　然而,相关研究公布的结果却与《教学要求》有很大的差距。姜秋
霞、曹进(2006:9-10)对国内 14 所高校本科翻译专业(方向)课程设置
进行调查,发现六个突出问题:(1)翻译课程设置缺乏系统性,板块划
分不明晰;(2)课程体系不完整;(3)翻译技能课程与翻译知识课程不
足,翻译训练、翻译理论、翻译素养类课程均低于 10%;(4)应用专业课
程不足;(5)忽视母语与中国文化,致使学生的英译汉译文中屡屡出现
"欧式汉语";(6)缺乏语言、文化比较类课程,仅有个别高校开设英汉
语言对比类课程。庄智象(2007:100-101)在比较分析国内几所高校
翻译本科专业的课程设置后发现,虽然这些学校在专业知识能力模块
方面各有侧重,但对部分课程要么没有明确的说明(如文化对比),要
么不重视(如翻译理论)。鲍川运(2008)指出,我国本科翻译专业教学
仍然存在外语能力提升和翻译专业训练的双重任务,加之口译类型划
分不明确,必然为口译教学的目标带来一定的困惑。文军、李红霞
(2010:2-7)调查了全国 11 所高校本科翻译专业的课程设置情况,发
现尽管各校设置的课程很多,但理论性课程占比较大,而与学生通识
知识板块相关的课程,如计算机技术、工具书使用等方面的课程,则较
为匮乏。同时,在这些开设翻译专业的学校中,虽然各自都有特色领
域,但很少有将翻译专业与学校特色相结合,以突出各个学校课程特
色的。此外,吴玉美(2013:217)通过针对口译服务用户及本科翻译专
业学生的问卷调查,发现现有大学本科层次翻译专业教学存在缺乏高

素质师资、课程设置不合理、教学"重理论、轻实践"等问题。此外,周维、贺学耘(2013)通过对现有本科翻译专业的口译测试方式和内容进行调查,指出现有的测试和评估方式有待提高信度和效度,以便更好地指导教学和促进口译教学质量的提升。而张敏(2015)对本科翻译专业学科教学评估的调查发现,现有的教学评估缺乏理论依据,评估目标不明确,评估主体不完整,评估内容散乱,方法单一。

　　根据上述学者对国内本科翻译专业的调查,可以初步得出这样的结论:虽然翻译本科专业的设立已经将近10年,且经过十一批次的批准,已经有230所院校拥有本科翻译专业,在此过程中也有《全国高等学校翻译专业本科教学要求(试行)》对翻译专业的教学进行规范和指导,但实际的教学现状不容乐观。各校对如何设置科学的翻译专业课程体系尚没有达成共识,教学评估方式的科学性、合理性也有待改善。

三、本科外语专业口译教学现状

　　本科外语的口译课程设置始于教育部于2000年颁布的《高等学校英语专业英语教学大纲》。该大纲明确指出,口译是英语专业高年级的必修课程,要使学生能掌握口译的基本理论和专题连续传译的技能。口译作为外语专业的一门必修课程,一般被安排在第七、八学期,为时一年,每周2—3学时,总学时为72—108学时。对于此次大纲对口译课程的表述,绝大多数高校的认识还比较模糊,许多教口译课程的教师简单地认为口译教学区分于笔译教学,相当于将笔译教学模式照搬到口译课堂,是笔译的口语化教学模式,在教学方法上多采用主题训练。陈晓春(2009)总结了国内本科英语专业口译教学的现状:(1)口译教学目标定位不清晰,缺乏统一的大纲;(2)课程设置不合理,目标过高而课时不足,且开课时间占用毕业学期,很难让学生专注口译学习;(3)缺乏优秀的口译教材,现有教材多以主题训练为主,大部分教材没有摆脱传统的语言学教学模式,不符合口译教学的特点;

(4)缺乏优秀师资,现有的教师队伍大多没有接受系统和正规的口译训练,更缺乏口译实战经验;(5)教学设备不完善,绝大多数高校缺乏口译训练需要的口译实验室,更不用说模拟会议室、同传厢、卫星电视等设备;(6)学生口译练习和实战机会少,学生的课外口译练习多为纸上谈兵;(7)口译考试信度和效度不高,缺乏统一的考试形式、评分标准。以北京 19 所高校非翻译专业本科生的口译教学为例,葛卫红(2009:78)指出,外语专业本科阶段的口译教学"没有从一个宏观的高度进行系统的课程设置,教师和学生都普遍反映课时少。师资水平有了一定的提高,较多的教师直接毕业于口译专业或接受了专门的口译培训,但是力量却依然薄弱。在教学材料上,没有统一的教学材料,口译教师选用的具体教程多种多样,但是全部辅以自己整理的教学教材,加入自己的内容。有的较为随意,没有系统和逻辑。教学方法还不够灵活,课堂气氛不够活跃,学生的学习兴趣有待引发"。郑茗元(2011: 158)指出,我国英语专业口译教学仍然是传统模式:无互动性,讲授为主;方法单一,内容枯燥;缺乏真实教学环境,与实践脱节。

　　近年来,随着翻译硕士及口译专业教学的不断发展,部分学者也开始关注外语专业本科生的口译教学问题。事实上,关于这个群体在口译教学中到底是采用"教学翻译"还是"翻译教学",也引起了学者的探讨。"教学翻译"(pedagogical translation)与"翻译教学"(translation teaching)的概念最早是由 Delisle(1988)提出的。他认为,"教学翻译"采用传统的双语对比的翻译练习形式,其目的是外语学习;而"翻译教学"旨在将具备良好外语基础的人培养成职业译员。国内研究口译教学的先驱和实践者们在引入这对概念的同时,也增加了自己的理解。例如,穆雷(1999)认为,为辅助外语教学而进行的翻译教学,即教学翻译,其目的在于提高双语能力,其重点为比较语法和两种语言的基本特点及其在表达方式、习惯用语方面的异同;为培养译员而进行的翻译教学,即真正意义上的翻译教学,其目的在于培养翻译工作者,其重点为培养正确的翻译观和提高翻译能力。刘和平

(2001a:18)也同样强调,"旨在为语言教学服务、作为教学手段的中外互译是教学翻译;旨在培养翻译技能的训练才是真正的翻译教学。语言学习的目的是获得语言交际能力,翻译教学是在学员已经获得语言交际能力的基础上进行翻译技能训练"。

穆雷(2008:41)认为,可以依据不同的学科定位、教学目的、教学重点和培养目标而对具体的教学进行"教学翻译"和"翻译教学"的区分(见表4.2)。

表 4.2　翻译教学与教学翻译的区分

主要区别	教学翻译	翻译教学
学科定位	外语教学(应用语言学)	翻译学(应用翻译学)
教学目的	检验并巩固外语知识,提高语言应用的能力	了解翻译职业的理念与规则,掌握双语转换能力与技巧
教学重点	外语的语言结构及外语语言应用能力	双语转换能力与技巧,解决翻译问题的能力
培养目标	掌握一门外语的工作者	职业译员译者,双语工作者

由表 4.2 可以看出,穆雷(2008:42)认为,本科阶段外语专业的口译教学不同于翻译专业的课程,应当从学生基础、课时、培养目标和教学性质方面与后者区分开来。她指出,外语专业的口译教学自身特点为:学生基础是听说读写基本课程,培养目标是外语应用能力,课时数一般为 36 学时,占专业课教学总学时 2000—2200 学时的 1.5% 左右,教学性质应当是教学翻译。

然而,这种观点并不是所有学者都赞同。例如,刘和平(2005)认为,高等院校外语教学大纲将翻译课列入专业课,强调翻译技能为学生外语技能之一,这种客观背景和认识必然"导致对翻译课缺乏正确的认识",加上口译课开设在本科生高年级阶段,许多任课教师自身就会将口语同口译混淆,认为两者技能训练相似,口语好就基本能胜任口译。事实上,口译课程有其自身的规律和要求,必须按照翻译教学的原则开展教学,这一点得到了其他学者的支持。例如,詹成(2012)认为,在外语专业开设口译课程,"不应只作为提高学生语言能力的辅助课程,而应该成为提高学生口译能力的一门实践课程。使学生在训练后基本可以掌握基本口译理论和技巧,能胜任一般场合交替传译工作"。考虑到一定的外语水平是开始口译专业训练的前提,刘和平(2005)建议,在外语专业开设口译课程之前开设高级口语训练课程,从而提高口译课的质量。也即,将外语能力提升课和口译专业课从课程性质上进行区分,从而遵循不同的教学原则,采用不同的方法和教学评估方式,以实现不同的教学目标。

四、口译教学现存的主要问题

虽然近些年来我国的口译教学,尤其是翻译专业的口译教学取得了长足进步,但是依然存在很多问题,其中最为紧迫的问题表现在:(1)缺乏统一的教学大纲;(2)缺乏优秀的口译教材;(3)师资质量参差不齐。

1. 缺乏统一的教学大纲

编写统一的口译教学大纲既有理论依据,又是现实需要。刘和平(2002:56)指出,口译研究、口译的职业特点及市场需求是制定统一的教学大纲的前提,"口译教学必须借助相关的翻译学和口译理论研究成果,按照职业口译的客观规律、特点和范围,制定相应的教学纲要"。首先,现有针对口译研究的成果表明,翻译无论涉及什么语种,其思维过程都遵循通过结合语言知识和认知知识而产生有意义的译入语这样一个过程,翻译实际上是一种双语的交际行为,译员传达的是源语的意义而不是语言本身,翻译的性质和对象相同,是制定统一的教学大纲的基础。其次,口译员的思维模式、知识图式具有共性,完成口译任务也需要一些共有的技能,诸如听辨、记忆、笔记、表达等,这些技能可以通过训练获得。再次,随着国际交流的日益增强,对口译人才的迫切需求催生了口译教学和相关口译培训的迅猛发展,统一的教学大纲可以有效规范我国的口译教学事业,为国家培养更多合格的翻译人才(刘和平,2005)。

然而,从上文对翻译专业和外语专业口译教学的综述可以得知,三个层次的口译教学都没有统一的教学大纲。从翻译专业口译教学层面看,随着翻译硕士学位点的设立和推进,口译教学正在走向正规。2011年,全国翻译专业学位研究生教育指导委员会颁布了翻译专业的教学培养方案,其中对口译专业的培养目标、学习年限、培养方式、课程设置、专业实习、学位论文、学位授予都做了明确规定。在过去几年中,MTI教指委对翻译硕士学位点的评估也严格参照这个指导性培养方案进行,很大程度上为专业的口译教学指明了方向。同时,本科翻译专业也有《教学要求》明确的一系列教学目标、教学原则、教学内容、教学方法和评估手段。但是,培养方案和《教学要求》的指导意见毕竟不能等同于教学大纲,而且指导性方案就意味着教学单位可以有不同的具体实施方案。从外语专业口译教学层面看,更是无纲可循。具体表现为任课教师根据自己的理解撰写课程教学大纲,存在任意性、不科学、不系统的问题(杨凯、陈文莉,2011)。

严格意义上讲,教学大纲通常包含课程设置、教学对象、教学目标、教材、授课计划、考核标准和参考书目等内容。刘和平(2005)认为,只要是以培养口译人才为目标,就具备参照统一的口译教学大纲的基本条件,因为口译技能是纵向延伸的,教学对象不同可以参照教学大纲对教学内容、授课计划、考核标准等的要求进行相应调整。

2. 缺乏优秀的口译教材

早在20世纪末,穆雷(1999:80)就指出,编写统一的口译教材的任务刻不容缓,因为:第一,国家对口译教学应有统一的要求;第二,国家对涉外人员的政治素质、外语、业务能力和行为规范的要求是一致的;第三,当今科技的大发展使各学科相互交叉和相互渗透的趋势越来越明显,从事某一特定专业的译员也免不了要用到专业外的知识;第四,我国已拥有一支规模相当大的口译师资队伍和教材编写队伍;第五,我国的外语教学大发展为编写口译统编教材提供了现实的可能性。

　　然而,在相当长一段时间内,市场上"很多口译教材的内容,都有一个共同的偏向,就是集中所有力量在题材与词汇上,造成教材偏重知识与词汇的堆砌,往往对于口译技巧并未触及"(杨承淑,2005:4)。随着口译教学和各种口译培训机构的兴起,口译教材的出版业迅猛发展。方健壮(2002:22)把市场上已有的教材分为三类:一是依据行业特点专门介绍具体某一领域特点的口译技巧,如经贸、旅游及外事等;另一类侧重技巧训练,但不提供双译练习;大部分口译教材既有口译理论与技巧的介绍,也涵盖了对外交流所涉及的主要内容。据不完全统计,市场上已经出版的口译讲义、手册、教材等近 170 本(刘和平,2005)。此外,专门为口译职业资格考试而编排的教材也应运而生(文军、张瑜清,2009)。通过对国内主要出版社在 1990—2011 年期间出版的口译教材进行分析,高彬、徐珺(2012)发现国内口译教材的发展可以分为三个阶段:(1)2001 年以前,口译教材基本以主题型为主,侧重外事接待中的联络口译,以对话形式的训练为主;(2)2001—2006年,口译教材仍然延续了主题口译的特点,选材更偏重于大政方针介绍和书面演说致辞,口译技巧或技能会被提及,但这些技巧多停留在词汇和语法层面,没有突出口译的特点;(3)2006 年以后,逐渐出现口译技巧阐述,同时对口译交传、同传、视译等的技巧进行区别分析,与培养口译能力相关的百科知识、文化素养方面也开始引起编者的重视。

　　需要指出的是,近年来,虽然在 MTI 教指委的指导下,由国内主要外语教材出版社,如外语教学与研究出版社、上海外语教育出版社等,组织专家学者编写了翻译专业的口译教材,为口译教学提供了指导,但是,在实际的专业口译教学中,不同学校、不同任课教师所采用的教材并没有统一标准:一些师资较强的翻译院系通常用教师自己的口译实战作为课堂教材,一些院校则依靠任课教师自己搜集整理教学资料,还有部分院校则沿用市面上的教材。在外语专业的口译教学中,教材的使用更是五花八门。很长一段时间内,不少院校的英语专业都是用吴冰教授编写的《大学英语口译(汉英)教程》/《汉译英口译教程》(修订本)或林郁如、罗能根等编著的《新编英语口译教程》,非通用语种的教材屈指可数,相当多的教师自编自用(刘和平,2005)。总体而言,口译专业教材的编写已经呈现规范化趋势,但数量有限,外语专业的口译教材相当匮乏,尚无被市场广泛认可的教材出现。

3. 师资质量参差不齐

仲伟合(2010:12)指出,从事翻译专业教学的教师不但要精通语言、了解翻译学科、受过翻译的专门化训练,同时要有大量的口译或笔译实践经验。柴明颎(2010:55)则从另一个角度分析了翻译师资的重要性,他提出,传统外语学科中的翻译教学强调语言能力,教师充当的是语言专家的角色,注重学生完成文本中的语言准确性,注重单一语言现象,注重结果而非过程,强调语言知识,偶尔也强调文化背景,不注重对相关学科和主题的认知,师生很少与外界接触,这种情况下很难培养出翻译能力。然而,目前在国内许多高等院校中从事口译教学的师资队伍普遍偏弱,像上外高翻学院这样的凤毛麟角,很少有学校的师资队伍在学历、职称、学术特长、口译实践、教研方向、教研能力等方面形成合理的机制。

罗淑兰(2008)通过对上海5所院校的口译教师进行调查,发现口译师资学历、职称、年龄均偏低,师资数量少,缺乏口译实践,对口译理论了解不多,很少有教师接受过专业培训。类似地,赵蕾(2013)调查了内蒙古5所高校的口译教师,发现多数从事口译教学的高校教师并没有接受过专门的口译教学培训,多毕业于英语语言文学专业(硕士、博士),虽然语言功底较强,但是由于对口译课程并不了解,在实际教学中更侧重语言知识点而忽略口译技巧。此外,任课教师数量少,教育背景偏低,拥有博士学位或副高职称的口译教师非常少。李艳(2015)对甘肃省 15 所高校的口译教师进行调查后发现:口译师资队伍结构不理想,教师自身业务水平不高,教师社会文化知识薄弱。花亮(2016:38)抽取了不同地区从事翻译专业口译教学的教师作为样本进行调查,发现目前的口译师资堪忧:第一,从教的口译师资绝大部分认为自己专业不对口,例如,72.09%的口译教师纯属客串,其专业背景集中在笔译、译论研究、语言与文学研究;第二,口译师资的职称普遍偏低,初、中级职称的教师比例为 76.74%;第三,口译师资的学历低,79.06%的教师不具备博士学位;第四,口译师资的教龄低,93.02%的教师从事专业教学不到 5 年。

处于前沿的口译专业师资队伍尚且有待完善,外语专业的口译教师队伍更是堪忧。因为从机制而言,由于外语专业的口译课程开设在外国语言文学学科之下,是外语专业的必修课之一。通常的做法是,口译课程直接由文学或语言学方向背景的教师任教。这些教师能否区分口译课程与外语课程的性质,自身是否拥有必需的口译实践经历,都不容乐观。

五、外语专业口译教学的定位

虽然《高等学校英语专业英语教学大纲》明确了外语专业口译教学的培养目标,但是在口译教学实践中,研究型学者和一线教师对这一培养目标存在不同理解。支持者认为,大纲的规定符合国家培养多层次口译人才的需要,现行的外语专业口译教学可以实现这样的培养目标(詹成,2012);反对者则认为,这样的目标不切实际,高等院校外语专业对口译课程的设置不够合理,有限的课时,加上匮乏的教师资源、不符合口译学习规律的教学方法等都无法满足口译人才培养的需要。例如,邓建华、张金玲(2008:173)认为,外语专业的口译教学应当以普及并提高大学生口译能力、努力培养初级口译人才为目标。这样定位的原因主要有两个。第一,普通高校本科口译课一般是在外语专业高年级开设,是教育部规定的本科阶段必修课程。绝大多数的外语专业只是开了一门口译课。而且由于授课学时的限制,在课程设置、具体训练及口译实践的环节上与翻译专业的口译教学有很大的差距。因此,培训的效果自然也有很大的差别。第二,翻译专业的学生在高年级通过语言能力和心理素质等指标的筛选才进入口译专门训练,而普通外语专业的学生,无论其本身语言能力如何,都必须进行口译学习,学生的水平差异也会影响口译教学过程中训练内容的广度和深度。还有学者(鲍川运,2004)建议,高等学校应该有一套从大学本科到硕士研究生的完整翻译教学体系,而不能以本科为培养翻译人才的终端学位。正因为口译训练是向程序性、自动化阶段转换的过程。口译能力发展的进程中,语言知识的提高要经历这样的过程,口译技能的获取也要经历这样的过程(蔡小红,2001),在大学本科阶段,口译课现有的课时量很难保证学生实现口译的程序化和自动化转换。口译教学中可以向学生介绍口译的基本概念、口译的策略和技巧,也可以对口译进行尝试,进行一些口译基本功的训练,为将来真正意义上的口译训练打好基础,例如,了解口译的形式、性质、基本概念和认知过程,培养学生的双语思维能力,以及学习口译基本技巧和方法(鲍川运,2004)。

考虑到国家对多层次口译人才的需求,以及口译人才培养的连续性,笔者认为,外语专业的口译教学可以参照《高等学校英语专业英语教学大纲》,遵循口译的本质特点和人才培养规律,以培养能胜任一般交替传译任务的初级口译人才为基本目标。因为以专业化口译人才培养为目标的教学必然会使部分外语水平较高、对口译学习有浓厚兴趣的学生成为专业口译人才的后备军,充实口译专业硕士层面的生源;同时,对于外语水平较低、只是将口译学习作为提升外语综合能力为目标的学生而言,了解了口译的基本理论和技巧,并经历了口译的专业训练,必然促进他们对口译行为的认知,从而使他们能够更好地承担一般的交传口译任务。正是基于此,笔者参照口译技能阶段性培养的规律,设计了口译听辨能力、口译记忆能力、口译笔记能力及口译表达能力的培养方案,并对 41 名英语专业本科生进行了为期 18 周的实验研究。通过训练前后的问卷调查、学生访谈和口译测试成绩的对比,为英语专业的本科课堂教学提供了切实可行的参考。

六、小　结

本章回顾了翻译专业口译人才培养和外语专业口译教学的现状,可以看出近年来随着专业口译人才培养的发展和学者的推动,口译教学逐渐步入更加规范的轨道。然而,由于现实条件的限制,即使是专业口译人才的培养依然面临缺乏统一教学大纲、师资不足、缺乏优秀的口译教材等问题,外语专业的口译教学情况更是不容乐观。学者对于外语专业的口译教学目标到底是培养口译人才还是提升学生的外语能力仍存在争议,笔者则认为外语专业的口译教学应当参考专业口译教学的培养路径,调整具体培养方案,既为潜在的口译人才输送后备力量,也能满足市场对多层次口译人才的需求。

第五章　英语专业口译课堂教学构建

本章的主要内容是：明确英语专业口译教学的目标与定位；简述具体的口译教学任务、教学内容、师资要求、教学方法、学生特点和教材选用等；建议针对英语专业学生群体，构建技能化口译教学课堂。

一、英语专业口译教学的目标与定位

作为培养国家发展需要的多层次口译人才中的一个重要环节，英语专业口译教学既要遵循口译教学的特点，又要明确其特定的培养目标。早在 2001 年第三届全国口译理论和教学研讨会上，参会者就已经认同口译教学在教学目标、教学原则、教学手段和方法上不同于语言教学这一观点。但是，由于英语专业学科的培养目标长期以来被定位为语言综合运用能力，2000 年大纲新增的口译必修课程也常被认为是提升学生语言能力的一门课程。口译具有其自身的语言、话语、技能、服务场合要求等特点，必然要求其教学专业化（柴明颎，2007）。即使是外语专业的口笔译课程，也要求突出口译职业的特点，本科教学应以翻译思维训练为主，以文本/讲话体裁和题材为辅，以技能训练和语言提高为双重教学目标（刘和平，2009）。鉴于英语专业本科口译课程每周 2—3 学时的课时量，鲍川运（2004）建议，在教学目标上让学生了解口译的形式、性质、基本概念和认知过程，培养双语思维能力，学习口译基本技巧和方法，建立一定的双语反应能力和基本的口译能力。综合以上观点并结合学生的个体差异，本研究认为，英语专业口译教学要在遵循口译特有的教学规律的前提下,设置多重教学目标:为专业口译人才输送潜在后备力量;使学生能胜任一般性口译任务;使学生充分了解口译的本质并提升双语思维能力。

二、英语专业口译教学的任务与内容

在确定英语专业口译教学三重目标的框架下,口译教学任务通过选取适当的教学材料、运用合适的教学方法,促使教学目标的实现。参照《教学要求》对本科翻译专业口译教学的设置,英语专业口译教学在课时量受限制的现实条件下,应当充分结合课堂教学与课外自主学习,用有限的课时重点培养学生的口译技能和双语思维能力,适时地引导学生关注不同题材的主题知识和语言水平的提升,让学生了解口译的职业准则,将课堂的技能化训练与课外的大量练习相结合,促使口译水平的提升。具体而言,英语专业口译教学的内容应当包括口译的四项基本能力:听辨能力、记忆能力、笔记能力和表达能力。

1. 口译听辨能力训练

口译听辨能力被公认为是口译过程中的一个重要环节。Gile(1995:162)指出,听辨环节既包含辨析语音符号、识别字词含义,也包含决定讲话人的意思。有学者认为,口译听辨贯穿口译活动始终。例如,刘宓庆(2006:87)认为,口译过程中的听觉分析系统是听觉认知全程的关键:首先,在前沿听觉活动中译员需要尽量防止噪音干扰,对源语信息进行准确接收和甄别;其次,译员需要对源语语音符号在特定语境下的意义进行准确解码并与目标语进行匹配;再次,还需要在句法层面完成对输入语音符号的语义判断和完型,并最终构建意义和意向整合的目标语雏形。也有学者将其定位为口译活动的前端。例如,卢信朝(2009)认为,口译听辨处于口译活动的前端,从信息输入开始,终止但服务于信息存储,这一认知心理过程相对独立。无论如何理解口译听辨活动过程,学者们基本认同口译听辨与普通的听辨或者外语听辨存在不同。例如,刘伯祥(1999:25)从听力认知心理表征的角度将母语听辨、外语听辨和口译听辨进行了对比(见表 5.1)。

表 5.1　听力认知心理表征类型

听力认知心理表征类型	听力认知心理表征				
	听清	理解			
	1	2	3	4	5
I 一般	言语语音音波(母语)	语音图像 →	与储存的知识和经验联系:分析,推理(语言性信息与非语言性信息语音反射机制)(自动化程度)	—	内化为内部言语(意思及层次之间的关系)
II 用外语与外国人谈话	外语言语语音音波(英语)	同上与标准语音图像相异变体(难度较大) →	同上(难度较大)建立语音反射机制(难度大)	层次语义转换为母语(意思转换、字词结构对应转换)(隐性意识/弱)(难度较大)	同上
III 口译议员(包括母语为汉语的议员)	同上(英语)	同上更多的变体(难度更大)	同上建立语音反射机制,达到一定自动化程度(难度更大)	同上(显性意识)(难度更大)	同上

由表 5.1 可以看出,口译听辨比母语听辨和外语听辨难度更大,应当在一般外语听力训练的基础上进行,着重以下几点:建立和强化语音反射机制,层次语义转换为母语,语音图像变体和扩大语言性和非语言性知识与经验(刘伯祥,1999:26)。鲍刚(2005:92-97)对口译听辨与外语听辨做了更为细致的比较,他指出:(1)外语专业的学生一般注重听辨"标准音",对噪声、语音变体等非课堂模拟环境所引起的变化较不习惯,必须听清所有发音才能完成听辨,而译员不苛求发音,

以"能懂"为第一目标,可在源语存在噪音干扰、语音部分畸变等较差的情况下以相对较高的效率完成听辨;(2)外语专业的学生在听辨时不一定同时完成理解,而译员必须同时完成词义摄取和理解、句层意义理解乃至语段或语篇意义理解等;(3)外语专业的学生在听辨时善于"抓"词语,注意力集中在语言形式上,而译员的注意力则集中在上下文、语篇逻辑和话语内容上,忽略大部分词汇。

综上所述,口译听辨既难于外语听辨,又对听辨能力有特殊的要求。口译听辨最终要服务于口译表达,因此,口译听辨要求对输入的语音信息具有更宏观的把握,并及时完成语言转换。这对学生的注意力分配和协调有着更高的要求。具体表现在口译听辨训练上则要求学生:(1)变被动的"听"为主动的"思",需要在听的过程中积极进行思维加工,识别源语的信息要点和主题思想;(2)变听"词"为听"意",通过抓意群或者意义单位切入最小的翻译单位(任文,2009:107);(3)提升听辨自动化程度,由于我国学生属于合成性双语者,在听辨加工中所耗的精力多于平行双语者(鲍刚,2005),因此更要重视口译听辨能力的训练。

2. 口译记忆能力训练

在口译活动中,译员需要一次性地听取源语信息,执行源语信息听辨、信息意义表征与理解、信息暂时贮存、通过与已有知识连接组织译语表达等一系列活动,口译员出色的语言记忆能力是成功的口译活动必需的基本条件之一(Gile,1995)。正因为如此,自 20 世纪 60 年代起,口译的记忆能力研究一直就是口译研究的主要组成部分(Gile,2001)。心理学从结构上将人类记忆分为三类:瞬时记忆、短时记忆和长时记忆。瞬时记忆是所有信息进入大脑的第一通道,只能保持0.25—2 秒左右,只有受到注意的信息才能保留下来进入短时记忆。人如果通过视觉信息摄入,可以储存约 9 个刺激量,保持时间为数百毫秒;通过听觉信息摄入,可以储存约 5 个刺激量,保持时间约为 4

秒。短时记忆可以将经过筛选的 7—9 个不相关数字或者语音音位等信息保持 1 分钟左右,虽然短时记忆容量有限,但是经过组块、编码等方式训练的口译员可以比较轻松地记住较难的数字或者更多的复杂信息。长时记忆是人脑长期保留信息的主要手段,时间跨度可以从 1 分钟到终生,容量也非常大,难以估计。长时记忆的信息经过筛选、过滤,通常以情景记忆和语义记忆的方式进行贮存。需要指出的是,短时记忆和长时记忆都有"遗忘"的特点,前者主要受干扰因素影响,后者既受干扰因素,也受首因效应、近因效应等的影响。这三种记忆结构都与口译工作紧密相关,瞬时记忆与口译工作中的源语听辨有关,短时记忆和长时记忆与译员对源语的内容、关键词语等信息的贮存有关,其中长时记忆还与 B 语学习及译员的"译前准备"紧密相关。但是口译记忆主要由两部分组成:(1)短时性质的工作记忆,主要负责数字、专有名词等在口译现场难以采用"重复"强化或意义编码等手段进入长时记忆的信息;(2)类似长时记忆仅在一定压力下保持,一旦压力解除便不存在(或受到抑制)的某种可称为"中期记忆"的信息贮存方式,目的是保留源语内容和关键词语(鲍刚,2005:157-168)。从记忆运作程序层面来看,口译记忆与通常意义上的记忆概念相同,两者都包括识记、保持、回忆或再认三个过程。其中"识记"过程在口译中表现为译员的听辨、理解,"保持"过程在口译中表现为译员对源语信息的贮存,而"回忆"或"再认"则表现为译员为译语输出所做的准备工作。由于口译中话语信息具有瞬时性,口译记忆也具有其与众不同的特性(韩小明,1980):在听辨理解过程中的"有意"识记,在信息贮存过程中作用突出的短时记忆,"边译边忘"的长时记忆。

　　口译记忆面临的最大问题是如何实现记忆扩容及提升信息处理速度(徐瀚,2007:123-124)。通过减少对源语字词的机械记忆而提取意义,优化记忆对象(如关键词、逻辑线索等),提升注意力都可以提升短时记忆力(徐瀚,2011:32)。具体的口译记忆训练可以采用:(1)视觉记忆法,通过运用视觉记忆增加信息量的获取(仇保燕,1983);

(2)信息组块记忆法,通过组块的方式串接小的信息单位,从而扩容口译短时记忆(鲍晓英,2005);(3)逻辑推理记忆法,分清主次信息和逻辑层次,形成更大的记忆单位(李芳琴,2004);(4)图式记忆法,对于译员而言,对源语进行意义提取和编码是记忆活动中必须完成的信息加工程序,其拥有的知识图式在这个过程中至关重要。图式理论认为知识图式是人脑中一种动态、可变的认知结构,在信息加工过程中,通过自上而下和自下而上等不同信息处理方式(陈卫红,2014),达到帮助信息接收者进行表征、分类和编码的目的,最终以相对稳定的图式贮存在大脑里。图式可以加快口译的理解过程并简化口译的记忆过程(杨先明、何明霞,2007)等。

3. 口译笔记能力训练

口译笔记可以被定义为"译员在口译现场通过一定职业化手段即席、迅速地通过整理源语思维线路来标定源语内容、关键词语和译语搜觅与组织工作的'提示性'笔记,它是即席口译理解和口译记忆的继续,而并非一种旨在长期保留信息的纯粹记录性质的笔记"(鲍刚,2005:179)。根据心理语言学原理,一般人的短时记忆可以处理 1 分钟内的源语信息,但是如果时长超过 1 分钟,基本需要靠短时记忆协同长时记忆工作,如果源语中涉及复杂、冗长的句法结构信息,还会超出短时记忆的负荷,造成信息丢失,因此笔记可以帮助人脑对源语进行整合、分析加工。在口译活动中,笔记能力被普遍认为是口译核心能力之一,它对口译活动的具体作用可以概括为:(1)扩大记忆容量,面对长时间、多任务、高压力、高强度的工作环境,译员可以通过记录关键信息、语篇结构、数字、专有名词等细节信息,减轻记忆负担;(2)帮助逻辑分析,译员通过笔记记录源语的逻辑结构,使对抽象信息的形象显化与重现,提供了思维指引;(3)提高记忆质量,记笔记时手、眼并用,同时运用听觉记忆、视觉记忆、动作记忆,增加了记忆通道,在协调适当的情况下,会加深记忆、延长保留时间和提高记忆质量;

(4)帮助信息输出,在信息输出阶段,笔记中的关键信息、逻辑结构等为译员提供了记忆线索,帮助译员更迅速、有序地提取信息,从而提高产出的完整度和质量(陈菁、肖晓燕,2014:63)。

在认识口译笔记重要性的同时,还需要澄清在口译笔记方面的两个误区:(1)将口译笔记等同于速记,事实上,即使是最好的速记员也不能一目十行地快速解读他的笔记,尤其是解读符号(口译还包含字词),而且如果发言人对讲话进行修改或补充,则速记很难跟进(鲍刚,2005);(2)笔记喧宾夺主,要秉持先理解、重脑记、笔记辅的原则,正确的理解是记忆的前提和基础,笔记是对记忆的补充,而不是取代脑记的地位(陈菁、肖晓燕,2014)。根据 Gile(1995)对交替传译认知负荷的分析,在第一阶段,译员认知活动包括听力与分析＋笔记＋短时记忆＋协调。这个模型既明确了笔记在口译活动中的重要地位,又表明笔记同样占用认知资源。也即,如果在笔记过程投入过多的精力,则必然影响其他的活动,因此必须正确理解笔记在口译中的角色。

具体口译笔记训练的内容可以包括:(1)让学生掌握笔记原则,口译过程涉及大脑精力的分配和协调使用,要优先脑记,辅以笔记(刘和平,2001b);(2)引导学生充分利用笔记空间,表达源语逻辑层次和关系;(3)介绍笔记必要内容,如专有名词、数字、关键词等;(4)示范笔记常用符号和逻辑标识;(5)鼓励学生发展适合自己的笔记体系。

4. 口译表达能力训练

不同理论对口译过程的阐述都强调口译表达是口译过程的重要组成部分,甚至是最重要的终级产品。依照法国释意理论学派的口译理论(Seleskovitch,1978),口译是一种复杂的交际行为,通过口头表达的方式,准确、流利地为听众揭示并说明讲话人的意思。听众的反应也不断反馈到讲话人那里,译员的任务就是在交际现场用言语准确、流利地把他获取的讲话人的意思及时传递出去,促进讲话人和听众的交流和沟通。因此,口译表达是口译过程中至关重要的一个环节。Colonomos（1992）从信息加工论角度指出,译员口译表达的准确性受制于译前准备、环境和译员大脑的"过滤器","过滤器"相当于译员已有的心理标签,不断对信息进行加工、处理,而在这个过程中,译员的抗压能力、自信心等都与口译表达息息相关。Cokely(1992)从社会语言学角度指出,口译过程由信息接收、初步信息加工、短时记忆保持、语义意图实现、语义对等决定、句法信息构建、信息产出构成,其中口译的信息产出(言语或手势)取决于译者所处的物理环境和心理影响因素。

　　但是,不同的学者对口译表达的内涵理解的角度不同。例如,鲍刚(2005:221)认为,口译表达包括"译员的译语言语构思、语法与结构组织、译语语音发布等过程"。译语的言语计划与源语的言语计划有着本质不同,译员必须考虑如何准确传达源语话语者已有的思想、意象、情感等信息,言语特点、副语言等语言外的信息特点,两种语言文化背景下的交流效果等,从这些层面讲译语的语言组织相对受限。但同时,译员在忠实于源语的前提下,仍然可以主动选择关键词、隐性信息、要点信息等在双语间的切换层次,把握语言外信息的传递层次及交际效果。实质上,译语言语计划可以归纳为"译员针对提炼出来的内容与意义、转译后的隐性信息关键'实词'、代码转换后的数字等重点词汇、口译记忆或笔记里的主干性'提示'等各种源语信息所进行的译语技能性转述言语计划",其与源语言语计划的差异被总结为表 5.2(鲍刚,2005:224-226)。

表 5.2　译语言语计划与源语言语计划的差异

译语言语计划	源语言语计划
1.在源语发布的同时即席发展,但落后于源语言语计划一段时间	1.即席计划或者事先准备
2.一般无稿,计划到提示性信息	2.可有稿或提纲,并可计划到词层

译语言语计划	源语言语计划
3.无权加进自己的思想、意象、情感等信息,利用一定技术复述、转译源语	3.先有自己的思想、意象、情感等信息,再加上源语内部言语语言载体,以便最终产出源语外部言语
4.考虑照顾或利用双方语言和语言外的交际手段、语言和语言外的相关知识、特定社会交际环境等,并特别留意双语的文化差异	4.考虑照顾或利用对方语言和语言外的交际手段、语言和语言外的相关知识和特定社会交际环境等
5.遵守口语交流的各种规则	5.遵守口语交流的各种规则
6.注重对交际双方的动机、反应均做出反馈	6.注意对方的动机,并根据对方反应做出反应
7.体现出口译复述、传译等职业化技能特点,以"传达"为目的对源语进行加工	7.体现出源语话语者的演讲技巧,言语计划以阐述、书法为主要目的,无"二次加工"机会

　　译语言语计划到译语产出还需要经历一个复杂的过程,译员既要综合源语内在信息、语言外在信息,实现口译理解,内容要点提取,又要进行译语搜觅,到部分或完全"脱离源语语言外壳",形成译语言语计划后,过渡到语言转换和言语执行两个阶段。语言转换主要包括句法结构组织、词汇选择、调整修正及音素结构产生。言语执行则是发布言语,同时对言语外在形式,如语音、措辞、句法等语法形式,进行口头调整。相关研究表明,言语产生过程在表达内容的实词前比在表达语法关系的虚词前更容易出现语流间断、不流畅的情况,而且复合句的复杂程度也高,在分句的连接处更容易出现阻塞(鲍刚,2005:231)。这些都为口译教学提供了重要参考。

　　陈菁、肖晓燕(2014:87)认为,"口译表达是译员用目的语包装信息并用言语和非言语手段将其传递给听众的过程"。其中,用目的语包装信息(即语言的使用)主要包含发音正确、语法准确、语言地道和语言得体这四个方面的质量要求。其中,发音正确、语法准确、语言地道是从语音、语法、词汇等目的语语言系统本身判别话语在形式上是否符合规则。语言得体则以目的语所在的社会文化为尺度,衡量译员在用词、语域、语言风格等方面是否符合目的语社会文化的规范。口译的表达既包含有声表达(语音、语调、音质、音量和流利性等维度),也包含无声表达(主要指动作、举止和姿态等)。他们指出,在口译表达训练中要提醒学生实时监控自己的表达,有意识地控制语速,合理分配认知资源,培养快速组织语言的能力,避免反复纠错、停顿,通过演讲训练让学生加深对无声表达手段的理解,并在实际的口译类型和场合中做到变通。

虽然口译表达就口译过程而言不仅仅是言语执行阶段,但我们在讨论口译表达训练时焦点通常放在译语产出阶段,并且将译语表达作为口译质量评估标准的重要组成部分。例如,鲍刚(2005:267)指出,译语标准可以用"全面、准确、通畅"六个字概括:"全面"指源语"纯"信息领域中内容要点全面,重要源语意象和内涵意义全面;"准确"指关键的内涵意义、重要术语、数字等代码转换准确;"通畅"指双语的通达、流畅及译语表述技术(语音、语调、语气及副语言信息、反馈等)的完善。其中,准确和通畅就是指译语表达。但是,不同的学者对口译表达的评估标准略有差异。陈菁、肖晓燕(2014:148)认为,口译表达的质量包括语言表达质量(语法正确、条理清晰、语言得体等)、译语表述质量(语音、语调、语速、流畅度等)、身体语言(姿态、眼神交流),共占口译质量评估的 40%。杨承淑(2005)则将口译表达和语言区别开来,从译语的流利度和逻辑是否明确两个方面考查学生的口译表达。在实践中,对译员译语产出的要求有:(1)译语声学符号产出的第一要求是语音必须清晰并准确,音量适中,嗓音不刺耳或者因紧张而变声、发抖;(2)译员的语速要合适,而且要控制好译语占用时间,以不超过源语的 3/4 为宜;(3)译语组织层面的外在表现应清晰、明了,富有层次感。译员允许出现不是很严重的语法、语音等错误,也允许一些错译、误译、漏译,但不应导致双语交际的阻塞或失败(鲍刚,2005:233)。

　　具体的口译表达训练可以采用：(1)顺译法,利用汉英两种语言在语言结构、表达形式和思维方式上存在一定对等性的特点,尽量顺译源语,从而缩短信息处理时间,减少口译记忆压力(王斌华,2006：108)；(2)简化法,运用"得意忘形"(刘和平,2001b)原理,只抓意义,摆脱源语结构形式,省略冗长赘词,从简处理译语(胡刚、陈鸿金,2006：43)；(3)演讲训练,通过演讲与口译表达的共同性,从心理素质、声音传递效果、身体语言运用等方面进行训练,从而提升口译表达效果(顾秋蓓,2006)等。

三、英语专业口译教师的资质

　　从事翻译专业教学的教师不仅要精通语言、了解翻译学科,还要接受专门训练并拥有实践经验(仲伟合,2010)。然而,传统的外语学科中的翻译教学强调语言能力,不注重对翻译学科的认识和翻译实践,很难培养学生的翻译能力(柴明颎,2007)。正是因为长期以来口译课程没有从课程性质上与英语专业其他课程进行区分,所以承担口译教学的师资基本就是获得英语语言文学专业学位(硕士、博士)的教师。这些教师多数不具备口译实战经验,更鲜有系统的口译专业培训,在实际教学活动中很难理解口译的教学目标与定位,教学效果自然也不容乐观。

　　理想条件下,从事英语专业教学的教师应当经历过口译专业训练,拥有相关学历或者权威机构认证的口译证书。如果受限于客观条件,从事英语专业口译教学的教师不能进行系统的口译专业化学习,至少可以通过参加由中国翻译协会、上海外国语大学等组织或者院校开设的短期培训课程,参加与口译教学相关的学术会议等活动,增加自身对口译及口译教学的认识,转变思维,将口译教学与语言教学进行严格区分。此外,英语专业的口译教师还可以通过寻找口译实践机会,丰富自身阅历,更好地向学生讲解在口译过程中可能面临的问题及应对措施。

四、英语专业口译教学的方法

以国内几所主要外语院校的高翻学院为代表,摸索了一系列专业口译教学的主要方法。例如,广外的主要方法有:教师讲解示范、集体口译练习、两人配对演练、三角情景练习、小组讨论、实践观摩、会议模拟;上外在此基础上增加了学生互评、"学生有准备演讲+口译练习"、课后口译学习小组等方法。还有些院校围绕口译过程中的理解、记忆、笔记、转换和表达等技能,设计了相应的教学方法。例如,华东师范大学采用有准备演讲、即席演讲、演讲接龙或模拟记者招待会、源语记忆与复述、单句口译、双人互动段落口译、篇章实战口译等方法(王斌华,2009)。此外,刘和平(2011)提出的自省式教学、互动式教学、模拟式教学、实战式教学和团队式教学,以及仲伟合(2011)建议的任务教学法、案例教学法、项目教学法、多媒体网络教学法、计算机辅助教学法等,都可以被口译教学借鉴。

以上这些方法有些是高翻学院的教学实践,有些是学者的思辨,值得英语专业口译教学借鉴。但是,因为英语专业口译课程的目标定位、课程性质、教学条件及学生的外语水平与专业口译教学存在差异,在教学方法上不可能原样照搬。本研究认为,英语专业口译教学方法既要结合口译教学的特点,又要借鉴教育理论和外语教育理论关于教学法的成果。因此,本书提出以下几种教学方法:

(1)以教师为中心的示范教学法。尤其在口译概念的阐述、口译本质及过程的解释、口译能力构成要素的讲解、口译理论的引入这些环节,教师的讲解非常有必要;此外,在具体的口译任务中,教师可以进行示范,鼓励学生积极参与课堂口译任务。

(2)案例教学法。教师课前准备好案例,学生按小组抽签分析案例,做译前准备,进行现场口译展示。学生自评、生生互评结合教师点评。这种方法的优点在于,学生能够置身于设定的口译情境中,会有一定的现场压力感,也会更加深刻地体验到客户、听众的现场反应,增加对口译的临场感。

(3)反思教学法。教师首先明确口译的评估标准,针对口译初级阶段容易出现的问题,制定反思日志框架,学生的课堂讨论参照反思日志框架进行,课后学生记录每次作业的反思日志并提出改进方案。这种方法虽然给学生增加了课后作业量,但是可以让学生清晰地了解自己口译学习的过程,包括自身的弱点,并能有针对性地改进。

(4)样本分析法。如果口译教室拥有 NewClass 系统,教师可以运用多媒体设备将每次的口译练习全程记录,随机选取学生的口译样本进行分析讨论。

(5)以学生为中心的点评教学法。主要用于口译课程的后期,学生对口译已经有充分的认识和了解,此时可以让学生按照课前教师建议的框架,做有准备演讲,其他学生现场口译,并在全班展开生生互评和师生互评。

五、英语专业学生的特点

虽然任何一个课堂的学生都具有个体差异,但是口译专业课堂的学生基本具有一个共同目标——成为职业译员。而且在开始口译专业学习前,他们都经过了层层选拔,被认定为应该具有一定外语水平和口译学习潜力的学员。与此不同,选择英语专业的学生通常以英语语言文学为其主要学习方向,兼有倾向选择文化或翻译(笔译)方向,几乎没有英语专业学生会在口译课程开始前确定口译为其发展方向。就语言水平而言,多数学生会通过英语专业四级考试。但是由于该项考试主要考核学生运用各项基本技能的能力,以及学生对语法结构和词语用法的掌握程度,考试内容涵盖英语听力理解、完型填空、语法知识、阅读和写作,考试形式是笔试,很难从这一项考试判断学生在多大程度上适合口译学习。英语专业的口译课堂需要面对部分学生语言水平偏低、口译学习动机不强的现实情况。此外,英语专业的口译课通常开设在三年级下学期和四年级上学期,在经历了英语专业四级考试(学位"通行证")后,部分学生调低了学习强度和节奏,整体学习态度有所下滑;还有一部分学生,尤其是在四年级上学期,开始积极准备研究生入学考试、国外学校申请或者找工作,很难保证上课的质量。

简言之,英语专业口译教学面对的学生存在以下突出特点:(1)英语语言水平普遍难以直接胜任口译技能训练;(2)多数学生的口译学习动机不是主观意愿选择的结果;(3)有限的课堂教学课时量难以保证教学效果。

六、英语专业口译教材的选用

刘和平(2005)对市场上已经出版的口译讲义、手册、教材进行了大致统计,约为 170 种。但是,直到 2006 年以后,才逐渐出现将口译技能分类的专业教材(高彬、徐珺,2012),这无疑为口译教学提供了非常好的指导。然而,在专业口译的实际教学中,任课教师通常采用自己口译实战的材料。在外语专业的口译教学中,口译教材选择非常少,仅限于几本早期出版的口译教程,如北京外国语大学吴冰教授编写的《大学英语口译(汉英)教程》/《汉译英口译教程》(修订本)。这些教材基本以主题为线索,沿用语言类教材的编写思路,以语言知识讲解为主线。以《汉译英口译教程》(修订本)为例,每个单元由三部分组成:阅读原材料、词组表达和语言点解析。整本教材没有提及口译概念、性质、过程,也没有陈述口译能力的构成要素。甚至教材内容没有口译练习和讲解评析。由此可见,即使是教材的编写者也没能区分口译教学与其他语言教学,那么使用教材的教师将口译课当作笔译课的口语化教学也不足为奇了。

近年来,随着对口译专业教学的重视,专业教材已经引起业界的

重视。在以外语教学与研究出版社、上海外语教育出版社、高等教育
出版社等为代表的主要外语教材出版社的带动下,已经出版了一批质
量高、为口译专业化人才培养服务的指导性教材。然而,对于英语专
业的口译教学而言,这类教材在难度、深度上可能超越了学生能够接
受的范围。因此,本研究在英语专业口译教学目标定位的基础上,认
为口译教材的选用应当遵循以下原则:

(1)整体材料选取遵循技能化训练的原则。教材内容应当为口译
技能,如听辨、记忆、笔记和表达能力训练服务。

(2)教材进度遵循循序渐进的原则。不能一次性介绍所有口译技
能,而应当适度分解,并依照口译习得规律逐步阐述。例如,按照吉尔
的精力分配模式,学生不可能在一开始就很好地分配自己的注意力,
因此不能将笔记教学安排在听辨训练之前。

(3)教学环节安排遵循教育规律。从课前热身、译前准备、课堂练
习、练习点评和讲解、口译能力要点总结,到课后作业,形成一个完整
的口译学习环节。

(4)教材内容遵循由浅入深的原则。例如,基于口译员从熟悉语
言(B语)到熟练语言(A语)的传译难度小于 A-B,可以考虑在教材
内容编排上前期以 B-A 传译训练为主,在后期再加入 A-B 的传译
训练。

(5)教材内容难易适度。根据维果夫斯基的建构理论,学生最容
易接受的新知识是在原来基础上+1,因此教师应当根据英语专业学
生的语言水平和潜力,适当改编原材料。同时兼顾学生差异,在教材
内容选取上既要照顾到多数学生的需求,也要留有余地,为学有余力
的学生创造提升的空间。

即使是任课教师自己选择教学材料,也需要秉持口译教学的理念
和教学原则,循序渐进地安排教学内容,并科学地设计教学评估与
测试。

七、英语专业技能化口译教学的课堂构建

作者基于八年从事英语专业口译教学、参与筹建翻译硕士学位点和承担交替传译口译教学、调研国内多所示范高翻学院的经验,结合自身从事口译实践的经历,以某高校三年级英语专业的口译课堂教学为例,提出了英语专业技能化口译教学的课堂构建。

1.教学目标

在坚持英语专业口译课程三重培养目标(职业口译人才的后备力量,承担一般性口译任务,提升双语思维能力)的前提下,依据课前问卷调查,了解学生口译课程的具体学习目标,适当调整总体教学目标,同时关注学生个体的口译学习目标,在口译课程结束后,学生的口译水平有不同程度的提升。

2.教学内容

教学内容以口译技能训练为主线,分阶段依次为听辨能力训练、记忆能力训练、笔记能力训练、表达能力训练。在训练前,教师简要讲解口译理论知识,帮助学生了解口译的性质、过程,以及初学者普遍存在的问题和相应的解决方法。让学生在认知上区别口译学习与普通的外语学习,将双语思维训练贯穿教学始终,同时根据学生学习效果适当调整具体能力训练的内容。

3.教学方法

虽然口译教学由于其特殊性,通常以任务为中心,但是为了调动学生的学习积极性,以及适时缓解口译训练的压力,课堂教学方法可以灵活多样。根据课堂气氛、学生的状态可以结合教师示范、反思教学法、案例教学法、小组讨论、以学生为中心的点评教学法、游戏法等。

4.教学进度

教学进度可以依据学生对口译技能的掌握程度做适当调整,大致进度如下:

第1周　学生基本情况问卷调查,涉及学生的英语水平、汉语水平、对口译的了解程度、学习口译课的动机、是否接受过系统口译训练等。本周教师的主要教学内容是口译理论的简单普及,加深学生对口译本质、口译过程的认知,对口译课程的教学目标、教学进度和教学内容有一个整体认识。

第2—4周　重点训练学生的口译听辨能力。讲解口译听辨和外语听力理解的区别,讲练结合,介绍口译听辨策略,鼓励学生使用相应策略提升口译听辨能力。

第5—8周　重点训练学生的记忆能力(其中第7周开始笔记训练引入)。讲解口译记忆的特点及如何有效提升口译短时记忆的质量,同时强调短时记忆和长时记忆结合的必要性。通过组块记忆练习、逻辑推理练习、形象记忆练习等方式,帮助学生掌握口译记忆的方法。

第7—12周　重点训练学生的笔记能力(第7周开始作为口译记忆训练的辅助方式引入)。讲解口译笔记的基本原则、常用笔记符号,并示范职业译员的笔记样本。练习点评结合,鼓励学生形成自己一套相对固定的笔记符号。

第13—17周　重点训练学生的表达能力。讲解口语和口译工作语言的区别,口译语言的特点,通过有准备演讲、即兴演讲、现场口译等活动,促进学生表达能力的提升。

第18周　口译测试。测试内容依据学生整体口译学习的程度确定难易度,通过邀请同行专家参与命题和评阅,增加考试命题和评阅的信度和效度。通过口译测试成绩,直观呈现学生口译学习效果。

5.教学评估

教师和学生共同对一个学期的口译学习进行评估。教师通过问卷调查了解学生口译学习的效果、存在的问题、对口译课堂的意见和建议,同时结合学校教务系统在学生中展开的匿名评估的结果,反思和总结口译课堂教学的效果。对于外语基础良好,热衷口译学习,同时课外自主学习程度高的同学,鼓励他们参加"全国翻译专业资格(水平)考试"(口译)三级考试,进一步检验口译学习效果。

八、小　结

本章首先指出,应当明确英语专业口译教学的目标和定位,在简述英语专业口译教学的任务和内容,从事这一层面口译教学的教师资质,以及可供参考的口译教学法之后,对英语专业选择口译课程的学生的特点进行了分析。鉴于现有的口译教材缺乏系统性、科学性和针对性,笔者指出了英语专业口译教材选用的基本原则,并提出了英语专业口译教学课堂的构建。

第六章 英语专业口译听辨能力训练研究

本章在简要回顾口译听辨能力训练研究的基础上,以关键词提取教学为例,介绍英语专业口译听辨能力训练的课程模式,并以源语复述为例对口译听辨能力训练展开研究,探索口译听辨能力训练的效果。

一、口译听辨能力训练研究

虽然口译听辨能力被公认为是口译中非常重要的一项技能,学者们也就口译听辨和一般外语听辨做了比较细致的区分,但在实际操作层面可能难以监控,口译听辨能力训练方面的研究并不多。现有成果多从理论角度或者经验观察角度出发,阐述学生在口译听辨中遇到的问题,介绍口译听辨技巧和策略。

总体而言,文献归纳认为,学生口译听辨存在的主要问题是:学生语言水平偏低、心理素质欠佳、百科知识欠缺等。例如,李学兵(2005)认为,学生口译听辨困难来自:(1)在时间压力下,学生很难一心多用;(2)面临词义、句子、话语语篇等语言理解障碍;(3)缺乏百科知识、专业知识、情景知识及跨文化知识等,造成学生理解困难。姜海虹(2005)指出,学生因为注意力很难集中,背景知识不足,对不同口音、音质的识别能力不强,因而产生听辨困难。黄锐(2011)认为,学生听辨能力差的原因为:(1)词汇量缺乏,特别是词汇应用能力弱;(2)不理解普通听力与口译听辨的不同；(3)缺乏中英文转换能力训练；(4)缺乏情景想象力。总体而言，学生的口译听辨问题被归纳为语言内障碍（演讲者口音、词义理解、语篇逻辑等）和语言外障碍（学生的心理素质、背景知识、多重任务等）(张欣，2012)，或者学生自身原因（如听的方法、心理素质、注意力分配等）和演讲者原因（如演讲者口音、语调语速、源语内容等）(舒菲，2011)。陈菁、肖晓燕(2014:39)指出，学生口译听辨的主要影响因素是词汇量不够、缺乏系统的语音知识，以及对语音变异现象不敏感。

　　值得一提的是，在针对口译听辨能力的研究中，有两项实证研究调查了学生口译听辨中的实际困难和影响因素。例如，白佳芳(2011)通过对62名英语专业本科生的问卷调查，发现学生口译听辨的主要问题依次为：专业术语多，不熟悉主题内容，不能即刻理解说话人的意思，不能辨别句子关键信息和逻辑结构。而产生这些问题的原因则是学生的词汇量不足，心理素质欠佳，知识面窄，背景知识缺乏，注意力分配不当，对源语口音、语调、语速及内容不适应等。杨莉(2012)同样通过问卷调查发现，学生口译听辨的主要问题集中在：(1)听辨的同时，不能完成理解，造成部分听懂或者听不懂源语；(2)注意力不能长时间集中，容易中途走神；(3)逐字逐句地听，不能抓住关键词从而把握总体意思；(4)长句理解困难；(5)材料的难度、语速、熟悉度直接影响听懂的程度。造成这些问题的原因主要是：(1)学生本身语言水平不足；(2)口译听辨时被动，没有对信息进行分析；(3)没有启动相关知识理解信息；(4)没有将信息真正储存。

　　针对学生在口译听辨中遇到的问题，学者们提出了具体的口译听辨策略、技巧和训练途径。例如，刘伯祥(1999:27)指出，可以从语言学角度和听力材料类型两个方面对学生进行口译听辨训练。从语言学角度，可以训练学生做到以下几点：了解说话人目的；把握话语内在逻辑；利用旧信息和语境因素预测和捕捉新信息；培养学生对语调变化的敏感性，理解细微的语义变化；把握英语主谓轴心结构的核心句，对应于长句切分和理解;掌握英语的逻辑结构,识别英语思维方式的"前重心";滤掉冗余信息,紧抓发言人讲话的核心。根据听力材料的不同类型,可以有不同的训练重点。例如,对于表情型听力材料,训练学生注意讲话人的感情、态度、观点、立场及语言的主要特色;对于信息型听力材料,引导学生关注时间、地点、人物、事件及原因五要素;对于描述型听力材料,训练学生进行人物刻画、利用形象思维想象情节发展;对于论证型听力材料,训练学生把握论点、论据、实例和推理方式。此外,还需要训练学生纠正不良的听力习惯,例如寻找字词对应、回扫听力信息、在有书面材料的情况下听看兼顾等。卢信朝(2009)建议,从英汉口译听辨认知角度训练学生音流听辨、言意分离、意群切分和关键信息识别与浓缩、释义、概要和逻辑性重构。在听辨认知过程中,让学生调动联想、预测、推断、分心协调、表征、存储等多种认知策略辅助听辨。高纯娟(2012)建议,将口译听辨能力训练分为三步:(1)基础训练,进行音变训练;(2)强化训练,去词取义,促使从听词到听意的转变,以及对主体信息的识别与提取;(3)拓展训练,进行语言外知识储存与激活,增加对文化差异的认知与洞察。徐然(2010)从学生在口译中如何"专注听"的角度出发,探讨了听辨技巧训练的主要环节:从概述大意到完整复述训练;信息视觉化训练;关注逻辑关系,抓主干信息训练;关注衔接、连贯训练;把握具体信息内容,抓关键词训练。针对口译听辨训练,赵亮(2012)提出了精听和泛听的训练方案。精听环节分为单句精听和语段精听,两者都遵循以下步骤:听(单句/语段),翻译话语内容,用目标语复述单句/语段内容,同步跟读并在放音结束后进行翻译。泛听训练则注重听力技巧训练、学生词汇量扩展和背景知识补充。陈菁、肖晓燕(2014:40)建议,通过训练学生提取源语要点(如词汇、句法、语法、语气层面),整理逻辑线索(纵向逻辑和横向逻辑),推理语义信息(自上而下和自下而上)和抗干扰听辨训练学生的口译听辨能力。

与这些描述性研究不同,白佳芳(2011:21)有针对性地对学生实施口译听辨技能训练,在为期 12 周的时间里,对实验班展开口译音流听辨技能、联想技能、预测技能、言意分离技能、意群切分技能、关键信息识别技能、句子逻辑线索听辨技能、源语复述技能训练,并在训练结束后对实验组和控制组进行调查。研究发现,口译听辨技能培训能有效提高口译初学者的听辨理解水平,有助于促进听辨理解技巧的运用,尤其是音流听辨、关键信息识别、逻辑线索听辨和源语复述的运用,会对初学者口译质量尤其是在忠实度和表达方面产生积极影响。

以上这些研究,无论是描述类研究还是实证类研究,都为从事口译教学实践的教师提供了具体的参考。例如,学生在口译听辨中的常见问题,对学生进行口译听辨能力训练的策略和方法,口译任课教师可以依据自己的课堂有选择地借鉴。

二、英语专业口译听辨能力训练课程模式

根据长期的教学实践,参照口译听辨能力训练的研究成果,笔者提出了以下适合英语专业学生口译听辨能力训练的教学模式:

1.教学目标

通过讲解口译听辨的过程、特点,使学生了解口译听辨与外语听辨的差异;使学生掌握口译听辨的主要策略和方法;通过练习,提升学生的口译听辨能力。

2.教学方法

(1)教师讲解示范,通过单句提取核心词练习,讲解如何抓住输入语音的关键信息。

(2)统一练习,教师给出单句,学生练习。全班讨论,教师点评。

(3)看图、听语音、进行关键词复述,一名学生根据图片描述信息,另一名学生提取关键词复述,两人讨论,全班展示并讨论。

（4）段落关键词提取练习。

（5）学生反思、总结。

3.教学步骤（关键词提取教学案例）

步骤1：教师读出单句，学生讨论关键词（5分钟）

例句1：It's the thousands of dedicated teachers, day in day out in classrooms, who are making the difference.

例句2：不论是维多利亚时期的老古董、叛逆前卫的庞克行头、精细的手工艺品，还是便宜的衣物配件，都可以在伦敦各大小市集中一网打尽。

讨论环节：引导学生主动说出他们认为的关键词，探讨其合理性，强调可以传递句子主干意思的词才可以被视为关键词，最终形成较为统一的意见。

步骤2：教师给出10个单句，学生个别示范，全班讨论（20分钟）

例句1：In the past, when literacy rates in Paris were lower, businesses had to create signs that told the name of the establishment in images.

例句2：Professional networking service LinkedIn has launched a test version of its Chinese language site.

例句3：Gas and oil prices increase could have a damaging effect on one of Europe's main energy supply routes.

例句4：The pancake race is to get to the finishing line while flipping a pancake a pre-decided number of times.

例句5：Shares of the beverage giant Coca-Cola saw their biggest fall in two years after its profit fell.

例句6：中药和其他药一样，有些是含有毒性成分的。《中华人民共和国药典》2000年版记载的含有毒性成分的中药有73种。

例句7：面对香港人口老化，开支持续增加，香港特区政府可能会在十年内出现结构性赤字。

例句 8:一个真正的皮影传承人需要掌握唱念与打斗的表演艺术，以及生旦净末丑的不同唱法。

例句 9:游客只需将二维码门票放在入口闸机读卡器上扫描，在一两秒内检票便会全部完成。

例句 10:必须坚持处理好短期和长期两方面关系，注重远近结合、标本兼治，既克服短期困难，又为长远发展奠定基础。

步骤 3:看图、听语音、进行关键词复述(20 分钟)

学生两人一组，教师将课前准备好的图片让每组选一名学生抽取，学生看图后准备 20 词以内的句子，语言自选英文或中文。另一名学生提取关键词复述。两人讨论。随后由小组代表自愿在全班展示并讨论。

步骤 4:段落关键词提取练习(20 分钟)①

教师朗读段落，全班统一依据关键词做复述练习，并录音。学生自愿或者教师指定学生分享复述录音回放，学生自我点评，全班学生点评，结合教师点评。

例 1:Sanitation and availability of drinking water are going to be highly restrained; therefore there is always the possibility of water-borne diseases and some epidemics breaking out. Unless disease surveillance happens and proper health care facilities are provided, especially to the vulnerable groups like children and women, the worst is not over.

教师要引导学生把注意力首先集中在关键词 drinking water, disease,children and women 上，利用关键词，可以将意义相关联的信息迅速连接，并形成有逻辑意义的表述。例如，drinking water 的限制条件是 sanitation and availability;disease 是 possible result,需要

――――――――

① 材料选自陈菁、肖晓燕(2014)。

surveillance 或者 health care facilities，否则会影响以 children and women 为代表的弱势群体。

例 2：I will try to characterize the three universities：Yale has this vibrant engagement. Students are deeply involved in their study and in something else，in politics，or humanity service，or a dramatic performing group，or athletics. Culture in Stanford is more individualistic. Students at Stanford have lots of freedom to choose any way of life. Oxford is often seen as the ivory tower that is more isolated and withdrawn from the world，a marvelous place for serious academic study.

在充分听取学生的讨论后，教师强调，首先必须记住数字 three，及大学名字 Yale，Stanford 和 Oxford。其次，Yale 与 engagement 联系，Stanford 与 individualistic 联系，Oxford 与 ivory tower 联系，强记这三所大学的代表性关键词。随后，通过具体的实例或者描述对关键词进行补充，就可以更完整地还原段意。例如，Yale 的 engagement 特点，强调 study 和 social service；Stanford 的 individualistic 特点，强调 freedom；Oxford 作为 ivory tower，强调 academic study。

例 3：我市是中国东南沿海著名的港口风景旅游城市，自古中西文化在此交汇融合，孕育了开放包容的现代城市精神。工业设计、动漫、网络游戏等文化创意产业在此得到了良好的发展。作为宜居创业城市，我市先后获得了联合国人居奖、国际花园城市、跨国公司最佳投资城市等奖项和称号。

根据学生课堂讨论，教师强调首先要选取地理位置作为关键词，即"东南沿海"；其次，城市类型是"港口城市"，城市特点是"开放包容"，随后强调"文化创意产业""宜居""获奖"。提取这几个关键词后，就可以完整地将原意表述出来。

例 4：中美贸易之所以能迅速发展，根本原因在于两国经济具有极大的互补性。中国是最大的发展中国家，市场广阔，发展迅速，劳动力成本低,但资金短缺,科技和管理相对落后;美国是最大的发达国家,经济总量大,资本充足,但劳动力成本高。这种差异性和互补性,将在今后长期存在,我认为这就是中美贸易能够持续快速发展的客观基础。

根据学生课堂讨论,教师强调关键词是"中美贸易关系",关系性质为"互补",互补的原因围绕"市场、劳动力、资金"展开说明,这种关系的性质决定了前景。

需要指出的是,教师必须告诉学生关键词提取的量由学生能够处理信息的速度和工作记忆的质量决定,可能因人而异。此外,不是所有语音输入的信息都可以量化到几个可数的关键词。译员需要根据发言人的整体意图和目的,做临时取舍决定,这些能力需要实战经验来不断丰富和提升。但是,在基础阶段,反复练习通过听辨提取关键信息,是完成从普通外语听辨到口译听辨的一个必要转换。

三、英语专业口译听辨能力训练研究(以源语复述为例)

针对学生反映出来的听辨理解难点,参照陈菁、肖晓燕(2014)对口译信息听辨理解能力训练内容的归纳,口译听辨能力训练分别从听辨语音信息、辨别主要信息、推理语义信息和抗干扰听辨四个层面进行。具体训练的技能为:(1)口音、方言适应训练;(2)实词摄取源语要点;(3)句法结构判断关键信息;(4)新旧信息确定意图;(5)语气判断重点信息;(6)寻找纵向逻辑线索(如时间、路线、论证思维程序等);(7)寻找横向逻辑线索(如概括、分类、因果、对比对照、列举等);(8)自下而上推理语义信息(如利用词型、语序、表述等);(9)自上而下推理语义信息(如利用主题、背景知识等);(10)抗干扰听辨(如语速加快、背景杂音等)。因为学生在英汉和汉英源语听辨理解中所面临的困难不一样,所以在具体策略训练中,也会根据源语的不同,相应地选取不同的策略进行训练。例如,中文源语听辨侧重第 6 项和第 7 项技能训练;英语源语听辨几乎涵盖了所有策略训练项目。学生听辨训练的效果将在第十章详细阐述,本节选取源语复述(以英语为例,材料选自戴慧萍,2014:12)研究作为一个样例讨论。

（1）Web-based email accounts are becoming more and more popular for international communication because many services are free.

（2）The acid rain that has received the most attention is caused mainly by pollutants from big coal-burning power plants.

（3）By working together and sharing the best information and efficiency technologies, all Americans will benefit from an increased energy supply, and hopefully, lower costs.

（4）Abolition of agricultural tax does not necessarily mean that farmers will pay no tax.

（5）Unless the seller accepts the offer by taking cash from the customer, the seller is allowed to change his/her mind.

（6）Many students who take classes by computer over the Internet say they like the independence of online education.

（7）New evidence suggests that air pollution found in many American cities may be linked to heart attacks.

（8）According to the statistics released by the education department, only 14 out of 28,422 kindergarten teachers in the city were men at the end of last year.

（9）Food shortages linked to warming seas led to hundreds of seabird deaths off the coast of California.

（10）Egypt, which is the first stop of the premier's tour in Africa, is a major developing country with a significant influence in the Middle East and in Africa.

1. 源语复述前测

在源语复述训练前,对 29 名英语专业的学生(B 班 14 名,C 班 15 名)[①]进行单句复述前测,共计完成 10 个单句(每句单词在 20 词以内)录音。朗读者的语速是 8 秒,以此推算,发言人语速约为 130 词/分。每放完一句,教师暂停录音,让学生复述,并记录学生的复述语音,该记录用于与学生训练后的测试进行对比。因此,测试后并不和学生讨论源语复述的内容。

以第一个单句为例,测试原句为:Web-based email accounts are becoming more and more popular for international communication because many services are free. (17 词)原句的关键词定义为 email accounts、popular、free,补充信息的词汇为 web-based、communication、services,可以协助原句意义的表达。依据确定的关键词和补充信息的重要性确定分值(每句满分 10 分),对学生的源语复述进行分析。

首先,对学生 B 班(14 人)和 C 班(15 人)的录音进行转写:

B 班(14 个)

S1. Web-based email accounts are more and more popular because of free services.

S2. Web-based email are more and more popular because it provides many services that are free.

S3. Web-based Internet programs are becoming more and more popular because their services are quite cheap.

S4. These days Internet account are becoming more and more popular in many countries because it is free.

S5. Web-based Internet are becoming more and more popular

---

because many services are free.

S6. Web-based services are becoming more and more popular because most of the services are free.

S7. Something has become more and more popular because the certificate is free.

S8. Web-based email are becoming more and more popular over the world because the service is free.

S9. Web-based internet are becoming more and more popular in the world because its communication.

S10. Web-based email account are becoming increasingly famous because many of the services are free.

S11. Web-based Internet are popular in several countries because it is free.

S12. Web-based technology are more and more important to the Internet because they are free.

S13. Web email are become more and more popular in the business because it is free.

S14. Web-based something is becoming more and more popular on Internet because it is free.

C 班（15 人）

S1. … are becoming more and more popular because in the Internet something…

S2. Web…web computers has been more and more important in international communication because services are free.

S3. Web bate email services are becoming more and more popular around the world because functions are free.

S4. Web-based income are becoming more and more populars in

internation Internet communication because it is cheap.

S5. Internet account is more and more popular within the services.

S6. Web-based international email has becoming more and more popular because they are free.

S7. Web-based email service account becoming more popular because many international communication.

S8. Emails are becoming more and more popular because people can enjoy the…

S9. Film becomes more and more popular becoming netizen because it will become free and very convenient.

S10. Web stage is becoming more and more important in the Internet.

S11. Net-based communications are becoming more and more popular because many services are free.

S12. Web check services are becoming more and more… more and more popular because many services are free.

S13. We chat Internet dot come are becoming more and more popular around the world because many services are free.

S14. Web-based emails are becoming more and more popular because they connect people easily and they are free.

S15. Web-based email account becomes more and more popular in the Internet because it is free.

其次,对 B 班和 C 班的源语复述结果进行统计、分析,不完全符合参考标准的复述酌情调整分值,单句 1 的结果如表 6.1 和表 6.2 所示。

表 6.1　B 班前测源语复述统计(单句 1)

学生编号	关键词(2'×3=6')			辅助信息词(1'×3=3')			语法(1')	分值(10')
	Email accounts	Popular	Free	Web-based	Communication	Service		
1	√	√	√	√		√	√	9
2	√	√	√	√		√		7
3		√		√		√		4
4	√	√	√					5
5		√	√	√		√		6
6		√	√	√		√		6
7		√	√					3
8	√	√	√	√		√		7
9		√		√	√			4
10	√		√				√	6
11		√	√					5
12			√					3
13	√	√	√					5
14		√	√	√				5

表 6.2　C 班前测源语复述统计(单句 1)

学生编号	关键词(2'×3=6')			辅助信息词(1'×3=3')			语法(1')	分值(10')
	Email accounts	Popular	Free	Web-based	Communication	Service		
1		√						2
2			√		√	√		4
3		√	√					3
4		√		√				4
5		√				√		3
6		√	√					6
7	√	√		√	√			4
8	√	√						4
9		√	√					4

续表

学生编号	关键词(2′×3＝6′)			辅助信息词(1′×3＝3′)			语法(1′)	分值(10′)
	Email accounts	Popular	Free	Web-based	Communication	Service		
10				√				1
11		√	√			√		5
12		√	√			√		4
13		√	√			√		4
14	√	√	√	√				6
15	√	√	√	√				7

B 班(14 人)、C 班(15 人)对 10 个单句的统计结果如表 6.3 和表 6.4 所示。

表 6.3 B 班前测 10 个单句复述统计结果

学生编号	句1	句2	句3	句4	句5	句6	句7	句8	句9	句10	总分
1	9	5	6	6	4	8	7	8	7	6	66
2	7	4	3	5	4	7	5	6	5	6	52
3	4	3	3	2	3	4	4	5	4	3	35
4	5	3	3	3	2	4	3	4	3	3	33
5	6	3	4	4	4	6	5	3	3	4	42
6	6	2	3	3	4	6	4	4	4	3	39
7	3	2	2	1	1	4	2	3	2	1	21
8	7	5	5	4	3	5	4	5	3	4	45
9	4	2	3	2	1	3	2	3	2	3	25
10	6	3	4	3	2	4	3	4	3	4	36
11	5	2	3	2	1	5	2	4	2	2	28
12	3	1	2	1	1	4	1	3	1	2	19
13	5	3	2	2	2	4	1	4	2	3	28
14	5	3	2	4	2	5	2	3	3	2	31

表 6.4　C 班前测 10 个单句复述统计结果

学生编号	句1	句2	句3	句4	句5	句6	句7	句8	句9	句10	总分
1	2	1	2	1	2	4	3	3	2	4	24
2	4	2	3	2	2	5	4	4	3	3	32
3	3	2	3	3	4	5	5	4	2	3	34
4	4	2	2	2	2	6	3	2	1	5	29
5	3	1	1	1	2	4	2	2	3	3	22
6	6	3	3	3	3	5	3	3	2	4	35
7	4	2	2	2	2	6	2	2	2	4	28
8	3	1	1	1	1	4	1	2	1	3	18
9	4	2	1	2	2	5	2	2	2	4	26
10	1	0	1	1	1	3	1	2	1	3	14
11	5	3	2	2	3	4	3	3	3	5	33
12	4	2	2	2	2	5	2	2	2	4	26
13	4	2	1	2	2	5	2	2	2	4	26
14	6	3	2	3	4	6	3	4	4	5	40
15	7	3	3	4	4	7	4	4	5	6	47

B 班和 C 班单句复述的前测成绩总平均分分别为 36.5 分和 27.7 分,每个单句平均分的统计结果见表 6.5。

表 6.5　B 班和 C 班单句复述前测平均分统计结果

班级	句1	句2	句3	句4	句5	句6	句7	句8	句9	句10	总平均分
B 班	5.4	2.7	3.2	3.0	2.4	5.2	3.2	4.2	3.1	3.3	35.7
C 班	4.0	1.9	1.9	2.1	2.4	4.9	2.7	2.7	2.3	4.0	28.9

从上述统计结果来看,学生英语源语复述能力不容乐观,两个班的学生平均分都远低于及格分数,B 班成绩略好于 C 班。通过对 10 个单句综合统计分析发现,两个班比较一致的情况是,学生对句 1 和

句 6 的复述相对好于其他单句。可能因为句 1 和句 6 陈述的是非常贴近学生自身经历的概念——email 和 online education，而且两个单句都没有生词、偏词。两个班复述效果最不好的单句并不一样，B 班是句 5，C 班是句 2 和句 3。句 5 以连接词 unless 开始，陈述的是售货方接受的付款方式，但是后半句 the seller is allowed to change his/her mind 与听者通常可能预测的信息不同，容易让学生产生疑惑，并重新判断句子原意，因此可能造成复述的逻辑混乱。对于句 2，很多学生一开始没有听清 acid rain，或者听到了但是没有及时反应过来，同时对于 big coal-burning power plants，容易因为修饰语过多而在短时间内抓不住关键词。句 3 明显长于前两句，学生的注意力如果没有及时调动起来，很容易在听完句子后，忘记前半句。

综合学生对具体单句复述的结果分析可以发现，学生源语复述方面的问题主要集中在：(1)不善于抓关键词听意(例如，学生复述出了听到的词，但这些词在原句中并没有起到关键达意的作用)；(2)习惯性回扫没听懂部分，造成后续信息丢失(例如，学生在重复已经说出的信息时长时间停顿，试图找出正确的原词)；(3)心理素质不够强，过度紧张导致不能捕捉简单信息(例如，学生容易捕捉不到处于句子开始部分的词)；(4)背景知识欠缺产生理解障碍(例如，学生不知道酸雨、埃及与中东的联系)；(5)受限于自身外语水平，外语听力能力低、语言表达存在明显语法错误(例如，学生几乎不能说出完整的句子，或者在复述时在简单的主谓搭配中犯语法错误)；(6)缺乏相应策略应对口译听辨中的困难(例如，学生在遇到听不懂的内容时不略过，不通过专注新的信息寻找内在逻辑，而是纠结在原处)；(7)缺乏口译工作语言认知，习惯性使用外语口语表达(例如，学生用 something 一类的词替代没有听懂的部分，不了解在口译过程中译员传达的是有意义的信息，目的是让听众明白发言人的意思)。

2. 源语复述训练

针对学生在源语复述中表现出来的问题,作者设计了相应的训练内容,在第2—4周重点训练:(1)在复合句中提炼关键信息的能力;(2)通过练习由不同的关联词引导的句型,提升理解句子核心意义的速度;(3)坚持在复述表达时使用完整而有意义的话语,尽力做到语法正确;(4)结合有准备复述练习和即席复述练习,训练学生的临场调节能力;(5)要求学生跟踪新闻和社会热点事件,课前选取学生代表进行热词分享和积累;(6)学生课后增加外语听力练习,自我复听复述录音并分析问题,提出解决方案。随着时间的推移,句子的长度和难度相应略微增加,以主干意思不超出 7 个信息单位(通常认为的短时记忆容量)为宜。

3. 源语复述后测

为了便于对比,源语复述后测选取和前测同样的 10 个单句,但是在训练结束一周后(第 6 周)展开,避免学生有记忆存留。同时,考虑到测试的信度和效度,实施前测和后测时学生并不知晓,而且前测结束后教师没有公布测试结果。沿用与前测同样的评估标准和统计方法,B 班学生(14 人)、C 班学生(15 人)在后测中对 10 个单句的复述结果如表 6.6 和表 6.7。

表 6.6 B 班后测 10 个单句复述统计结果

学生编号	句1	句2	句3	句4	句5	句6	句7	句8	句9	句10	总分
1	9	8	7	8	7	10	8	9	7	8	81
2	8	6	6	7	5	8	6	8	6	7	67
3	6	5	4	5	5	6	5	7	4	6	53
4	7	6	6	6	7	7	5	5	6	5	60
5	6	6	6	7	8	8	6	8	4	7	66

续表

学生编号	句 1	句 2	句 3	句 4	句 5	句 6	句 7	句 8	句 9	句 10	总分
6	6	5	4	6	8	8	5	6	5	7	60
7	3	2	3	3	4	4	4	4	2	4	33
8	8	7	7	7	8	8	5	8	4	7	69
9	7	4	6	5	5	5	4	6	4	5	51
10	8	6	6	8	6	6	5	7	5	6	63
11	7	4	5	7	5	5	3	6	3	5	50
12	3	2	3	2	1	1	1	3	2	3	21
13	7	5	4	6	7	7	2	6	3	5	52
14	7	5	5	6	7	7	3	6	4	4	54

表 6.7　C 班后测 10 个单句复述统计结果

学生编号	句 1	句 2	句 3	句 4	句 5	句 6	句 7	句 8	句 9	句 10	总分
1	5	3	5	5	5	7	3	5	4	5	47
2	6	4	6	6	4	8	5	6	4	6	55
3	5	5	4	6	4	8	6	5	3	5	51
4	7	4	3	4	3	8	4	7	3	4	47
5	4	2	1	1	2	4	3	3	4	4	28
6	8	4	4	5	5	9	5	8	5	6	59
7	5	3	4	4	3	7	4	5	4	5	44
8	5	2	1	2	1	4	2	3	2	3	25
9	6	5	4	4	2	4	4	4	2	5	40
10	6	5	6	6	5	8	6	8	5	7	62
11	6	6	3	5	3	7	4	6	4	6	50
12	5	4	2	4	2	6	3	5	2	5	38
13	6	4	4	4	2	4	5	5	2	5	41
14	7	3	5	7	5	8	6	8	5	8	62
15	9	7	6	5	6	8	7	8	6	7	69

　　通过对 B 班和 C 班学生 10 个单句源语复述统计结果的分析可以发现,学生整体在源语复述方面有所提高。

表 6.8　B 班和 C 班单句复述后测平均分统计结果

班级	句 1	句 2	句 3	句 4	句 5	句 6	句 7	句 8	句 9	句 10	总平均分
B 班	6.6	5.1	5.1	6.0	5.9	7.2	4.4	6.4	4.1	5.6	56.7
C 班	6.0	4.1	3.9	4.5	3.5	6.7	4.5	5.7	3.7	5.4	48

　　两个班在后测中复述效果最好的均为单句 6,这在一定程度上说明学生在听辨训练中,比较快地掌握了抓句子主干的技巧。对 B 班而言,复述效果最不好的是单句 9,反映学生对 sea warming 引发的生物灾难这一类的内容不是很敏感;C 班单句 9 的复述效果也不好,但效果最不好的是单句 5,表明该班对英语连接词引导的逻辑转换适应力不强。

　　通过比较表 6.5 和表 6.8 可以发现,整体而言,两个班级源语复述的后测成绩都比前测有所提高(见图 6.1)。如同前测结果一样,B 班在源语复述方面依然整体超过 C 班,但是,有些意外的是,单句 7 的复述成绩比 C 班略低。

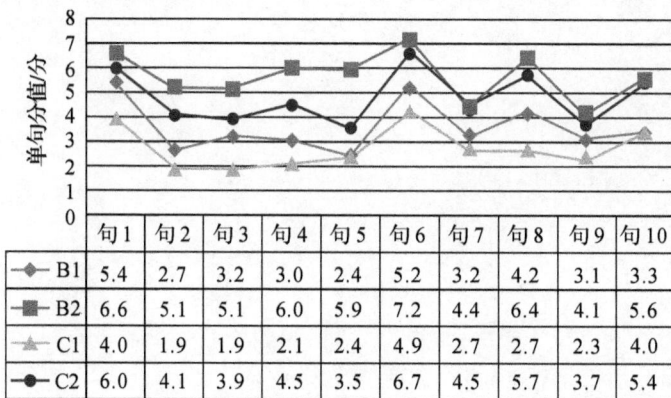

	句 1	句 2	句 3	句 4	句 5	句 6	句 7	句 8	句 9	句 10
B1	5.4	2.7	3.2	3.0	2.4	5.2	3.2	4.2	3.1	3.3
B2	6.6	5.1	5.1	6.0	5.9	7.2	4.4	6.4	4.1	5.6
C1	4.0	1.9	1.9	2.1	2.4	4.9	2.7	2.7	2.3	4.0
C2	6.0	4.1	3.9	4.5	3.5	6.7	4.5	5.7	3.7	5.4

图 6.1　B 班和 C 班单句复述前、后测结果比较

四、小　结

　　本章简要阐述了口译听辨能力与口译的关系,回顾了现有口译听辨能力训练研究,提出了英语专业口译课堂的构建,并以提取关键词为例描述了口译听辨能力训练的课堂教学模式。本章通过选取源语复述这个研究视角,展示了学生在训练前后源语语意获取能力的差异,有力证明了口译听辨技能训练的重要性。由于每个口译课堂的具体情况存在差异,比如师生的背景、外语水平等,具体的课堂教学还需要根据学生的实际水平,在选材和教学进度上做相应的调整。

第七章 英语专业口译记忆能力训练研究

本章重点对口译记忆训练研究进行文献梳理,进而提出针对英语专业口译记忆训练的教学模式。以逻辑推理记忆训练为样本,通过比较学生记忆训练前后的口译水平,来检测训练效果。

一、口译记忆能力训练研究

口译记忆能力训练研究主要由两部分构成:口译记忆研究和口译记忆训练策略研究。在口译记忆研究方面,张威(2006)对口译记忆研究进行了详细的梳理,并指出:现有口译研究多为思辨型研究,从口译基本技能和口译员基本素质出发,强调记忆能力对口译活动具有重要意义,但是利用实地观察、调查、实验和测试等工具调查口译与记忆关系的实证型研究逐渐受到研究者关注;在研究内容方面,短时记忆由于对口译效果的影响非常显著而成为研究者的主要研究对象。在口译类型研究方面,记忆与同声传译的关系是研究重点。由于交替传译可以借助笔记这种辅助方式缓解短时记忆,在译语表达阶段,记忆能力主要通过译员依靠笔记完成对源语信息的检索、提取和转换(Gile,1995)。虽然在此过程中,记忆能力也发生作用,但是由于很难单独剥离记忆与笔记两个因素可能对交替传译效果产生的影响和作用,笔记研究通常成为交替传译研究的一部分(第八章将详细论述)。在同传活动中,口译过程中的每个环节紧密相连,信息加工程度复杂,对译员信息保持与处理能力的要求很高,记忆能力的优劣直接影响口译效果,因此记忆和同声传译的关系成为研究的一个重点。从现有对同传与工作记忆关系的研究可得出三点主要结论:(1)同传后的信息保持或回忆效果要差于听力等其他活动;(2)对于译员的工作及容量存在分歧,一些研究发现译员的工作记忆容量大于其他领域的人员,另一些研究则显示不同层次的译员工作记忆没有显著区别,但是口译训练使得译员在认知资源分配方面得到增强,说明译员记忆资源的使用效率或者协调能力更好;(3)译员记忆能力很重要,但需要与其他专项技能配合,共同影响口译实践效果(张威,2006)。

在随后针对同声传译与工作记忆的关系的研究中,张威(2011)通过调查、观察和实验等方法,得出五项主要结论:(1)工作记忆能力是影响口译活动的重要认知因素。但在实际口译情景中,其他口译专项技能往往对口译策略的选择及最终口译效果发挥着更明显的作用;(2)同传活动对工作及能力既有积极影响,如促进工作及能力发展,又有消极影响,如干扰工作记忆系统对输入信息的加工;(3)工作记忆能力与同传效果的相关性较为明显;(4)工作记忆能力与英汉同传的相关性强于汉英同传,对英汉同传效果的影响也更加明显;(5)在口译过程中,不同阶段中及不同层次上,工作记忆资源都表现出阶段性发展的特点。

针对口译记忆训练策略的研究多为思辨型讨论。例如,鲍刚(2005)建议运用复述练习学员贮存源语语段或者话语语篇整体的长时记忆能力,运用数字、专有名词练习训练学员短时工作记忆能力。源语复述可以对讲话稿进行口语化加工,让学生从使用译语进行要点复述过渡到细节复述、关键词语的准确转译等。短时记忆可以训练学生数字闪速能力(让学生组块),表格记忆训练学生专有名词记忆能力。在这类研究中,通过复述训练提升学生口译短时记忆是学者普遍建议的方法。例如,马英迈、孙长彦(2004)提出源语复述(语言从母语/A语过渡到B语,内容由易到难,最长不要超过15分钟)、转述(学生听或者阅读原文后用自己的语言转述)、联想(通过不同的主题或者新信息让学生联想,调动长时记忆参与分析)和笔记的方式进行记忆力训练。韩小明(2004)对复述训练做了更为详细的解释,指出单语复述训练可以由教员或学生以适当语速使用母语即席发布难度适宜的文稿,长度超过 5 分钟,然后让学生在无笔记的情况下,凭借记忆储存的源语内容用母语复述讲话内容;译入语复述训练可以选择条理性、逻辑性强的叙述性语体,文章要注意具备口语特征,由教员以适当语速发布文章,然后让学生在无笔记的情况下,凭借记忆储存的源语内容用译入语复述讲话内容。郭艳玲、郭满库(2007)提出,在口译教学初期安排 4—6 学时专门进行复述练习,语言可以是 A 语—A 语、B 语—B 语,养成记忆意义的习惯;随后安排 B 语—A 语、A 语—B 语的转译复述练习,提高训练难度,引入更多的记忆原理,提升学生的记忆容量和效果。培养学生在对内容进行分析整理的基础上进行意义组块,通过笔记训练扩大短时记忆容量,知识积累夯实长时记忆的基础,减轻口译工作记忆的压力。张筠艇(2006)指出,复述训练与信息视觉化和现实化训练、逻辑分层训练相结合。记忆训练的原则是循序渐进,保持每天 4 小时、为期 1 个月的训练量。

学者们建议,口译记忆训练方法是信息组块或者信息组合编码记忆法。例如,借助记忆心理学中的短时记忆规律、遗忘规律及其容量可扩理论,指出在段落的口译中必须依靠笔记辅助记忆,同时,口译的记忆单位应该是"组块",在段落口译中应以句子为记忆的"组块",在长句口译中应以构成句子的不同成分为记忆的"组块",以此种方法训练学生,可以提升学生的口译质量(鲍晓英,2005)。李芳琴(2004)提出进行推理式信息组合记忆,在理解的前提下,以话语所呈现的信息单位为基础,分清主次信息,结合逻辑推理,组成逻辑层次分明的更大的信息单位,增加工作记忆容量。此外,注意力分配、排除干扰能力,以及百科知识积累,对记忆的效果都有重要影响。徐瀚(2007)指出,在口语语篇中存在大量的语气词和重复语,冗余信息高达 50%～70%

左右,提升学生归纳、概括庞杂信息的能力,可以运用组合编码记忆法,通过"组块"对关联信息进行重新编码,组成更大的"信息单位",从而增加记忆的容量。

还有另一种被学者们讨论的方法是形象化记忆策略或视觉化记忆训练。例如,李芳琴(2004)认为,可以通过形象化记忆策略,把源语信息形象化贮存,也即对语篇信息构建心理或情景模型,这样能有效减少所记忆材料的符号,此种信息储存方式较为生动,更符合短时记忆的特点,保留信息更加完整,保持时间相应延长,此记忆法适合对某种情形、环境、地理位置等进行描述或介绍的口译材料。陈卫红(2014)提出通过信息视觉化记忆,将源语内容形象化,结合已有的背景知识图式,借助形象思维进行记忆。鉴于视觉信息的记忆比言语信息的记忆量大(听觉记忆信息 15%、视觉 25%、听视觉结合 65%),徐瀚(2007)认为可以培养学生以某种形象贮存源语信息、建立情景模型的能力,以达到减少记忆材料负荷的目的。

此外,逻辑推理记忆也被部分学者推荐用于口译记忆训练。例如,陈卫红(2014)提出通过采用信息逻辑化记忆,利用语篇将源语内容内在联系进行逻辑梳理并列出框架就可以提升记忆效果;韩小明(2004)建议对学生进行逻辑推理训练,从而提升口译记忆效果,具体实施的方法可以通过提供给学生不同语体,如叙述语体、论证语体、描述语体等,要求学生掌握语言同意义的分离,在不记笔记的情况下对不同语体进行翻译。

还有学者提出提纲式记忆训练,训练学生记源语材料的主要意义及其联系,利用新信息激活长时记忆的有关信息,达到完整归纳源语意义的目的。这种记忆策略适用于源语内容相对条理性强、主次意义清晰的讲话材料(李芳琴,2004)。语义记忆法,通过源语讲话内容激活长时记忆的相关图式,并和短时记忆互动达到理解记忆的目的(徐瀚,2007)。影子跟读训练法,要求学生跟着中文或英文电视广播(长度为 5 分钟左右),保持大约半句话的距离进行鹦鹉学舌式的跟读,完全重复自己听到的内容。这种训练方式可以培养学生对信息保持高度的注意力,并且加深其对信息内容的理解和记忆。数字、专有名词传译训练法,这一训练方式是针对短时记忆设计的。第 1 种,数字传译练习——将 7 位以内数字分成组块,列在黑板上,让学生利用视觉感知记忆数字,然后擦掉数字,让学生仅凭听觉练习复述;第 2 种,专有名词传译练习——将专有名词归类,列在表格里,如 A 类为建筑类专有名词,B 类为医学类专有名词,要求学生自己对表格内的名词进行组块记忆(韩小明,2004)。

事实上,口译记忆训练也需要考虑影响口译记忆策略的因素。例如,杨先明、何明霞(2007)总结了影响口译记忆的因素,并提出了相应的口译记忆训练的策略。译者的健康水平和语言水平,口译现场环境,译者的工作动机、记忆方式,待记忆材料的特性,待记忆材料的处理水平,译者的相关背景知识,都是影响口译记忆的因素。相应的口译记忆训练的策略主要包括:意象记忆法,句子主干记忆法,篇章结构程式化记忆法,数字记忆训练。

值得一提的是,少数学者针对口译记忆训练展开了实证研究。例如,段燕、王文宇(2012)实施了口译短时记忆教学实验,通过 8 周的实验,研究发现记忆训练能有效提升口译效果,实验组在口译信息量方面比控制组明显要好。在具体记忆训练方法方面,效果好的方法有"提问分析原文层次"和"提问归纳原文大意",不够理想的是"选取逻辑不显见的材料进行逻辑分层强化记忆"和"提问回答重要细节"。

上述的研究成果,无论是学者思辨还是实证研究,都为口译记忆训练的课堂教学提供了重要参考依据。

二、英语专业口译记忆能力训练课程模式

依据针对口译记忆训练的已有成果,兼顾英语专业学生的特定教学环境,笔者提出以下适合英语专业口译记忆训练的课程模式:

1.教学目标

通过专业口译记忆训练,使学生理解记忆的类型和口译记忆的特点,熟悉口译记忆中工作记忆和长时记忆的训练方法,掌握口译实践常用的记忆方法。

2.教学方法

(1)运用讲解示范法,教师讲解示范口译记忆的特点、类型及局限性,指出口译能力与良好的记忆习惯紧密相关。

(2)运用问题解决法,让学生在口译记忆练习中发现问题并讨论可以解决问题的方案。

(3)运用案例教学法,让学生明白不同类型的记忆方法。

(4)运用体验教学法,让学生通过记忆不同类型的记忆材料,总结出合适的记忆方法。

(5)运用反思教学法,针对学生经历的口译记忆训练,总结主要的口译记忆方法,如信息组块、形象记忆、逻辑记忆等。

3.教学步骤(以形象记忆训练法为例)

步骤1:热身练习,教师说出9种水果/9个城市的名称,学生记忆并复述(10分钟)。

例1:apple,pear,banana,grape,jacket fruit,pineapple,lemon,avocado,peach

例2:北京,西安,昆明,桂林,黄山,宣城,乌鲁木齐,香港,武汉

讨论学生在记忆练习中的体验:哪些名称容易记?哪些名称记忆困难?记忆的方法有哪些?教师需要重点引导学生分析:(1)例1中两个不常见的水果名称jacket fruit 和 avocado 产生记忆困难的原因(信息熟悉度,意图从母语中找对应匹配,因此干扰了记忆等);(2)例2中乌鲁木齐和宣城的记忆,讨论记忆长度与记忆容量关系不大,信息

熟悉度高容易调动长时记忆,名称陌生,可以额外分配注意力,利用谐音等方法加强记忆留痕。

步骤2:问题解决法口译练习,教师朗读记忆素材,学生听后回忆复述,并讨论记忆的问题和解决方法①。

例1:心理学家认为,有许多体态语言能让下属知晓上司的内心世界,比如说如果双手合拢,从上往下压,表明上司想使其内心平静下来;双手叉腰,双肘向外,象征着命令,同时也意味着在与人接触中,他是支配者;当上司舒适地向后靠,双手交叉在脑后,双肘向外,表明上司很自负。

教师通过回放学生个体展示的记忆复述,了解学生在记忆中的问题、难点(如,学生不能准确回忆出动作,学生回忆出的动作顺序错乱等),讨论可以采取的记忆方法。例如,在头脑中想象,甚至在听的过程中试图做出相应动作,加深记忆。

例2:It was two years ago that Jane Goodall came to Munich to give a lecture, and so I took a flight to Munich to see her. She did not look like what I had expected a popular world-renowned scientist would look like. In spite of having been born in Britain, she had nothing of a typical British behavior about her. She wore blue jeans, trainers and a cotton blouse. And she did not even look like a woman over 50, though her long hair tied in a ponytail was grey.

教师通过回放学生个体展示的记忆复述,了解学生在记忆中的问题、难点(如忘记人名,不知道城市 Munich,名称无法复述,不能厘清提到的 Munich 和 British 有什么联系),讨论可以采取的记忆方法(如在不能记住全名的时候,首先要记住姓,不知道城市的中文译名也需要保持英文的原音,调动知识储备中和 Britain 有关的内容,如人的行为举止、穿着等,借助形象记忆想象女主角的外貌形象等)。

---

① 例子改编自陈菁、肖晓燕(2014:62)。

步骤 3：案例教学法口译记忆练习。

例 1：过了假山，我们现在来到了拙政园东部景区的"芙蓉榭"。如果您走近一点看，可以发现这个水榭的门框上装了一个雕花的长方形落地罩，前面的河水曲折蜿蜒，两岸桃红柳绿，把人引入一种宁静安谧、纯朴自然的境界。这是苏州园林中一种比较常见的造景手法，叫作"框景"。园主想通过这种手法，把来宾们的视线集中到最佳的观景角度。

学生听后练习记忆复述。教师点评：这是一个典型的情景描述，适合使用形象记忆法。借助关键词记忆法，记住"拙政园""芙蓉榭""框景"等关键词，利用形象记忆法，想象自己置身于拙政园里，步行参观依水而建的园林，水的形态，水边的花、树及环境带来的气氛。

例 2：In order to make a good impression during a job interview, you need to prepare yourself. You must arrive in plenty of time for the interview, so that you can give yourself a little time to relax before the interview begins. The impression you make as you walk into the room is very important. Try to find out if the company or organization has rules about dress, then try to dress accordingly. You also need to plan what you are going to say. In some interviews you will have to do a lot of talking and in others you will only have to answer a few questions about your education and experience. You need to have answers ready about yourself, your education, your strong points, your reasons for applying for the job, and the salary you expect.

学生听后练习记忆复述。教师点评：在获取关键词 interview 的基础上，迅速调动自己关于求职面试的相关背景知识，并在大脑中构建求职面试场景。虽然从表面上看这段文字类似说明文的程序描述，但是听者可以利用形象记忆法将过程串接，例如，prepare、time for arrival、dress、what to talk、self-description or question-answer、image of CV （self、education、strong points、reasons for application、expected salary）。

步骤 4：学生分组记忆练习。教师将学生分组，将准备好的几个场景（如天安门广场），让学生抽签并准备描述，在通过重复练习，使得自己的描述具有较好的逻辑和连贯性之后，由小组代表向全班展示，其他学生进行复述，全班点评。

值得注意的是，在这个环节，学生在准备内容描述时可能会出现逻辑混乱等问题，造成听者回忆复述困难。教师需要在练习过后强调在记忆练习初期，为了减少其他干扰记忆训练的因素，材料叙述从逻辑关系简单的内容开始，逐渐过渡到复杂的层次。

步骤 5：总结口译形象记忆法，讨论使用这种方法需要的条件，适用的语音材料类型，以及可以拓展的方向。

三、英语专业口译记忆能力训练研究（以逻辑推理记忆训练研究为例）

基于口译记忆训练方面的文献综述，英语专业口译记忆训练重点围绕：(1)信息加工组块，把相对零散的小信息单位（数字、词，甚至句子）进行逻辑分类整理，归纳形成大的逻辑单位，利用关键词或者自己总结的概括性词语进行连接；(2)形象记忆训练，利用已知知识图式将话题内容代入熟悉场景，形成形象的画面进行记忆；(3)逻辑推理记忆。参照鲍刚(2005)对不同语篇类型结构的分析，口译逻辑记忆训练的内容为：(1)叙述语类的逻辑结构，通常包含引子（时间、地点/描绘、悬念、叙事铺垫、人物等）、情节发展（可能由单个情节或者多个情节组成）、高潮或"包袱"、结尾；(2)介绍语类的逻辑结构，通常由引言、层次(1—N)（主线由表及里、由浅入深、由上至下、由简到繁等）和小结构成；(3)论证语类的逻辑结构，通常含引言、"论点 1（论据 a—N）＋小结"、"论点 2（论据 a—N）＋小结"等、结论；(4)联想语类的逻辑结构，

通常有话语主题("已有信息＋词汇"、概念、意象等刺激源),"相似线
索(联想话题)＋相反线索(联想话题)＋接近线索(联想话题)"等;
(5)鼓励学生探索适合自己的记忆方法,例如,编码记忆法,将要记忆
的东西编码成为自己习惯的图形或文字进行记忆。学生记忆训练的
效果将在第十章详细阐述,本节选取逻辑推理记忆训练研究作为样例
讨论(材料改编自戴慧萍,2014)。

1. 逻辑推理记忆前测

中文段落:英国,特别是伦敦的公交车具有四个特点。(1)交通系
统智能化。英国公交系统将道路、驾驶员和车辆有机地结合在一起。
一方面,英国交通管理部门可以通过道路监控设施将道路交通及车辆
行驶状况及时反馈给公交车驾驶员,保证驾驶员能及时获悉交通运行
状况;另一方面,车站电子显示屏上详细标有不同线路的公交车目前
所在位置及预计到达车站时间,乘客可以做到心中有数,避免盲目等
车。(2)车票多样化。英国公交车票种丰富:有一日之内有效的两地
往返票、一日之内在一定区域内不限次数乘坐的日票、一周内有效的
周票,还有月票、季票、年票等。各种票的价位不同,甚至一天之内不
同时段的票价也不一样,高峰时段的票价高,非高峰时段的票价低。
这是利用票价差异调节客流量的有效方法。此外,市民凭地铁票也可
以乘坐公交车,无须另外购票。(3)公交 24 小时服务。在住宅区与市
中心之间运行的公交车最后一班发车时间通常在午夜 12 时,此外还
有个别车次在晚间运行,站牌上会在夜车的线路数字前加一个字母 N
(晚间),这样,公交车基本实现了全天 24 小时运行。(4)特定人群免
费乘坐。从 2005 年 9 月起,伦敦市内的有轨电车和公交车对 16 岁以
下青少年实行免票制;从 2006 年 4 月起,伦敦地铁对 11 岁以下儿童
实行免票制,从而鼓励市民乘坐公共交通工具。

文本的要点和细节分析见表 7.1,可作为评估学生中文逻辑记忆
的标准。

表 7.1　前测中文段落信息分布

信息类型	文字描述	信息量
核心信息	伦敦公交车具有四个特点	1
主干信息	交通系统智能化,车票多样化,公交 24 小时服务,特定人群免费乘坐	4
细节信息	道路、驾驶员和车辆结合,道路监控,驾驶员信息反馈,车站电子显示屏显示公交车定位,预计到站时间,避免乘客盲等,单日两地往返票,单日多次区间票,周票、月票、季票、年票,高峰、非高峰票,地铁票兼含公交票,午夜 12 点住宅区与市中心,N 字头夜车,有轨电车和公交车免费,16 岁以下,2005 年 9 月,伦敦地铁,11 岁以下,2006 年 4 月,鼓励乘坐公交	20

数据分析阶段,将所有学生复述的录音进行转写,转写的原则是忽略停顿,但记录所有语音信息。

学生 1 的段落复述被转写如下:

英国的公交系统有这样几个特点:第一就是交通实现智能化,道路、司机和车辆都可以联系在一起,司机可以知道路况,另外,车站的乘客可以通过显示牌看到车的位置,知道什么时候等车;第二,公交车的车票多样化,票的种类有一天的往返票,还有月票和年票,而且在高峰期票价要贵些,低峰期便宜一些;还有些人是免票的,比如,16 岁以下可以免费坐公交车,好像 11 岁以下免费坐地铁;另外,英国 24 小时都有公交服务,夜班车都是 N 字头。

表 7.2　学生 1 的段落记忆复述分析

学生	内容			逻辑			表达		
	核心信息(1)	主干信息(4)	细节信息(20)	较好	中等	偏差	较好	中等	偏差
1	0.5	4	10		√			√	

通过这种方法对 B 班、C 班两班学生的中文记忆复述进行统计分析,得到以下结果(见表 7.3、表 7.4)。

表 7.3　B 班前测中文段落记忆复述统计结果

学生	内容			逻辑			表达		
	核心信息(1)	主干信息(4)	细节信息(20)	较好	中等	偏差	较好	中等	偏差
1	0.5	4	10		√			√	
2	1	4	11	√			√		
3	0.5	3	9		√			√	
4	0.5	2	5			√			√
5	1	4	11	√			√		
6	0.5	3	7		√			√	
7	0.5	2	5			√			√
8	1	4	11				√		
9	1	3	7	√				√	
10	0.5	2	6					√	
11	1	4	10	√			√		
12	0.5	2	6		√			√	
13	0.5	3	9	√			√		
14	0.5	3	8					√	

　　从 B 班中文段落记忆复述统计的结果可以看出,全班基本可以回忆出原文的核心信息,其中完整回忆出源语段落核心信息的学生为 5 名(约 36%),余下 9 名(约 64%)学生只能准确回忆出 50% 的核心信息,说明学生在抓住原文主旨大意方面没有太多问题,但是对于精准记忆还存在问题。对于主干信息,虽然绝大多数(10 名,约 71%)学生可以回忆出 75% 以上的主干信息,但还有 4 名(29%)学生只能回忆出一半的主干信息。对细节信息的回忆是学生普遍遇到的困难,最好的学生也只能够回忆出 50% 左右的细节,而且人数仅为全班学生人数的一半。从复述的逻辑性和语言表达看,或许因为是母语复述,逻辑层次和语言表达基本清晰,只有个别学生的逻辑叙述和语言表达存在问题。

表 7.4　C 班前测中文段落记忆复述统计结果

学生	内容			逻辑			表达		
	核心信息(1)	主干信息(4)	细节信息(20)	较好	中等	偏差	较好	中等	偏差
1	0.5	3	9		√			√	
2	0.5	3	7		√			√	
3	0.5	3	5		√			√	
4	0.5	2	4			√			√
5	0.5	2	5			√			√
6	1	4	11	√			√		
7	0.5	2	6		√			√	
8	0.5	3	8		√			√	
9	0.5	2	7		√			√	
10	1	3	7		√			√	
11	0.5	2	6		√				√
12	1	3	7		√			√	
13	0.5	3	6		√			√	
14	1	4	10		√		√		
15	1	4	11	√			√		

　　从 C 班中文段落记忆复述统计的结果看,全班基本可以回忆出段落的核心信息,其中回忆出完整核心信息的学生有 5 人(约 33%),余下学生只能准确回忆出原文 50% 的核心信息。回忆出主干信息的学生分布依次为:完整主干信息(3 人),主要主干信息(7 人),一半主干信息(5 人)。对细节信息的回忆是学生的难点,全班只有 3 名(20%)学生回忆出一半及以上的细节信息,多数同学仅能回忆出小部分细节。整体而言,大部分学生复述的逻辑层次清晰,语言表述比较顺畅。

　　从对 B 班、C 班中文段落记忆复述统计的结果可以看出,两个班的结果比较相似,基本可以掌握原文的核心信息,但欠精准;基本可以掌握大部分主干信息,但有遗漏;基本可以有较好的逻辑层次和语言表述,但也有少部分同学的母语表达存在问题。

　　随后,作者用同样的统计方法对两个班的英文段落记忆复述进行了分析。英文段落原文如下:

　　Now, if you want to have a safe email account, you need to think about three things. First of all, consider the reputation and longevity of the company. If the company has been around for years, then there is more of a chance the company will be around for years to come. You don't want to set up an email account with a service that might not be here tomorrow. Second, look for a company that offers a huge email storage limit. In the past, companies offered mailboxes of two, four or six megabytes. Now, however, companies are stretching that limit to 25 megabytes or more. Such a mailbox is really needed for exchanging pictures, video, or voice attachments. Finally, check to see what features are available for filtering spam, or junk mail. Spam is really becoming a serious problem that not only transmits viruses and inappropriate content, but also reduces productivity in a company considering the amount of time it takes to review and delete unwanted messages. Taking these steps will insure that you get the best email account possible.

　　通过对原文反复通读,并与具备口译教学、实践经验的同事商讨,得出以下分析框架(见表7.5)。

表 7.5　前测英文段落复述信息分布

信息类型	文字描述	信息量
核心信息	to have a safe email account needs to think three things	1
主干信息	reputation and longevity of the company, offers huge storage limit, features available for filtering spam	3

信息类型	文字描述	信息量
细节信息	years of company, chance of existence, service possible, 2—6 megabytes, 25 megabytes, exchange pictures, videos, voice attachment, spam being serious problem, transmitting virus, inappropriate content, reduce productivity, time-consuming to review, delete unwanted messages, ensure best email account possible	15

作者首先将 B 班的英文复述录音进行转写,随后运用表 7.6 的分析框架对 B 班进行分析。

表 7.6　B 班前测英文段落记忆复述统计结果

学生	内容			逻辑			表达		
	核心信息(1)	主干信息(3)	细节信息(15)	较好	中等	偏差	较好	中等	偏差
1	1	3	9	√			√		
2	1	2.5	8	√			√		
3	0.5	2	5			√			√
4	1	2.5	6		√			√	
5	1	3	8	√				√	
6	1	2	6		√				√
7	0.5	2	5			√			√
8	1	2	5		√				√
9	1	2.5	6		√			√	
10	0.5	2	5		√				√
11	1	3	9	√			√		
12	1	2.5	7		√			√	
13	1	2.5	6		√			√	
14	1	2	5			√			√

从表 7.6 可以看出,除了少数几名(3 名)学生回忆的信息欠完整,几乎所有学生都能回忆出原文的核心信息,略占多数(8 名)的学生能

够回忆出主干信息(其中得 2.5 分的学生细节上有少许遗漏),只有约 36%(5 名)的学生能回忆出原文一半左右的细节信息,多数学生在逻辑层次和语言表达上较好。

运用同样的统计方法对 C 班英文段落记忆复述进行统计分析,得到的结果如下(见表 7.7)。

表 7.7　C 班前测英文段落记忆复述统计结果

学生	内容			逻辑			表达		
	核心信息(1)	主干信息(3)	细节信息(15)	较好	中等	偏差	较好	中等	偏差
1	1	2.5	6		√			√	
2	0.5	2.5	5			√			√
3	1	2.5	5		√			√	
4	1	2	4		√				√
5	0.5	2	4			√			√
6	1	3	7	√			√		
7	1	2.5	6		√			√	
8	0.5	2.5	5			√			√
9	0.5	2	4			√			√
10	0.5	2	5			√			√
11	1	2	5		√				√
12	1	2.5	6		√			√	
13	0.5	2	5			√			√
14	1	3	7		√		√		
15	1	3	8	√			√		

从表 7.7 可以看出,大部分(9 名)学生可以完整地回忆出原文的核心信息,其余 6 名学生能明确核心信息,但是在内容描述上欠精准。对于主干信息,3 名学生可以完整忆出,其余 6 名学生可以大致完整忆出,6 名学生有信息缺失。对于细节信息的回忆,学生普遍完成得不好,只有 3 名学生能回忆出一半左右的细节信息。在复述的逻辑层次方面,有 6 名学生较差;在语言表达方面,甚至有多于半数(8 名)的学

生较差。

　　将 B 班、C 班的统计结果进行比较发现（见图 7.1），两个班的中、英文段落核心信息忆出结果相当，主干信息忆出方面，B 班平均中文忆出信息量略高于 C 班，英文的均值则接近。在细节信息忆出方面、逻辑层次和语言表达较好的人数比例方面，B 班明显好于 C 班，但权衡原文包含的信息量和实际学生忆出的信息量可以发现，两个班都存在细节信息遗漏较多的问题。综合比较两个班中文和英文段落记忆复述的结果表明，学生在逻辑记忆方面存在的主要问题是主干信息的精准记忆欠佳，细节信息多处遗漏，总体的逻辑层次和语言表达较好，但是英文的记忆复述在语言表达上明显劣于中文的记忆复述。

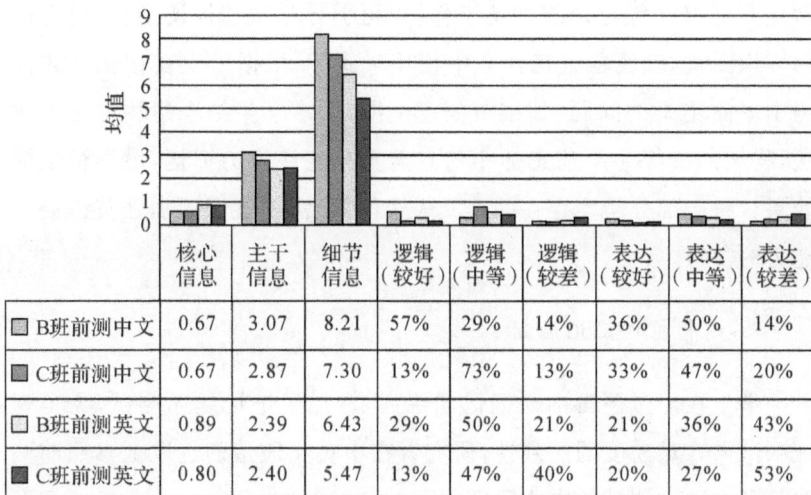

	核心信息	主干信息	细节信息	逻辑（较好）	逻辑（中等）	逻辑（较差）	表达（较好）	表达（中等）	表达（较差）
□ B班前测中文	0.67	3.07	8.21	57%	29%	14%	36%	50%	14%
▨ C班前测中文	0.67	2.87	7.30	13%	73%	13%	33%	47%	20%
▢ B班前测英文	0.89	2.39	6.43	29%	50%	21%	21%	36%	43%
■ C班前测英文	0.80	2.40	5.47	13%	47%	40%	20%	27%	53%

图 7.1　B 班和 C 班段落记忆前测结果

2. 逻辑推理记忆训练

　　根据前文的论述，逻辑推理记忆训练侧重不同的语篇类型，让学生熟悉对于不同的文体采取不同的逻辑记忆方法。参照陈菁、肖晓燕（2014：40）对整理逻辑线索的教学建议，将训练素材分为两类：一类以训练学生掌握纵向逻辑为主，让学生抓取讲话人说话的意图，什么时候开始一段语段,如何进行、强调什么、在哪里结束等,可以采用叙述类(如参观访问、情节描述)和论述类(如论述的基本程序);另一类以训练学生掌握横向的局部逻辑关系为主,包括句子之间和句子内部的逻辑关系(概括、分类、因果、对比对照、顺序排列、列举、问题—解决等),引导学生回顾中英文连接句子、段落的标记词。同时,学生在口译过程中运用了不同类型的记忆,"瞬时记忆与源语听辨有关,长时记忆与'译前准备'有关,短时记忆与存储源语内容、关键词等信息有关"(鲍刚,2005:152)。虽然逻辑推理记忆训练更注重在课堂上对学生进行短时记忆训练,但是调动已有的知识图式,可以帮助学生有效梳理逻辑,建立记忆关联,作为训练内容的一部分,通过布置作业或者示范性地开展口译练习译前准备工作,也可引导学生积极调动、构建自己的知识图式,以便在记忆任务中使用。此外,根据学生在记忆复述前测中暴露出来的问题,如细节信息遗漏,要求学生结合组块记忆的方法,将组成支撑主干信息的小信息着重分配注意力记忆,增强记忆的效果。对于部分学生存在的英文表述问题,需要在课后加强英语语言能力的学习。

3. 逻辑推理记忆后测

学生在经过逻辑推理记忆训练后,参加了记忆复述测试,为了保证测试内容难易度的一致性,研究者在中英文段落的选取上参照前测的信息点数。测试的中文段落如下:

以提供免费服务为主的互联网给我们带来了无尽的便利,今天,这种便利伴随移动互联技术的成熟延展到更多样的终端。我们已经习惯在百度搜索信息、在淘宝购物、在土豆看视频,用 360 杀毒……令人开心的是这些服务都是免费的。然而,随着免费互联网服务的深入,我们面临的安全隐患也越来越大。我们在享受种种方便的同时,也在悄悄被互联网服务商"绑架"。2011 年年底发生的互联网数据大泄密事件在网民中引起一阵恐慌和修改密码热,但安全界的人很清楚,互联网用户数据泄密早已是公开的秘密。免费网络服务的日益广泛,让互联网的威胁边界趋于模糊,当你为享受免费服务而不得不把个人信息提交到相关网站时,你不知道这些信息会被如何处置。今天安全的信息明天未必安全,在此网站安全的信息在彼网站未必安全,安全与危险之间只有一步之遥。而且,随着移动互联网的快速发展,上述令人担心的免费—隐私暴露逻辑已经延伸到了移动应用领域,智能终端的快速发展让用户隐私问题进一步泛化,与 PC 相比,智能终端本身的安全防护成熟度差很多。此外,科技的发展使得数据不仅在个人的移动设备中可以轻而易举得到共享,还可以通过某些软件功能共享。例如,苹果系统的互联网短信功能可以轻易把个人的邮件、短信等信息全部共享;还有微信,许多信息可以被通信录中的名单共享。然而有些用户可能并不知情,这些都给个人信息的保密性增加了安全隐患。众所周知,在免费模式下,隐私的价值已经毋庸置疑,搜集并利用隐私营利也已经形成一条完整的产业链。因此,未来安全界在关注具体威胁的同时还有必要对产业模式变革带来的风险采取相应措施规范管理。

表 7.8　后测中文段落信息分布

信息类型	文字描述	信息量
核心信息	互联网免费服务存在安全隐患	1
主干信息	互联网数据泄密事件,威胁边界模糊,隐私暴露转移到移动应用领域,设备间信息共享存在信息安全隐患	4
细节信息	互联网免费服务,延展到移动终端,免费百度、淘宝、土豆、360,网民恐慌,修改密码热,数据泄密不是秘密,个人提交的信息被如何处理,安全的时间、网站,安全、危险一步之遥,隐私泛化,智能终端安全程度低,个人移动设备信息共享,软件信息共享功能,苹果互联网短信,微信通信录,部分用户不知情,增加安全隐患,隐私价值,形成营利产业链,关注具体安全,采取相应措施	20

后测中文段落的信息被分析为核心信息 1、主干信息 4、细节信息 20，数量上与前测的信息量一致。同前测一样，作者先将两个班后测的记忆复述进行转写，转写后按照表 7.9 设定的分析框架，对 B 班、C 班的记忆复述进行分析统计，结果如下（见表 7.9、表 7.10）。

表 7.9　B 班后测中文段落记忆复述统计结果

学生	内容			逻辑			表达		
	核心信息(1)	主干信息(4)	细节信息(20)	较好	中等	偏差	较好	中等	偏差
1	1	3	15	✓				✓	
2	1	3	14		✓			✓	
3	1	3	10		✓			✓	
4	1	2	7			✓			✓
5	1	3	12		✓		✓		
6	1	3	10		✓			✓	
7	1	2	8			✓			✓
8	1	3	15	✓			✓		
9	1	3	8		✓			✓	
10	1	2	7		✓			✓	
11	1	3	11		✓			✓	
12	1	2	6			✓		✓	
13	1	2	14		✓			✓	
14	1	2	10		✓			✓	

从表 7.9 可以看出，B 班学生全部能准确地回忆出中文段落的核心信息；在主干信息方面，多数(8 名)学生可以复述出 75% 的主干信息；在细节信息方面，多数(9 名)学生可以复述出 50% 及以上的细节信息；在逻辑层次和语言表达方面多处于中等水平。

表 7.10　C 班后测中文段落记忆复述统计结果

学生	内容			逻辑			表达		
	核心信息(1)	主干信息(4)	细节信息(20)	较好	中等	偏差	较好	中等	偏差
1	1	2	10		✓			✓	
2	1	2	10		✓			✓	
3	1	2	8			✓			✓
4	1	2	6			✓			✓
5	1	2	8			✓			✓
6	1	3	14	✓			✓		
7	1	2	6			✓			✓
8	1	3	10	✓			✓		
9	1	2	10	✓			✓		
10	1	3	12	✓			✓		
11	1	2	7			✓			✓
12	1	2	11	✓			✓		
13	1	2	8			✓		✓	
14	1	3	15	✓			✓		
15	1	3	14	✓			✓		

　　从表 7.10 可以看出,C 班学生全部能准确地回忆出中文段落的核心信息;在主干信息方面,只有少数(5 名)学生可以复述出 75% 的主干信息;在细节信息方面,多数(9 名)学生可以复述出 50% 及以上的细节信息;在逻辑层次和语言表达方面多处于中等水平。

　　比较两个班在后测中的记忆复述分析结果可以发现,两个班均能准确抓取核心信息,均有多数学生能忆出 50% 及以上的细节信息。但是,在主干信息记忆、逻辑层次和语言表达方面,B 班好于 C 班。

　　后测英文记忆复述段落的选取依然是遵循难易度、信息量可比性等原则,最终选择如下:

There are sixty million Mexicans living in poverty, and 20

million of them are living in extreme poverty. Most of the time, garbage is their food, and some days, they don't even eat anything. This critical situation in Mexico is caused by individual, geographic and political factors. The first and immediate cause of poverty in Mexico is the individual condition. For example, the amount of education, skill, intelligence, health, and prejudice all have an influence on poverty. The lack of education is one of the most significant factors that contribute to poverty. The second cause of poverty has to do with geography. For example, people who live in rural areas far away from the cities are poorer. This is caused by the lack of communication and transportation in remote rural areas. Because of this, people who live there are totally isolated from the rest of society. The third and most significant cause of poverty in Mexico is the political economy of the country. Thus, the International Monetary Fund and World Bank have prescribed structural adjustment policies in Mexico. Nobody likes to see poor children eating out of garbage cans. Unless the Mexican government works on the causes of poverty, the problem is going to get worse.

表 7. 11　后测英文段落复述信息分析框架

信息类型	文字描述	信息量
核心信息	Mexican poverty is caused by three reasons	1
主干信息	individual, geographic and political factors	3
细节信息	60m poverty, 20m extreme poverty, garbage food or no food, amount of education, skill, intelligence, health, prejudice, living in rural areas, lack of communication and transportation, isolate from society, political economy, IMF, WB, structural adjustment policies, Mexican government has to work on it	15

后测的英文段落被笔者及同事划分为核心信息 1、主干信息 3、细节信息 15,并以此作为对 B、C 班学生的记忆复述进行分析的依据。在将两个班学生记忆复述的音频进行转写并分析后,得出以下结果(见表 7.12、表 7.13)。

表 7.12　B 班后测英文段落记忆复述统计结果

学生	内容			逻辑			表达		
	核心信息(1)	主干信息(3)	细节信息(15)	较好	中等	偏差	较好	中等	偏差
1	1	3	11	√				√	
2	1	3	10	√				√	
3	1	3	8		√			√	
4	1	2	6			√			√
5	1	3	9	√				√	
6	1	2	6		√			√	
7	1	3	8		√			√	
8	1	2	5		√			√	
9	1	3	8		√			√	
10	1	2	6		√			√	
11	1	3	9	√				√	
12	1	3	8		√			√	
13	1	2	6			√		√	
14	1	2	5		√				√

从表 7.12 可以看出,B 班后测英文段落记忆复述在核心信息方面,全部可以准确忆出;在主干信息方面,8 名可以准确忆出,其余 6 名丢失部分主干信息;在细节信息方面,多数(8 名)学生可以回忆出 50% 以上的细节信息;在逻辑层次和语言表达上,多数学生处于中等水平。

表 7.13　C 班后测英文段落记忆复述统计结果

学生	内容			逻辑			表达		
	核心信息(1)	主干信息(3)	细节信息(15)	较好	中等	偏差	较好	中等	偏差
1	1	2	6		√			√	
2	1	2	7		√			√	
3	1	2	6		√			√	
4	1	1.5	5		√				√
5	0.5	1.5	4			√			√
6	1	3	10	√			√		
7	1	3	9		√			√	
8	1	2	7		√			√	
9	0.5	1.5	5			√			√
10	0.5	1.5	5			√		√	
11	1	2	7		√			√	
12	1	2	8		√			√	
13	0.5	2	7		√			√	
14	1	3	10		√		√		
15	1	3	11	√				√	

从表 7.13 可以看出,C 班后测英文段落记忆复述在核心信息方面,多数(11 名)学生可以准确忆出;在主干信息方面,少数(4 名)学生可以准确忆出,多数(11 名)学生丢失部分主干信息;在细节信息方面,少数(5 名)学生可以回忆出 50% 以上的细节信息;在逻辑层次和语言表达上,多数学生处于中等水平。

比较两个班在后测中的段落记忆复述结果可以发现,两个班均能准确抓取核心信息,但是,在主干信息记忆、细节信息记忆方面,B 班好于 C 班。此外,在逻辑层次和语言表达方面,B 班中等及以上水平的学生比例高于 C 班。

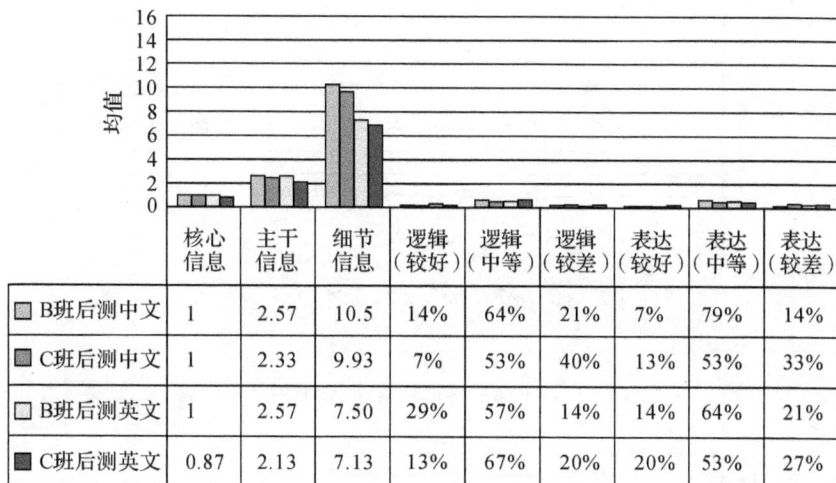

	核心信息	主干信息	细节信息	逻辑（较好）	逻辑（中等）	逻辑（较差）	表达（较好）	表达（中等）	表达（较差）
☐ B班后测中文	1	2.57	10.5	14%	64%	21%	7%	79%	14%
▨ C班后测中文	1	2.33	9.93	7%	53%	40%	13%	53%	33%
☐ B班后测英文	1	2.57	7.50	29%	57%	14%	14%	64%	21%
■ C班后测英文	0.87	2.13	7.13	13%	67%	20%	20%	53%	27%

图 7.2　B 班和 C 班段落记忆后测结果

4. 学生段落记忆复述前、后测结果比较

将 B 班和 C 班前、后测中文段落记忆结果进行比较（见图 7.3、图 7.4）可以发现，两个班在后测中核心信息的把握、细节信息的忆出量方面都有明显进步。

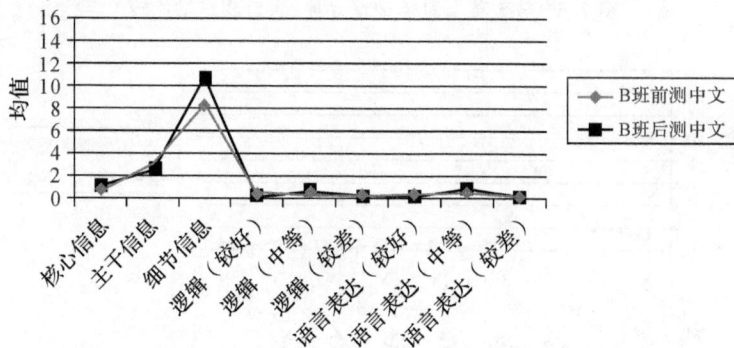

图 7.3　B 班中文段落记忆复述前、后测结果比较（见图 7.5、图 7.6）

将 B 班和 C 班后测英文段落记忆复述的结果与前测相比较（见图 7.5、图 7.6）可以发现，两个班在后测中核心信息均值高于前测，主干

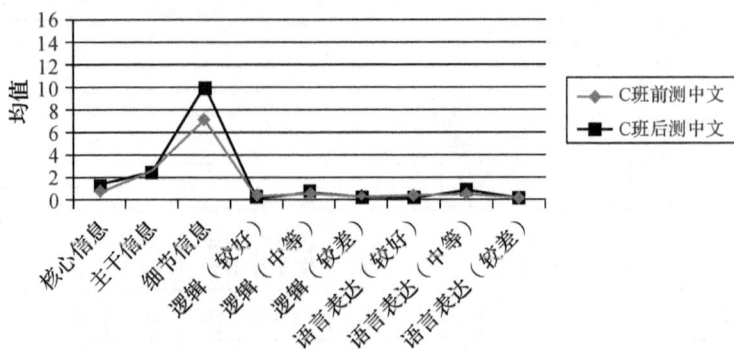

图 7.4 C 班中文段落记忆复述前、后测结果比较

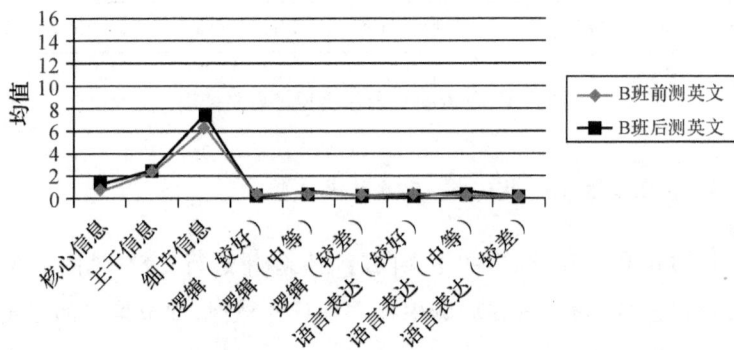

图 7.5 B 班英文段落记忆复述前、后测结果比较

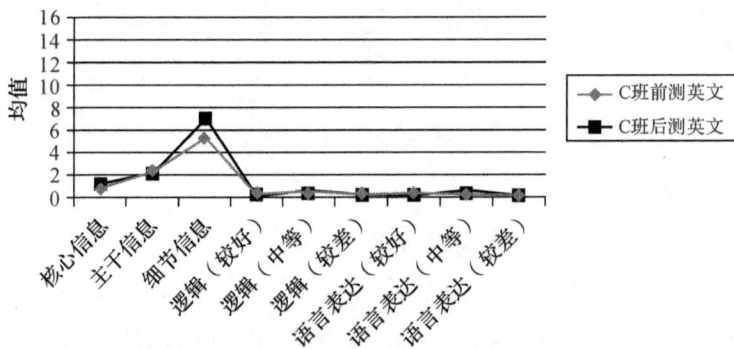

图 7.6 C 班英文段落记忆复述前、后测结果比较

信息均值略低于前测,细节信息均值高于前测。

造成这种结果的原因可能有以下几点：第一，后测的核心信息非常容易提取和描述，因为两个关键词通过转折关系联系在一起，比较容易记忆。第二，后测的文本内容没有类似前测的明确逻辑关系标记，例如，第一、第二等标记，因此学生需要自己梳理出主干信息的数量，增加了复述逻辑提取的困难。第三，虽然主干信息数量的统计受影响，内容是很容易理解的互联网信息安全这类熟悉题材，学生结合自己的生活体验，容易通过结合自身的知识图式记忆细节信息。但同时，题材涉及科技内容，有专有名词，例如"隐私泛化"，如果学生理解有困难，也就很难在复述中回忆出来。第四，如果学生在主干信息的抓取上存在困难，复述的逻辑层次就会受影响，语言表达也会受到牵制，因此这两方面的表现和前测相当，甚至更差。

四、小　结

本章简要阐述了口译记忆能力与口译的关系，归纳总结了现有口译记忆训练研究的成果，提出了英语专业口译课堂的构建路径，并以口译记忆训练为例描述了口译记忆训练的课堂教学实践。通过选取逻辑推理记忆训练，显示了训练前后学生在逻辑推理记忆复述上的差异，证明了口译逻辑推理训练的重要性。需要指出的是，逻辑推理记忆训练仅仅是口译记忆训练的一部分，学生的短时记忆训练还包含形象记忆、组块记忆、编码记忆，以及学生自创的个性化记忆方法等。此外，日常的知识积累、译前准备等习惯的养成，也有助于在口译中提升信息加工的速度和质量，从而改善记忆的效果。

第八章 英语专业口译笔记能力训练研究

本章主要通过回顾总结口译笔记能力训练研究,提出适合英语专业口译笔记训练的教学模式,结合口译笔记训练的课堂教学研究与口译专业的笔记能力习得研究的结果,探索对英语专业学生口译笔记能力习得的启示。

一、口译笔记能力训练研究

目前公认最早对口译笔记进行系统描述的是 Herbert (1952/1968),他明确提出口译笔记应当个性化,但同时他也指出口译笔记的四点共性要素:(1)水平分布不同语意群;(2)除非译员较疲惫或者源语更易书写,否则笔记尽量使用目标语;(3)使用熟悉的数学、音乐符号及箭头、线条等标记;(4)标记意群逻辑关系。此后西方口译笔记理论的发展可以概括为三个方面:第一,口译笔记的必要性,因为口译过程离不开译员的工作记忆(Gile,1995),而心理学相关研究结果表明,人的工作记忆广度很有限,信息保存的时间约为 30 秒(Baddeley,2000)。在口译(尤其是交替传译)过程中,译员必须依靠笔记减轻工作记忆的负担。第二,口译笔记的原则,例如,Van Hoof(1962)提出口译笔记三原则:运用缩略语、衔接词及符号等手段保留源语语序;发言人的语气,如否定、强调及不确定等需要记录;通过自上而下、缩进等方法合理地记录发言人的讲话结构很重要。此外,Seleskovitch

(1975:69)认为,笔记应当记录发言人话语意义,而非具体字词,这一原则也得到学者普遍认可。第三,口译笔记的技巧,例如,Rozen(1956)指出,笔记表达意思而不是记录词汇,至于使用何种语言记录则无限制。口译实践中的具体技巧主要包括:缩略有定规;明示语意间关系;表达否定、重点的不同方法;笔记应当是垂直分布表示逻辑关系,而且可以辅之以括号明确主干意思;缩进可以用来表达语意关系;有限度使用不同功能的符号等。学者们一致认为,笔记不是口译的目的,而是实现口译的手段(如 Jones,1998)。

　　国内口译笔记训练研究主要集中在四个方面:(1)口译笔记技巧与策略使用的研究(如戴炜栋、徐海铭,2007;刘和平,2011;王燕、郦莉,2014),这类研究主要调查口译学习者或者译员在口译笔记使用上的特征,例如,笔记的整体布局、语言选择、符号使用、数量等;(2)口译笔记能力培养的教学研究(如张伟,2008;杨承淑,2005;刘和平,2011;王文宇、周丹丹,2014);(3)口译笔记与口译质量的关系研究(如杨承淑,2005;王文宇、周丹丹、王凌,2010b;刘和平,2011;王文宇、周丹丹,2014),这类研究调查学生的笔记内容与口译质量的关系;(4)口译笔记的跨学科研究(如江晓梅,2010;王晓露,2011;王建华、郭薇,2015)。本节重点回顾口译笔记课堂教学中笔记技巧与策略习得研究,以及口译笔记能力培养的教学研究。

　　口译笔记技巧与策略使用研究包括笔记语言研究、笔记形式研究和笔记内容研究。在笔记语言方面,贾一诚(1995:77)提出,译员要做到"先理解、后下笔、记内容、弃字面"。口译笔记不同于速记,译员记笔记不是为了再现原文,而是为了再现原义,因此,译员应记下段落里的核心语句与关键词汇。刘和平(2001a:63)认为,应该记录的内容有数字、专有名词、专业词等,即无论在语言层次还是在语篇层次均为单一意义的词。语篇思想的记录是笔记中最难,也是最具个性的。无论使用符号,还是图表或字词,即译员讲的"关键词",原则只有一个,那就是能在表达时激活被动记忆,帮助记忆理解了的思想。在笔记方法方面,多推荐使用符号与缩写(仲伟合,1998),比如数学符号、惯用符号、图形符号、趋向符号、英文字母、英文小写缩写、数字笔记、专有名词笔记等(吴钟明,2008:3-16)。在笔记语言的使用方面,有的专家赞成以目的语为主,这样可以为表达提供便利(仲伟合,1998;刘和平,2001a:64)。有的学者认为以源语记录更安全,这样译员可以专心听信息,语言阶段应放到口译产出阶段进行。还有专家提出以源语、目的语混用的形式记笔记,不必拘泥于一种语言,学员完全可以根据自己的实际,采用自己认为最迅速、最简便的方法记录,例如,汉译外时,汉语简短,外文过长,汉语是母语,反应更快,这种情况下可以使用母语。相反,在外文记录相对容易时,不妨使用外文记录(刘和平,2001a:64)。在笔记方法和格式方面,左嘉(2007:57)认为,主位结构理论也为口译速记提供了一定的方法论指导,使译员在口译信息量大的话语语篇时,从宏观上把握语篇的间架结构,采用网状式的整体记录,避免点状式的局部记录,使口译笔记更加突出重点、简明扼要、层次分明。苏跃、张晔(2008:160)总结了口译笔记的策略:笔记应该呈阶梯式排列,纵向分页,横向分段,采用条列式记法;符号和缩略语的使用是笔记的一大特征,方便译员"眼见笔记,口出译文";笔记可以是目的语、源语双语并用。

　　口译笔记能力培养的教学研究主要关注笔记的教学顺序、教学内容和教学方法(如张伟,2008;杨承淑,2005;刘和平,2011;王文宇、周丹丹,2014)。口译教学理论界普遍认同笔记教学应当晚于记忆训练,即"笔记训练应于信息理解加工训练或记忆强化训练之后进行"。赵颖(2012)从 ACT-R 理论出发谈英语本科生口译笔记能力的培养,得出结论:从阅读笔记开始循序渐进地培养学生的笔记能力,并逐渐过渡到听译过程中自然的笔记系统,对口译教学和学生口译能力的自主发展很有借鉴意义。对于初学者,可以先进行记忆训练,材料可以由短到长,由易到难,在材料较短、较容易时,要求学员不做笔记(陈翔2005:36-40)。过一段时间后,当学生已深刻认识到人脑的记忆应占主导地位,学会透过源语的词句抓住源语所传递的信息,并学会对信息进行快速分析、整理和记忆时,就可以学习口译笔记了(柴明颎,2007:50)。陈菁、肖晓燕(2014:64)认为,口译笔记习得应当遵循输入、转化和自动化的三阶段规律。在输入阶段,学生初步理解笔记技能所涉及的概念与规则,以成熟译员的笔记作为范例,通过借鉴、分析、对比充分认识口译笔记的作用、原则及习得规律,同时通过规则与例子的互动,完成对比及相关概念与规则的输入。在转化阶段,学生首先只需要记关键词与逻辑,学会脑与笔记的合理配合,其次练习使用缩略语、符号,并初步形成个性化的笔记系统,最后对笔记中常现的误区进行纠正。在自动化阶段,学生通过对自己的笔记进行分析概括,掌握一定量的笔记符号,形成个性化笔记系统,以达到强化的目的,最终实现口译笔记的内化。在笔记的教学内容方面,学者们也基本公认应包括理论讲解和实践两部分。理论讲解除了帮助学生形成关于笔记必要性、作用、特征、原则等的理论框架外,还有必要向学生介绍口译笔记方法和原则,如实战口译专家林超伦提出笔记的六大要点——“少横多竖,少写多划,少字多意,少线多指,快速书写,明确结束”(林超伦,2004:4-6)。在笔记教学方法上,国内笔记教学研究基本局限于传统的笔记教学法,即教师讲解基本原则,学生练习,教师点评和示范,学生巩固练习。这样的笔记学习实际上是学生对教师笔记的模仿,抑制了学生创造力和想象力的发挥,不利于学生形成自己的符号体系。学生笔记质量直接取决于教师的笔记质量,且上课效率较低(曾阿珊,2013)。周金华(2011)提出了笔记模仿教学法,并借用心理学家班杜拉的模仿学习理论,为笔记模仿在口译笔记教学中的应用提供了理论依据,并应用到实验中,最后得出结论:笔记模仿教学法比传统教学法更能促进学生对口译笔记技巧的掌握和口译水平的提高。

此外,还有部分学者关注口译笔记教学中学生出现的问题,探索造成这些问题的原因,如记录内容的缺失、逻辑提示词的缺失、不得当的笔记结构、笔记符号模糊不清和随意性大(刘建华,2008:47;何爱香,2012:144-145)。成因有:精力和注意力的缺失、源语对口译笔记的影响、训练方法不当或训练不够等(何爱香,2012:145)。

值得一提的是,现有相关文献还没有关于学生口译笔记习得的历时研究。现在提到的对学生笔记的点评都属于以产品为导向的评估,学生的口译笔记习得究竟是怎样的过程?学生在口译笔记习得中是否呈现出一定的规律?学生在口译笔记习得过程中的具体问题是什么?这些问题还有待实证研究予以回答。

二、英语专业口译笔记能力训练教学模式

根据上述口译笔记研究的成果,笔者提出针对英语专业学生的口译笔记训练教学模式:

1.教学目标

(1)通过讲解、演示,讲解口译笔记的作用、原则及习得规律;

(2)通过学生练习,体验和加深对口译笔记作用的理解;

(3)通过分阶段训练,循序渐进地指导学生掌握笔记的原则;

(4)结合课堂训练,点评学生的笔记样本,引导学生最终形成个性化的笔记系统。

2.教学方法

(1)讲解示范法,教师讲解笔记的作用、原则及习得规律;

(2)头脑风暴法,教师给出关键词,让学生运用头脑风暴探索可以使用的笔记符号,并讨论各种笔记符号的优缺点;

(3)案例教学法,对比学生与职业译员对同一源语段落的笔记,通过案例加深学生对笔记的理解;

(4)反思法,学生反思、总结自己在口译笔记中遇到的困难,以及自己笔记的特点,有针对性地制定改进方案。

3. 教学步骤

步骤 1：阐述口译笔记的相关理论知识。简述笔记的作用，强调记忆优先，笔记为辅；介绍笔记的基本原则，例如，竖向记录，意群分行，快速书写，减笔连笔，缩略书写，少字多意，巧用符号，形象表意，段尾画线，明确结束；形式上纵向体现逻辑，内容上记关键词、专有名词、术语、数字。

步骤 2：展示职业译员笔记样例。从形式和内容上观察职业译员的笔记特点。

例：The GATT（General Agreement on Tariffs and Trade）system has been the catalyst for the greatest expansion of global trade and economic growth in the history of mankind. Tariffs have fallen from an average of 40 percent in 1948 to today's average of less than 4 percent. Global trade has increased 16-fold, helping to lead to a 400 percent increase in real world output. Rich countries have gotten richer; but so have the less developed ones. That is the reason why today the WTO has 132 members, with 32 more countries interested in joining it.

Sample

- GATT＝C. ⟶ g Tr. & E ↑
- 　　关↓ 40% 1948
- 　　　　　t. 4%
- 　　gTr. ↑　　16Ts.
- 　　　　　　　⟶ 400%↑ 产出
- □er
- So: 132， 〉32

步骤 3：教师展示、讲解常用笔记符号。

（1）数学符号

∵ 因为，由于，幸亏 because, due to, thanks to

∴ 所以，因此，结果是 so, therefore, consequently

= 相同,一致,公平 the same as,equal to,similar to

≠ 不同,不公平,有差距 difference,disparity

≈ 大约,大概 about,almost,nearly

> 大于,超过,高于 surpass,exceed,more than,superior to

< 少于,低于 less than,inferior to

＋ 另外,多,比较级(上标) plus,add,moreover,besides

— 减去,除去,除了 minus,deduct,except

æ 行动,行为,法案 action,act

( ) 包括 include,including

[ ] 在……之中,在……之内 among,within

↔ 属于 belong to

× 错的,不好的,负面的 wrong,mistake,bad,notorious,negative

√ 对的,好的,积极的 correct,good,positive,affirmative

(2)惯用符号

: 看,说,想,评论 speak,express,think

? 疑问,疑惑,问题是 question, problem, issue, inquiry, interrogate,ask,mystery

! 危险,警告,当心,值得注意的是 dangerous,warning,alarm, watch out,of course

□ 贸易,交换,交流,关于,关联,替代 trade, exchange, communication,relationship

(3)图形符号

高兴,激动 happy,pleased,excited

失望,不满意,生气 unhappy,unsatisfied,angry

(4)缩略语

已有的缩略:UN,UNESCO,APEC

自创的缩略：Five-Year Plan—5YP

借鉴电传的英语缩略：

1）省元音：hotel/HTL；believe/BLV

2）首几位字：from/Fr；attention/Att

3）首末字：answer/ANS

4）谐音字：you/U

5）简化尾字：able/BL；ing/G

步骤 4：学生讨论可以使用的笔记符号。教师给出关键词，例如，上升、下降、今年年初等，学生运用头脑风暴说出可能的笔记符号，讨论各种符号的优劣。例如，运用箭头符号的有以下词。

出口，输出，出国，到达，派遣，运往，导致 export to，arrive in，lead to，give to，submit to，result in，send to，cause

来自，源于，进口，收到，回到 come from，originate from，import from，receive from，come back to

增长，扩大，提高，发展，升起，加强，上涨，发射，起飞，升空，提拔，晋升 grow，expand，develop，rise，go up，strengthen，increase，improve，launch，ascend，promote

下降，跳水，下跌，向下，恶化，降职，削减，裁减，轰炸 decrease，drop to，descend，go down，deteriorate，demote，reduce，jump

步骤 5：案例分析，教师叙述中文段落，学生练习使用笔记，对比分析职业译员笔记样本和自己的笔记，总结利弊①。

例：我认真听取了其他国家的代表在这个议题下的发言。各国对信息和通信技术促进发展的重要性有着共同的认识，我为此感到鼓舞。中国是一个发展中的大国，我们对信息和通信技术促进发展的重要意义有着切身的感受。20 世纪，人类文明得到了突飞猛进的发展，人类创造了辉煌的科技成就。但同时，人类也遇到了许多全球性的难

①　材料选自陈菁、肖晓燕（2014：67）。

题,其中之一就是,世界人口急速膨胀,严重威胁到人类的生存和发展。

职业译员笔记样例 1

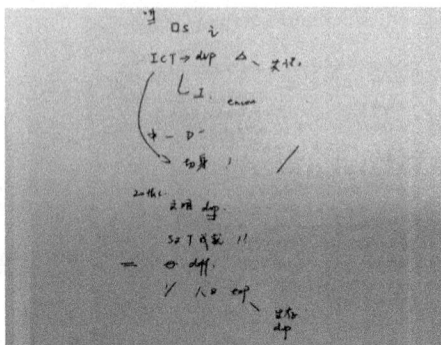

职业译员笔记样例 2

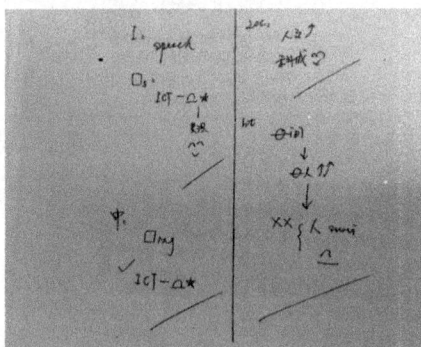

职业译员笔记样例 3

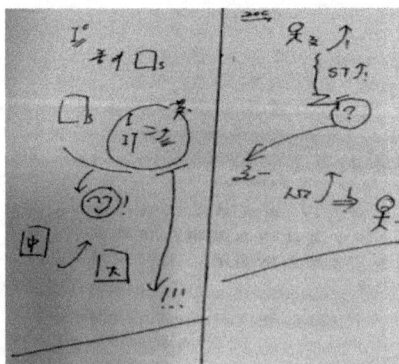

让学生观察并分析三位职业译员的笔记样本,找出共同点和区别,结合自己的笔记,总结可以借鉴的符号、形式等笔记特征。

步骤6:学生练习,巩固学习的笔记符号,逐渐形成比较稳定的笔记系统。

三、英语专业口译笔记能力训练研究(案例研究)

在经过了6周的无笔记听辨、记忆训练之后,笔者开始了对英语专业学生的口译笔记训练。训练内容依次为:(1)笔记的作用、原则及常用符号;(2)笔记的误区;(3)笔记的阅读;(4)笔记的共性和个性化特点。这个过程为期4周,随后以对学生的口译点评为主,发现学生口译笔记中的问题,重申口译笔记的原则。课堂的笔记训练参照本章第二节的教学步骤进行。在学习笔记后的第一周(教学周第7周)及学期结束的最后一周(教学周第16周),收集学生的口译笔记进行分析。

1. 口译笔记分析(第7周)

本节选取4名学生作为案例,探索在为期9周(第7周到第16周)的口译笔记学习、训练中,他们的口译笔记所呈现的变化。学生第7周英译汉口译练习的原文如下:

Hi! My name is Jonathan and I'm going to talk to you today about education. Nowadays, when we look at the social agenda, the words that we hear are words like inclusiveness, equality and cohesion, so it might seem odd, therefore, that in the British education system, single sex schools are once again becoming fashionable. Now why should this be the case? Well, I read some research recently that showed that there is, in fact, quite startling evidence in favor of single sex teaching. It appears from this research that gender influences performance at school. Or perhaps more specifically, it influences under-performance. For it would appear that girls under-perform in maths and science, which are traditionally, typically male subjects. And boys under-perform in languages, which are typically female subjects.

Now this research was backed up by a study. A school set up separate classes for boys and girls. Science and languages were taught separately to groups of boys and to groups of girls. In 1997, when the experiment was started, 68% of all pupils achieved what was deemed a good standard in exams that they took at the age of 16. (191 words)

学生 1

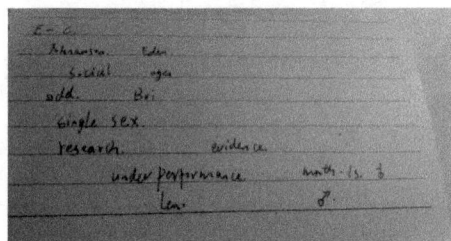

学生 2

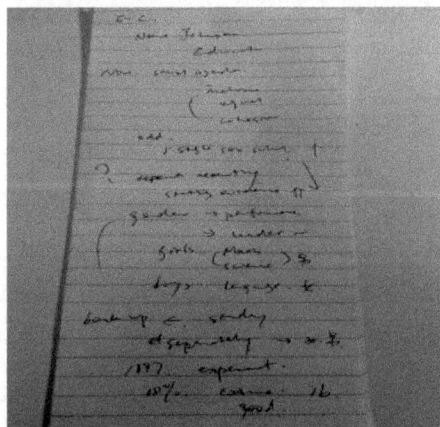

学生 3

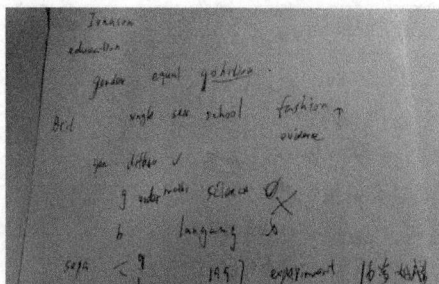

学生 4

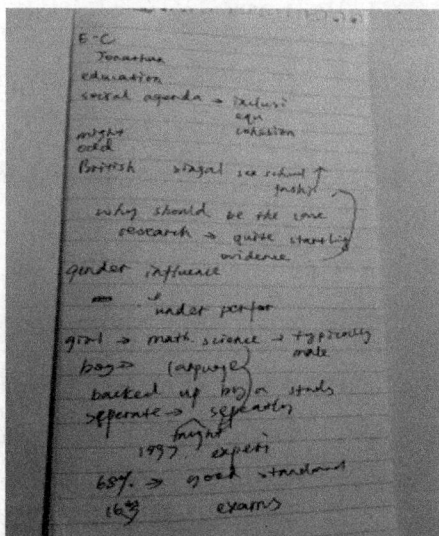

　　参照现有口译笔记研究对口译笔记的分类,本研究根据笔记形式、笔记语言及笔记总数对 4 名学生的笔记进行了统计分析,得出的结果如下(见表 8.1)。

表 8.1　学生英译汉笔记统计分析结果(第 7 周)

笔记类别		学生 1	学生 2	学生 3	学生 4
笔记形式	符号(占笔记比例)	2(12%)	13(25%)	7(21%)	14(23%)
	字词(完整/非完整)缩略语数(占笔记比例)	15(88%)	39(75%)	27(79%)	47(77%)
	逻辑标志(占笔记比例)	0	4(7%)	0	2(3%)
笔记语言	源语	15	35	23	46
	目标语	0	4	4	1
笔记数量(占原文比例)		17(8%)	52(27%)	34(18%)	61(32%)

由表 8.1 可见,4 名学生在口译笔记上呈现出一些共同点:(1)字词记录多于符号使用;(2)很少甚至没有逻辑标志;(3)源语使用远多于目标语;(4)笔记数量差异较大,学生 1 的笔记总数占原文单词数的 8%,而学生 4 的笔记总数占原文的 32%。

学生第 7 周中译英口译练习的原文如下:

2001 年,尽管中国旅游业受到了世界经济不景气的影响,但入境旅游、出境旅游与国内旅游三大市场仍然健康发展,再次向世界证明了中国是安全的旅游胜地。2001 年,全国旅游总收入达 4960 亿元,比上年增长 9%。入境旅游人数达 8700 万人次,其中外国人 1100 万人次,国际旅游外汇收入 175 亿美元,国内旅游方兴未艾,全国假日旅游已初步走上了健康有序的发展轨道。

到 2000 年为止,中国政府已批准 17 个国家和地区为中国公民自费出境旅游目的地,开展了几乎与所有邻国的边境旅游。国外赴中国香港特区、澳门特区的旅游规模也在不断扩大。2000 年,中国公民出境人数达到 1047 万人次,比上年同期增长 13%,中国已成为亚洲快速增长的新兴客源输出国。(255 字)

4 名学生进行中译英口译练习的笔记样本如下:

学生 1

学生 2

学生 3

学生 4

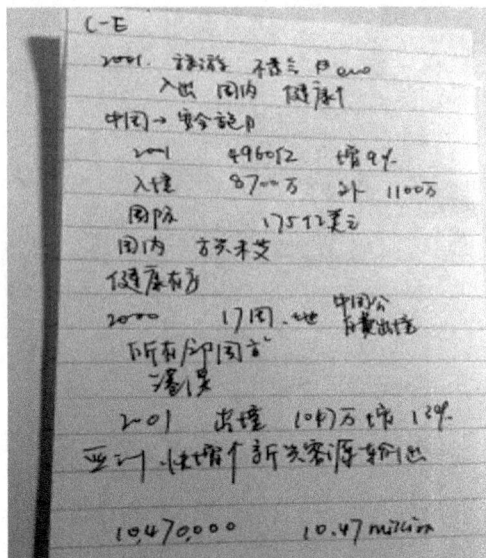

作者以同样的方式对该 4 名学生的中译英口译笔记进行了统计分析,结果见表 8.2。

表 8.2　学生汉译英笔记统计分析结果(第 7 周)

笔记类别		学生 1	学生 2	学生 3	学生 4
笔记形式	符号(占笔记比例)	12(43%)	17(28%)	21(34%)	16(19%)
	字词(完整/非完整)缩略语数(占笔记比例)	16(57%)	43(72%)	40(66%)	70(81%)
	逻辑标志(占笔记比例)	0	2(3%)	0	0
笔记语言	源语	14	37	40	70
	目标语	2	6	0	0
笔记数量(占原文比例)		28(10%)	60(21%)	61(22%)	86(31%)

由表 8.2 可见,4 名学生中译英口译笔记存在一些共同点:(1)字词数量多于字符数;(2)几乎没有逻辑标志;(3)大量使用源语,且明显多于目标语使用。同时,4 名学生的笔记在数量上存在明显差异,学生

1 的笔记数量最少,占原文的 10%,而学生 4 的笔记量占原文的 31%。

学生在英译汉和汉译英中笔记符号、字词和逻辑标志的占比如图 8.1 所示。

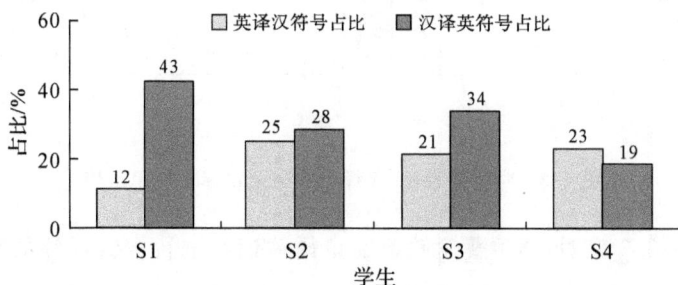

图 8.1 学生英译汉/汉译英口译笔记符号使用比较

从图 8.1 可以看出,多数学生在汉译英口译笔记中字符的使用率高于英译汉口译,其中以学生 1 的差异最大。但学生 4 是例外,该学生英译汉的笔记符号使用率高于汉译英笔记。

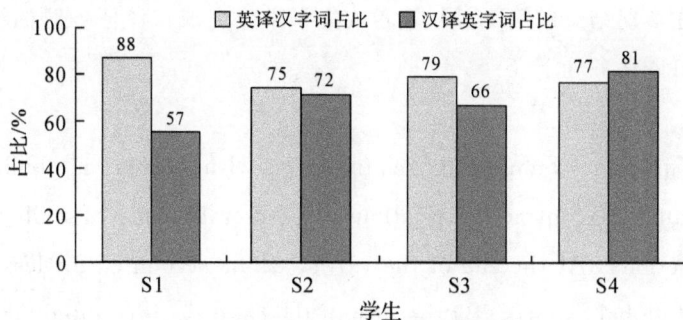

图 8.2 学生英译汉/汉译英口译笔记字词使用比较

图 8.2 表明,多数学生在英译汉口译中字词的使用率高于汉译英口译,或许学生在母语为源语的口译任务中听辨鲜有障碍,因此不必过多记录。但由于学生倾向于在笔记中大量使用字词来保持短时记忆,因此两个方向的字词比例差别不大。与其他 3 位学生不同,学生 4 在汉译英口译任务中字词使用率略微高于英译汉口译任务。

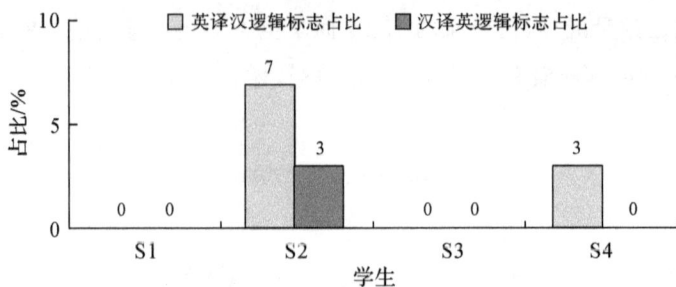

图 8.3　学生英译汉/汉译英笔记逻辑标志使用比较

图 8.3 表明,学生普遍缺乏在口译笔记中进行逻辑标注的意识。相对而言,学生 2 意识到需要在笔记中记录逻辑关系,并且在两个方向的口译任务中都进行了尝试,但是占比很低。从图 8.3 看,学生 2 和学生 4 在英译汉口译任务中进行逻辑标注的意识更加明显。

2. 口译笔记分析(第 16 周)

在学期结束的第 16 周,笔者收集了学生完成口译任务时的笔记。英文口译任务如下:

Europe's commercial relationship with China is built on thousands of contractual relationships, literally tens of millions of transactions. At the end of the 1970s, China accounted for less than 1% of global exports. By the turn of the century, it counted for 5%. Now, China's exports are rising by 15% or more a year. 20 years ago, Europe's trade relations with China were, literally, negligible. Today, we are China's largest trading partner and our bilateral trade is worth about 200 billion euros a year. Europe invests hugely in China. It buys in China. It sells to China. Increasingly, it produces in China. But our economic relationship is, of course, also made up of the hundreds of European businesses who have found themselves at the sharp end of competition with China over the last decade，and who find themselves competing with China in labour-intensive low-cost production. And beyond those on the commercial frontline, there are the trades unions，civil society groups and private citizens for whom the EU-China relationship matters for any one of a hundred reasons. (175 words)

学生 1

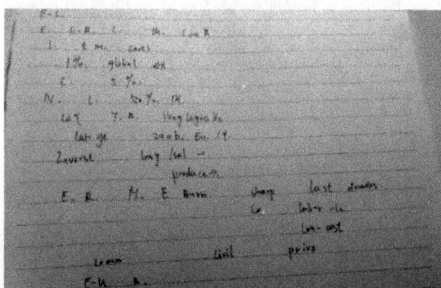

学生 2

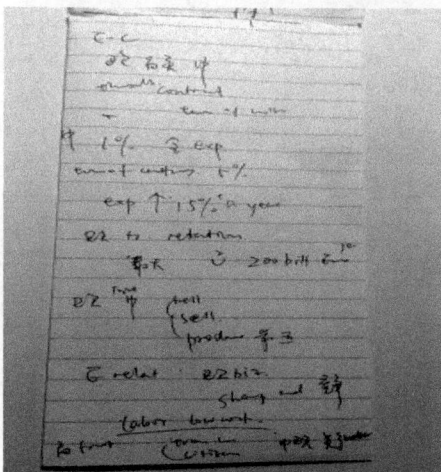

学生 3

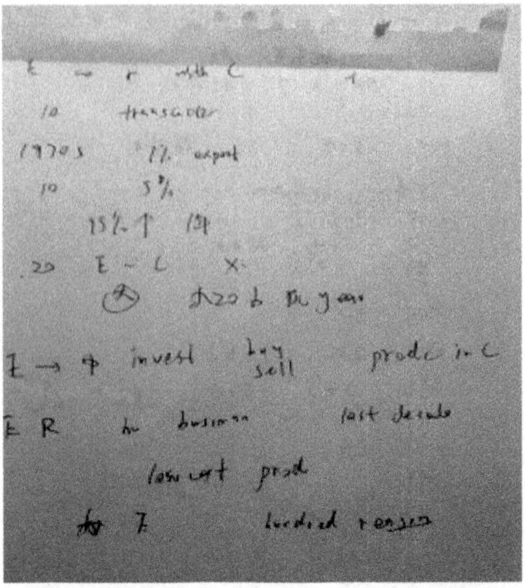

学生 4

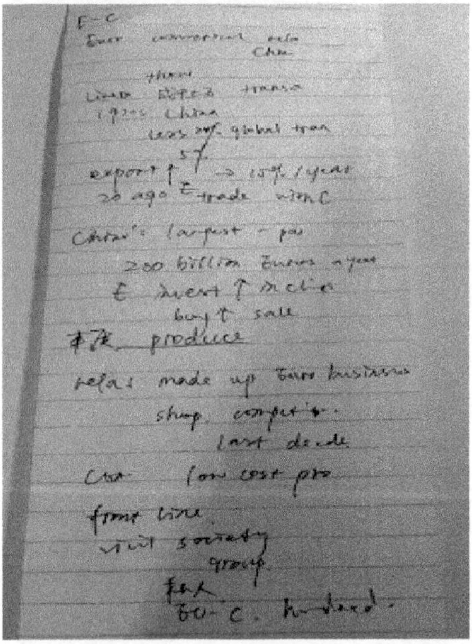

对学生口译笔记形式、笔记语言种类、笔记数量的统计归纳在表 8.3 中。

表 8.3　学生英译汉口译笔记分析结果(第 16 周)

笔记类别		学生 1	学生 2	学生 3	学生 4
笔记形式	符号(占笔记比例)	10(17%)	9(15%)	14(30%)	14(19%)
	字词(完整/非完整)缩略语数/占笔记比例	48(83%)	52(85%)	32(70%)	61(81%)
	逻辑标志	0	0	0	0
笔记语言	源语	48	33	30	53
	目标语	0	19	2	8
笔记数量(占原文比例)		58(33%)	61(35%)	46(26%)	75(43%)

　　从表 8.3 可以看出,学生在笔记形式上仍然是字词多于符号,4 名学生均没有逻辑标志性笔记;在笔记语言种类方面,原语使用仍然占主导;笔记数量依然存在个体差别,学生 4 笔记量最大,占原文比例为43%,学生 1 笔记量最小,占原文比例为 33%。

　　第 16 周学生完成的中译英口译任务原文如下:

　　30 年前,大多数观察家不相信中国能进行大规模的经济改革。可是事实证明,他们错了。今天,我要和大家讲讲中国过去 30 年的经济增长,还有今后 30 年,经济增长模式变了,中国会怎么样。如果我们觉得过去 30 年的变化很大,那么以后的变化会更大。然后,我想谈谈这对澳中未来经济关系的影响。我的想法是中国二点零。还有澳大利亚—中国二点零。数字能说明中国取得的成就。1980 年以来,中国的实际 GDP 年均增长 10%。中国人均 GDP 从 1980 年的 205 美元增长到今天的 4382 美元。中国在 1981 年有 84% 的贫困人口,而现在,只有 20%。近 5 亿人摆脱了贫困。这很了不起。(220 字)

4 位学生的笔记样本收集如下：

学生 1

学生 2

学生 3

学生 4

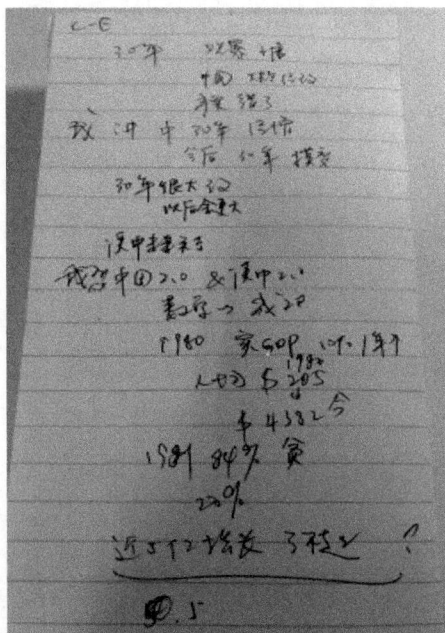

学生口译笔记的统计结果见表 8.4。

表 8.4　学生汉译英口译笔记统计结果（第 16 周）

笔记类别		学生 1	学生 2	学生 3	学生 4
笔记形式	符号（占笔记比例）	18(40%)	22(34%)	21(43%)	20(23%)
	字词（完整/非完整）缩略语数（占笔记比例）	27(60%)	42(66%)	28(57%)	66(77%)
	逻辑标志	1	0	0	0
笔记语言	源语	24	36	26	65
	目标语	3	6	2	1
笔记数量（占原文比例）		45(16%)	64(23%)	49(18%)	86(31%)

从表 8.4 可以看出，学生使用字词形式的笔记仍然多于符号，但是两者的差距在缩小；学生对逻辑标志类笔记仍然不敏感，几乎不标注；在笔记语言方面，依然是源语多于目标语。口译笔记数量占原文

比例仍然存在个体差异,学生 1 最少,占 16%,学生 4 最多,占 31%。

比较学生在英译汉和汉译英口译任务中的笔记情况可以发现:学生在汉译英任务中,符号使用率明显高于英译汉任务,学生 1 差别最大,英译汉字符数为 17%,汉译英字符数为 40%。

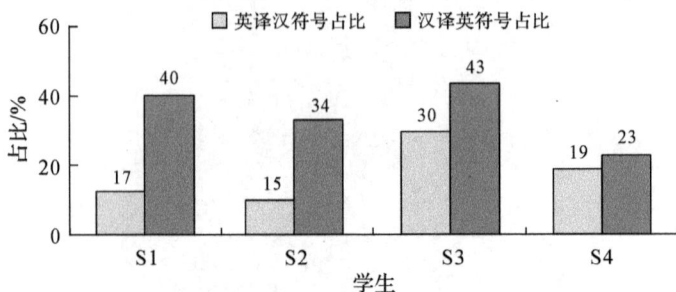

图 8.4   学生英译汉/汉译英口译笔记符号使用比较

与以上结果相应的是,学生的字词使用率在英译汉口译任务中高于汉译英口译任务,学生 1 差别最大,相差 23 个百分点。

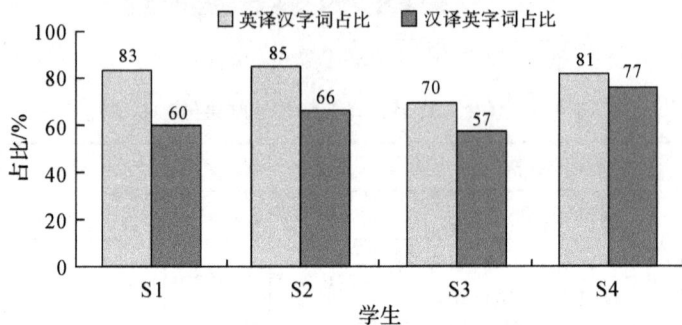

图 8.5   学生英译汉/汉译英口译笔记字词使用比较

由于学生在逻辑标志方面的意识较弱,数据不具有统计意义,因此不做讨论。

3. 英语专业学生口译笔记的整体特点

对第 7 周和第 16 周英语专业 B 班 14 名学生和 C 班 15 名学生的

口译笔记进行分析统计,得到以下结果(见表 8.5 和表 8.6)。

表 8.5 B 班、C 班口译笔记统计结果(第 7 周)

笔记类别		B 班		C 班	
		英译汉	汉译英	英译汉	汉译英
笔记形式	符号(占笔记比例)	126(25%)	178(33%)	149(28%)	181(32%)
笔记形式	字词(完整/非完整)缩略语数(占笔记比例)	378(75%)	363(67%)	380(72%)	391(68%)
	逻辑标志	17	11	9	11
笔记语言	源语	351	334	357	367
	目标语	27	29	23	24
笔记数量(均值占原文比例)		504(19%)	541(14%)	529(18%)	572(14%)

表 8.6 B 班、C 班口译笔记统计结果(第 16 周)

笔记类别		B 班		C 班	
		英译汉	汉译英	英译汉	汉译英
笔记形式	符号(占笔记比例)	167(33%)	201(36%)	214(38%)	237(41%)
	字词(完整/非完整)缩略语数(占笔记比例)	325(67%)	357(64%)	343(62%)	347(59%)
	逻辑标志	21	15	17	13
笔记语言	源语	295	304	327	302
	目标语	30	53	16	45
笔记数量(均值占原文比例)		492(20%)	558(13%)	557(21%)	584(14%)

从笔记形式上看,第 7 周两个班的口译笔记呈现出一些共同点:
(1)在汉译英口译任务中,笔记符号使用率高于英译汉口译任务;
(2)字词使用和口译方向没有明显的相关性;(3)逻辑标志整体偏少,
但也没有证据显示和口译方向明显相关;(4)从笔记语言看,两个班均
大量使用源语,在有限的目标语使用方面,学生在汉译英口译任务中
目标语的使用率略微高于源语;(5)从笔记数量与原文长度的平均占

比看,无论是英译汉还是汉译英任务,两个班均低于原文的 20%。第 16 周两个班口译笔记依然是字词使用多于笔记符号,源语使用多于目标语。但是和第 7 周相比,在符号使用上,两个班均有所增加;相应地,字词使用有所减少。而且第 16 周两个班都是在汉译英口译任务中字词使用率低于英译汉口译任务。此外,两个班在逻辑标志使用上也有所增加,但是增幅不明显。两个班在汉译英口译任务中的笔记数量占比均低于英译汉口译任务,但是与第 7 周相比可以发现,第 16 周学生英译汉的笔记量增加了,汉译英的笔记量减少了。

四、口译专业笔记能力训练研究的启示(长时案例研究)

口译笔记训练需要长时间及一定强度的练习,才能逐渐形成比较稳定的个性化笔记系统。考虑到英语专业学生口译笔记学习的时间限制,以及课后练习量的不足,为了更好地展现口译学员的笔记学习过程,本节选取王梦霞(2016)的口译笔记长时研究作为样例,探索口译专业学生的笔记学习经历能给英语专业学生的口译笔记学习提供哪些启示。

王梦霞(2016)通过口译笔记档案、访谈、口译录音、课堂观察等手段,对 5 名口译专业初学者进行了为期 26 周、持续 10 个多月的跟踪研究。她经过研究发现,学生的口译笔记习得遵循一定的规律。

1. 口译专业学生口译笔记习得规律

对 5 名口译专业学生的长期跟踪研究发现,他们的口译笔记习得遵循一个共同的特点:适应期(1—4 周)、发展期(5—8 周)和稳定期(9 周以后)。首先,在适应期(1—4 周),4 名学生的笔记数量大幅增加,根据访谈得知,这一阶段,4 名学生逐渐适应交传笔记过程中的"分脑",以及提高书写速度,因此笔记数量增加幅度最大。此外,这一阶段学生刚刚学会使用笔记,对笔记过度依赖,心理上有一种"笔记记得越多,译出就越完整"的心态,力图把所有细节信息都记录下来。需要指出的是,5名学生因为个人习惯不同,使用的笔记字符数存在巨大差异。对于一篇含有400个单词、时长3分钟的演讲,学生4使用了90个字符,而学生1仅使用了56个字符。但随着笔记训练的深入,不同学生之间笔记数量的差异在逐渐缩小。从笔记的内容看,4名学生的符号类笔记占比大幅增加,尽管学生之间所使用的符号类笔记比例差别很大,但总体而言学生都较快地接受了符号类笔记。从笔记语言看,学生均倾向于使用源语,但使用数量上存在差异,例如学生5使用源语的比例为80%,而学生2只占50%。在口译质量方面,学生在此阶段迅速掌握符号类笔记,口译译出的忠诚度分数明显得到提高,而且,忠诚度里的"理解""省略"分数提高最快,"过度翻译"分数反而下降。而译出的表达分数在此阶段有所下降。可能增加的笔记数量帮助学生提高了译出信息的完整性,因此被准确翻译出来的信息单元数有所增加。但是,由于学生对符号尚处于"刚刚学会"的阶段,加上这一阶段学生盲目希望记下尽可能多的笔记,因此在译出阶段,学生无法准确辨识自己的笔记,出现了停顿、重复和过度翻译的现象。尤其在笔记最先引入的第1周,所有学生的译出质量受到严重影响。然而这也是该项研究中唯一一次笔记对译出质量产生负面影响。

其次,在发展期(5—8周),从笔记数量看,3名学生笔记数量开始减少。这时候学生已经开始意识到笔记并非越多越好,开始有意识地将部分精力重新分配到听辨动作上,并学着对信息进行筛选和归纳,因此笔记数量开始出现下降趋势。值得注意的是,学生4和学生5在第5—8周内还在有意识地增加笔记数量,直到第8周以后,才与其他学生一样,开始减少笔记数量。通过后期访谈得知,两名学生前8周使用的笔记数量低于其他学生,并认为这是导致他们译出信息忠诚度不及其他人的原因,因此仍在有意识地增加记笔记的数量。这也说明,不同学生对笔记教学的接受程度及自己对笔记引入的适应速度不同。从笔记内容看,符号类笔记比较稳定,逻辑类笔记呈增长趋势。

从笔记语言看,学生依然以源语为主。从口译质量看,译出的忠诚度分数增长幅度最大,"过度翻译"分数提高,译出的表达分数也显著增加。

最后,在稳定期(9周以后),从笔记数量看,学生各自的笔记数量较为稳定,而且学生之间笔记数量的差异也稳定了下来。这说明,笔记训练14周以后,学生在笔记数量上的表现已经较为成熟,学生已经找到了适合自己的笔记长度。尽管每个人使用笔记的数量不同,但总体来看,稳定下的笔记长度占原文长度的1/5。从笔记内容看,语言类笔记在笔记中的占比平均值从78.26%下降到了48.86%。也就是说,语言类笔记自始至终都是被最频繁使用的一类笔记形式,但是随着受训时间的增加,学生也越来越能摆脱语言的桎梏,采用非语言类的笔记形式。从笔记语言看,虽然5名学生对笔记语言的倾向差别很大,但随着训练时间的增加,5名学生笔记中的源语使用占比差距逐渐减小,基本呈现与目标语各占一半的比例。从口译质量看,表达比忠诚度质量的提高更加明显,这说明这一阶段,学生译出质量的提高主要是通过改进表达来实现的。而且,在该阶段,停顿方面的分数提高最快。尤其是第14周以后,口译的译出质量平稳提高,其中表达方面还在明显提高,而忠诚度的变化较此前阶段更小。

总而言之,在口译笔记学习的前4周,学生主要精力放在了快速学习使用符号、提高笔记速度、增加笔记数量上。到第4周以后,学生已经适应了交传过程中记笔记这一活动,精力分配更加得当,这时候学生也有了多余的精力去反思如何记笔记才是最有效的方式,因而从第4周开始,陆续出现了笔记数量有意识减少、逻辑类标志开始大幅增加的情况,而且逻辑类标志在笔记中的占比一直最低,但是其增长幅度是最大的。自第14周开始,多数学生的笔记数量、形式和语言开始趋于稳定,尽管有时候受口译材料难度、信息密集度、词汇等因素的影响,学生笔记特征会发生一些波动,但整体来看,截止到笔记训练第14周,学生已经摸索并建立了一套适合自己的口译笔记系统。

2. 口译笔记习得规律对英语专业学生口译笔记学习的启示

口译专业学生笔记习得规律可以为英语专业学生的口译笔记学习提供以下几点启示：

第一，口译笔记习得呈现阶段性特点：例如，1—4 周为适应期；5—8 周为发展期，9 周以后为稳定期。这个时间界定可以让英语专业的学生有一个明确的口译学习方案，减少口译笔记学习初期带来的焦虑，增加最终掌握口译笔记符号、构建个人笔记系统的信心。

第二，口译笔记初期以符号为主的特点：教师和学生应当充分认识到这个阶段认识、探索和掌握笔记符号的重要性。允许学生在牺牲口译质量的前提下，尽快熟悉各种常用符号的使用。在此基础上，摸索个性化符号系统。

第三，口译笔记中后期逻辑标志增长的特点：王梦霞（2016）的研究表明，学生的笔记习得过程优先于笔记符号的熟悉。因此，不同于理论上学者们建议在口译笔记学习初期就强调逻辑标志，可以考虑在口译笔记教学中，将逻辑标志型笔记训练靠后，避免学生处于掌握符号的同时需要时时关注逻辑的混乱局面。

第四，口译笔记共性多于个性的特点：虽然学者们一直强调口译笔记存在个体差异，但是整体而言，稳定的口译笔记呈现出一定的共性。例如，在笔记数量上，接近源语的 1/5；在笔记形式上，逻辑标志多于语言符号；在语言分配上，源语目标语共存。这些都为口译笔记教学的必要性提供了有力支撑。

第五，口译笔记习得与口译质量的关系特点：虽然现有部分研究比较一致地认为，口译笔记学习初期会影响口译质量，但是王梦霞（2016）的研究更明确地指出，口译笔记学习对口译质量的影响涉及不同方面。以忠诚度为例，其发展是曲线型的。从开始提升到由于笔记带来的过度翻译而降低，再到准确度带来的提升。因此，在对英语专业学生的口译笔记教学中，可以让学生明确口译笔记学习对口译质量的确切影响,从而有效规避可能产生的问题。

　　需要说明的是,由于课时量、课后练习量的局限性,英语专业口译笔记教学的效果不完全契合王梦霞(2016)的研究发现。例如,在进行了 9 周的口译学习后,学生的笔记数量并没有大幅减少,逻辑标志也没有大幅增加,而且学生的字词使用依然远远多于符号的使用。但是如前文所说,英语专业的口译教学拥有多重培养目标。对于少部分将来想从事口译专业学习的学生而言,这些发现为他们的口译笔记学习提供了具体参考。对于多数希望通过口译学习胜任一般性口译任务的学生而言,了解口译笔记习得的规律,也可以有效指导他们对口译笔记的掌握。

五、小　结

　　本章通过回顾总结现有口译笔记训练研究,提出了英语专业口译笔记能力训练课堂的构建,并以口译笔记训练为例,描述了口译笔记训练的课堂教学模式。本研究选取学生口译笔记学习初期和学期末的口译笔记进行对比分析,发现学生在口译笔记方面进展缓慢,仍然在笔记中大量使用字词,而符号的使用较少,更少关注逻辑关系,这应该引起英语专业口译笔记教学的重视。需要指出的是,学生只有在掌握笔记基本原则的基础上经过大量的练习,才能最终形成个性化笔记系统,英语专业大部分学生可能无法达到这一要求。在这样的背景下,教师更应该强调逻辑标志记录的重要性。

第九章　英语专业口译表达能力训练研究

本章主要回顾口译表达能力训练研究,进而提出适合英语专业口译表达能力训练的教学模式。此外,以中英文演讲训练为例,对学生口译表达能力训练前后的表达能力进行了对比分析,以此探索口译表达能力训练的方法和效果。

一、口译表达能力训练研究

与口译其他基本技能相比,口译表达能力的相关研究成果很少,在现有的为数不多的研究成果中,研究者多从公众演讲和口译表达存在的共性出发,研究如何通过演讲训练或者演讲策略训练,提升学生的口译表达能力。但是,刘和平(2001a)指出,无论听众数量大小,译员在用译语将源语信息再现时就相当于发表公众演讲。相关研究多以思辨、探讨公众演讲与口译表达的共性为主。例如,演讲和口译都需要特定的舞台,而舞台恐惧是职业译员必须克服的一个问题(Gile,2002)。造成舞台恐惧的原因可能是担心被盯视、失败、不被接受或者无名原因带来的紧张等,但是适度紧张也有好处,可以让译员保持适度兴奋,进而迅速反应、充满活力(De Vito,1994)。演讲和口译都需要了解听众心理,例如,普通人群作为听众可能倾向于相信权威,希望从单次发言中获取更多而且更新鲜的信息,情感上接受或者拒绝发言人的观点,现场观众的人数、座位布局及发言的主题都可能影响到听众对发言人的看法(王凌云,2012)。康诗琴、李延林(2015:26)指出,公众演讲与口译存在的相似性为:公众演讲者按照事先准备好的发言内容,通过口头表达的形式直接向听众传递自己的观点和意图,以达到让听众理解或接受自己观点的目的。而口译员在口译活动中也是用语言表达的形式将说话人的信息传递给听众。虽然口译员不能决定"说什么",但是通过语言转换,其目的是将源语信息传递给听众,口译员与演讲者一样,在交际过程中扮演了信息传播者的角色。这种相似性为口译训练中应用公众演讲策略提供了可能性。王阿晶(2009:152)指出,公众演讲中的每一个环节都体现在口译表达之中:语篇逻辑结构,语言,包括副语言的运用与表达,心理素质,对现场全局的把握。而且译语表达的主要评价标准和公众演讲追求的目标一致,即语言组织的层次感、语言的流畅度与语音清晰度、语调等副语言信息的适当组织、交际效果的及时反馈。胡赟(2012)总结了公众演讲与口译的共同点:(1)语言能力,包括良好的语言表达力,如表达清晰、充满自信、发音、音量、音调、节奏、重点和嗓音质量,都是两种语言活动的重要评价标准,还需要出色的表现力和感染力,严谨的逻辑和合理的架构;(2)非语言能力,包括知识储备、姿势仪态、心理素质等。

鉴于这些探讨,学者们进一步指出提升口译表达能力的具体措施。例如,顾秋蓓(2006)指出,公众演讲策略训练可以有效提升口译表达能力。(1)语言策略,包括语法、句式、短语、高频转折连接词、经历认同;(2)听力策略,根据不同的听力材料(欣赏型、同理型、理解型、批判型)采用不同的方法,避免影响听力的因素,如精力不集中、过度专注听、草率下结论,应该持重视态度,抵制分神因素,不被发言人的外貌或说话方式误导、延迟判断;(3)言语策略,包括语流、音调、语速、停顿;(4)非言语策略,包括个人形象、身体语言、手势、眼神交流。口译表达有四个标准:语音、节奏、语言内容和词汇使用、语言风格。王阿晶(2009)建议,口译课堂教学应改变重理解训练、轻表达训练的传统模式,加大公众演讲技能的训练力度,分析、论证、总结公众演讲技能对口译训练的支持性效果,以及公众演讲技能给口译实践提供的应急性策略,保障口译活动的顺利进行。学生多羞于说,可以将记忆训练与演讲结合,笔记训练与演讲结合,利用口译记忆训练和笔记训练的信息进行逻辑分析,提高语篇组织能力和演讲表达能力;通过做演示培养学生的公众演说和信息收集处理的能力,以及综合归纳能力和流利表达能力。释意理论认为,译员是表演者和公众演讲者,语言的组织经常在瞬间做出决定,采用何种句式、何种修辞,其语言组织层面的外在表现应清晰明了,富有层次感。副语言方面,举止、表情、手势等直接影响译语接受者,副语言因素控制得好,可以有效帮助译员进行译语表达,使之更有表现力。演讲训练还可以帮助学生克服紧张。康诗琴、李延林(2015:26)提出,从语言策略角度,演讲训练可以加强学生发音吐字、遣词造句和逻辑思维能力;从非语言策略方面,可以训练译员的知识储备,锻炼心理素质及训练态势语言。

二、英语专业口译表达能力训练教学模式

依据上述口译表达能力训练的研究成果,提出以下适合英语专业学生口译表达能力训练的教学模式:

1.教学目标

(1)通过教师讲解,让学生了解口译表达形式的内涵,认识口译表达能力的重要性。

(2)通过讲解口译表达形式的评价标准,使学生了解公众演讲与口译表达的异同,设计不同形式的演讲任务,提高学生的口译表达能力。

(3)指导学生认识自身口译表达的不足,帮助学生制订合理的提升口译表达能力的训练计划,促进学生口译表达能力的提升。

2.教学方法

(1) 教师讲解示范法:教师阐述口译表达的内涵、特点,解释口译表达形式的要求与演讲的异同。

(2) 演讲训练法:a)小组讨论后演讲,小组抽签获得小段文字描述,学生分组讨论,提炼主题,寻找论据,并选派代表进行全班演讲,侧重语言的逻辑运用和语速的把控,教师和学生点评。b)个人即兴演讲,学生抽签选取演讲主题,进行 3 分钟准备后演讲,全班讨论在即兴演讲中可能出现的问题及应对策略,强调在即兴演讲中利用好身体语言。c)有准备演讲,学生就自己选定的主题进行 1 分钟左右的演讲,要求学生演讲语言清晰、准确、得体,演讲过程流利,身体语言恰当。在此基础上进行配套口译训练,结合半准备演讲、个人即兴演讲、有准备演讲进行口译训练,对比演讲者源语表达和承担口译任务学生的口译表达,全班点评。

(3) 反思法:学生反思总结自身在口译表达中的主要问题,提出改进方案和训练计划,教师点评。

3.教学步骤

步骤 1:热身活动,教师让学生讨论演讲与口译表达的异同,并总结口译表达的内涵、特点,提出演讲训练对口译表达能力提升的重要性。

步骤 2:学生分组阅读抽中的文章节选,小组讨论演讲主题,样例如下:

(1)10 月 8 日、9 日,北京、上海、深圳、广州、兰州等地相继发布网约车管理细则征求意见稿。各地政策细则大同小异,都对网约车平台的运营车辆和人员进行了严格规定,包括必须是本地户籍和牌照,一波被称为"史上最严"的网约车新政来袭。作为网约车行业代名词的滴滴首当其冲,受打击程度堪称致命。以滴滴官方给出新政实施之后的上海市场数据为例,符合要求的供给车辆将骤减 4/5,司机人数将从 41 万减少到 1 万,这对于得规模优势得天下的互联网公司来说,"平台上车少了,人没了,还玩什么"? 更兼新政还规定网约车公司必须在当地设置实体分支机构,并缴纳承运人保险、乘客意外伤害险等保险及其他相关管理费用。可想而知,遍布全国各地的滴滴若要继续保持业务规模,运营成本必将大幅增长。

(2)英国正逐渐与欧盟断绝关系,并对移民关上大门,从而削弱它与世界其他国家和地区的接触。英国政府至今没有搞懂全球化的一个简单事实:一个国家不可能宣称自己对商业开放,随后却对外国人关上大门。英国在脱离欧盟后将变得更加贫穷——英镑贬值正作为一种传导机制,英国人的生活水平也降低了。最终在多大程度上变穷,将取决于英国与其最大贸易伙伴能够保留的关系质量,以及它能否成为对其他国家更具吸引力的经贸往来对象,从而弥补在欧洲失去的机遇。目标应该是"软退欧"和"开放"经济。念念不忘(一些人会说纠结于)移民问题指向相反的方向,即与欧盟彻底斩断关系,同时对欧洲以外国家来说商业环境变得不那么友好。

步骤 3:设定交际场景,例如(A)是一个面向公众的新闻发布讲话,演讲者为新闻发言人;(B)是一个学术研讨会,演讲者是某高校教授。

步骤 4:小组选派学生代表发表 2 分钟演讲,本组成员评估演讲,其他组同学做笔记并准备口译。

步骤 5:学生口译演讲内容,其他同学对口译进行点评。

步骤 6:全班讨论学生演讲及口译表达的问题,总结解决方法。

三、英语专业口译表达能力训练研究（以有准备演讲结合口译训练为例）

从口译教学的第 13 周开始，笔者对学生进行口译表达能力训练。参照上文对公众演讲技能的论述，笔者制定了学生演讲能力评分标准，并且依据陈菁、肖晓燕（2014）对口译表达效果标准的描述，以及杨承淑（2005）对口译评价标准的论述，制定了口译评分细则。

1. 口译表达能力训练第 1 周

学生口译演讲训练第 1 周后的学生演讲（1 分钟左右）和口译录音转写，以学生 A1（中文演讲）和 A3（英文演讲）为例：

学生 A1（中文演讲）

商业银行在西方起源于中世纪，在中国则在唐宋时期就有了雏形，1897 年清政府在上海成立第一家商业银行。在中国，截至 2014 年底已有 5 个国家级的大型商业银行、133 个城市级的商业银行和 665 个农村级的商业银行。商业银行的业务包括传统的存款、发放贷款、支付结算业务，也包括新发展的服务，如金融顾问业务。嗯，商业银行是既普通又特殊的企业。普通在于它是自负盈亏的企业，且追求利润的最大化，特殊在于它的经营对象和对社会的经济发展的作用。因此，在发展中如何防范风险是它必须要负的基本责任。

学生 A3（英文演讲）

In China, um in China, retirement（发音问题）age is the serious issue, and the pension problems it causes. Because of the pension problems, China should raise its retirement age. And the harm of the present policy is that the pension system cannot receive enough money to afford its cost. And there are two aspects about the harm. The first is that the gap of the pension system is become larger, and the Finance, Finance Ministry announce that in 2014 there will be 450 billion yuan of about in the pension system. And if the, the second part is that if the policy will not change, the problem will remains, so Wang Dewen, an economy, economist, says in 2030 there will become there will appear finance deficit in the pension system.

对两名学生演讲能力的评分结果归纳在表 9.1 中。

表 9.1 学生演讲表达能力评分表

学生	内容表达 (60分)	表达效果(40分)							总分
		语言表达质量 (15分)			源语表述质量 (15分)			身体语言 (10分)	
		语法 正确	条理 清晰	语言 得体	语音、 语调	语速	流畅 度	姿态、眼神 交流	
A1(C)	48	4	3	4	4	4	4	6	77
A3(E)	36	1	2	2	2	2	1	5	51

从表 9.1 的综合评分可以看出,学生的演讲能力,尤其是英文演讲能力偏弱。首先看中文演讲,从内容看,整体是对商业银行进行的一个简单描述,整个演讲内容大部分条理清晰,但是起始阶段应该有一个简单引入主题的句子,例如,"商业银行其实拥有悠久的历史",这样自然过渡到对中西方商业银行历史的简要回顾,否则听完首句,听众难以预判下文。此外,在末尾部分没有解释清楚商业银行的特殊性,从而造成最后的因果结论非常牵强。从语法层面看,"1897 年清政府在上海成立第一家商业银行",汉语不像英语那样有明确的时态表示过去,所以应该用副词"了"显示这是过去完成的事情。此外,"也包括新发展的服务,金融顾问业务"显然少了连接词承接后半句短语。

条理清晰度整体可以,但是演讲后面谈到了商业银行的业务,如果前文也简要描述一下起源状态下商业银行的业务或者性质,则内容更加饱满。同时,正是因为文末缺少对商业银行特殊性的阐述,以及最后结尾的突兀,演讲缺失了整体内容的条理性。因为是用母语演讲,所以语言相对比较得体,如果在句子间的衔接上能改进,则将显得更加流畅。从演讲声音的角度,学生 A1 有两处口误并自我纠正,其他方面较好。

　　学生 A3 的英文演讲问题比较突出。首先从英文语言特点看,首句或者前一两句应该是演讲内容的核心,在这一点上,A3 没有清晰地告诉听众他要讲的主题。除了关键词 retirement age,听众无法将其和紧随其后的 pension 联系起来,而演讲者又提到 the pension problems it causes,而且用表示并列关系的 and 连接,容易引起误会,同时句子没有叙述完整又留悬念。从语法的角度看,错误非常普遍。从条理看,因为开始就没有叙述清楚后续主体脉络是谈两点问题。缺乏论据支撑也很容易造成理解困难,例如,the gap of the pension system is become larger … in 2014 there will be 450 billion … in the pension system,如果讲 system 存在 gap,则应该是谈 system 存在的问题,和什么比较看出的 gap,显然演讲者是想表达现有的养老金存量或者说财政预算缺口大,但是表述不当,条理紊乱。语言问题不仅在于大量的语法错误,本身用词也存在多处使用不当,例如,用 harm 来表示养老金存在的问题显然不妥当。从演讲的声音质量看,语音存在个别单词的发音问题,语调没有流畅的起伏变化,语速居中,但由于出现的停顿、自我纠正等问题显得较慢,流利度非常不好。从身体语言看,演讲者或许是在背诵自己的演讲稿,不太有自信,缺乏和听众的眼神交流。总体演讲效果不理想。

　　基于上述 A1 和 A3 两名学生的演讲,学生 A2(汉译英)和 A4(英译汉)分别做了现场口译,口译的录音转写如下:

学生 A2(C—E 口译)

The the commercial bank in the West as emerged from the middle middle age, and in China the commercial bank is emerged from Tang and Song dynasty. In 1897, China has a a China has opened its first commercial bank in Shanghai, and in 2014 there were there were 5 national commercial banks, 133 city commercial banks, and 650,650 ah, commercial bank in the remote area. The commercial bank now has a has the job like to save save money, and to loan money, payment and settlement. It also serves the also serves the financial, the financial financial industries. The commercial banks is normal but is also very special. It is normal because it for its responsible for its own own its own own pursuit to have the max to earn the max money.

学生 A4（E—C 口译）

中国应该提高退休年龄,因为现在养老金成为一个重要的问题。啊,所以我们应该通过提高退休年龄来解决这样的一个问题。嗯,啊,不提高退休年龄的问题有,额,影响,不良影响有两个,一个是当前的养老金系统的,没有办法提供足够的养老金。其中的原因又可以分为两个,一个就是就是之前的养老金出现了出现了一定的一定的就是断层,在根据 2014 年财政部的啊,报告,现在养老金的那种,现在养老金的余额,额度,有,额,400 额,sorry,40,4000,414 billion 人民币。第二个原因是如果我们不提高退休年龄的话,这种情况不会得到改变。王德文在,提出在,到 2030 年如果不提高退休年龄,养老金将出现赤字。

对 2 名学生口译质量的评分结果归纳在表 9.2 中。

表 9.2　学生口译表达能力评分表

学生	信息传递（60分）	表达效果（40分）							总分
		语言表达质量（15分）			译语表述质量（15分）			身体语言（10分）	
		语法正确	条理清晰	语言得体	语音、语调	语速	流畅度	姿态、眼神交流	
A2(C—E)	36	2	1	1	2	1	1	5	49
A4(E—C)	35	2	1	2	3	2	1	6	52

从表 9.2 可以看出,学生在口译表达方面的问题比较突出。从汉译英任务的完成情况看,学生 A2 在信息传递上存在严重漏译、错译,例如将原文的"存款业务"译为 save money（应为 deposit）,业务译为 has the job like（应为 service）,金融顾问,译为 serves the financial industries（应为 financial consultant）,而后文的"自负盈亏,且追求利润的最大化……必须要负的基本责任"则完全没有翻译。从语言表达质量看,语法存在大量错误,包括时态错误、搭配错误及句子衔接不当等。条理基本沿用了原文演讲的叙述顺序,而错译和漏译导致条理混乱,语言使用欠妥,很多地方词不达意。从声音的角度看,语音、语调还可以接受,语速由于受停顿、纠错、重复等影响而慢于正常语速,流利度很差。由于学生关注如何完成口译任务,因此比较容易忽略身体语言,出现较多的额外小动作。

学生 A4 在信息传递方面存在两个突出问题:第一,大块跳过原文,直接用理解的意思翻译,造成信息重复和必要信息缺失。例如,原文讲的是"退休是一个严重的问题",译文是"现在养老金成为一个重要的问题",虽然原文也提到了养老金的问题,但这是论据,用来支撑主干"退休问题"的;第二,学生擅自调整原文的逻辑,原文讲当前养老金系统存在两方面的问题,学生 A4 翻译时讲"不良影响有两个……其中的原因又可以分为两个"。整体而言,在内容的传达上问题比较严重。从语言表达的角度看,虽然是用母语表达,但因为学生在口译时语言转换不够及时,所以在组织语言时不能完全遵循正确的语法,例如,"不提高退休年龄的问题有……不良影响有两个"。因为学生将自己错误划分的层次变成了译语,所以条理更加混乱。语言表达欠准确,例如,养老金的"余额",很显然,承接上文,这里谈的是养老金的"缺口"。在语言表述上,语音、语调适当,但是由于出现了大量的副语言,如无意义的填充词,以及搜觅数字时的反复停顿,语速及流畅度受到影响。学生用了一定的身体语言,也具有和听众交流的意识,但受口译过程的影响,表现不突出。

2. 口译表达能力训练第 5 周

经过了 5 周的口译表达训练,笔者再次记录学生的演讲和口译原始数据。为了便于比较,在第一周被作为样本的 4 名学生 A1、A2、A3、A4 在此被标记为 B1、B2、B3、B4,他们相应的音频数据被转写。首先,B1 和 B3 的演讲原文如下:

学生 B1(中文演讲)

我这里要讲的是一种饮料,咖啡是目前世界上被人类应用于时间最久但是误解最深的一种饮料之一。有许多新的研究报告表明其实咖啡对人体并不会产生我们想象中的那些危害,反之,咖啡中的一些因素对人体会产生一些积极作用。首先,咖啡可以提神醒脑,咖啡中的咖啡因可以刺激人的中枢神经系统,从而延长脑部清醒的时间,使人的注意力集中,提高学习和工作的效率。其次咖啡可以抗忧郁,咖啡中的咖啡因可以使人的精神亢奋,心情愉悦,从而缓解忧郁的现象。第三,咖啡可以帮助控制体重,咖啡里的咖啡里的咖啡因可以加速人体消耗,热量消耗的速率,提高脂肪的代谢,新陈代谢率可以提高 3% 至 10%。第四,咖啡可以促进消化,咖啡可以促进人的神经系统,从而可以促进人胃液的分泌,所以适当的咖啡有助于消化。

学生 B3（英文演讲）

The profit of Facebook has tripped in the first quarter of 2016, compared with a year ago, rising to $1.5 billion. The number of people using social network also grow. It has been the complaining couple of weeks for Silicon Valley with Apple, Google, Twitter all failing to impress their investors, with their earnings but not so with Facebook. Once again the social network has grow in its users, user-base and its revenues. 97% of its earnings came via advertising. And majority of that were mobile users. The investors are studying the potential of new product, such as the virtual reality, artificial intelligence, Internet to the developing world. Facebook also announced its new share structure, to allow founder Zuckerberg to give away his stocks but still control the company.

笔者参照训练第 1 周使用的评分框架对学生的演讲进行了细致的评分，评分结果如下（见表 9.3）。

表 9.3　学生演讲效果评估

学生	内容表达（60 分）	表达效果（40 分）							总分
		语言表达质量（15 分）			原语表述质量（15 分）			身体语言（10 分）	
		语法正确	条理清晰	语言得体	语音、语调	语速	流畅度	姿态、眼神交流	
B 1(C)	54	4	4	4	4	4	4	8	86
B 3(E)	42	3	2	3	4	3	4	7	68

从内容角度，学生 B1 的中文演讲主题明确，层次分明，唯一有些遗憾的是，如果能在末尾增加一句概括前文的总结性陈述就更加完整了。从语言表达的质量看，除了演讲末尾处"咖啡可以促进人的神经系统"是不完整句，语法基本正确，条理清晰，语言恰当。从源语表述

的质量看,语音、语调较好,语速适当,除了有一处非常小的重复"咖啡里的咖啡里的",整体非常流畅。如果按照演讲的标准,B1 在语言表述质量及身体语言运用方面还有提升的空间。

学生 B3 的英文演讲主题虽然有一定的聚焦,但是从内容的组织看比较松散,也难以找出逻辑关系。例如,很难判断演讲的头两句话 The profit of Facebook has tripped in the first quarter of 2016, compared with a year ago, rising to $1.5 billion. 和 The number of people using social network also grow. 之间是什么关系,因为原文没有交代"使用社交媒体人数增加是直接促成 Facebook 利润飙升的原因",而随后的内容又是阐述 Facebook 比起其他企业取得了较好的业绩,与第二句话似乎也没有必然联系,容易让听众困惑。另一处比较明显的例子是,在三句话 Once again the social network has grow in its users, user-base and its revenues. 97% of its earnings came via advertising. And majority of that were mobile users. 中,97% of its earnings came via advertising 似乎和上下文都没有直接关系,在此显得很突兀。从译语表达质量看,存在少量语法错误,条理不清晰,语言使用基本得体。从语言表述质量看,语音、语调基本符合发音规范,语速适中,比较流畅。或许经过了一段时间的训练,学生课后花了更多的时间准备演讲,提升了表达的流利度也增加了自信,因此在身体语言运用上有所提高。学生 B2(汉译英)和 B4(英译汉)的口译音频数据被转写如下:

学生 B2 (C—E 口译)

Coffee is one of the most widely used drinks in human history. But it is, but there are a lot of misunderstanding about it. According to a recent research about coffee, ah, some damages that we used to think that would be caused to human is actually wrong. Firstly, it's ah, actually, some elements in coffee has positive effects on human.

Firstly, it can er er firstly it can inspire us. And and … er improve our attention and effectiveness. Secondly, it do goodness to depression. Thirdly, it help us to control our weight. Coffee can help us burn burn heat and fat more quickly, it increase the speed by about 34%. Fourthly, it can help our digestion en through through improving improve the nerve system, we can digest the food.

学生 B4(E—C 口译)

Facebook,脸书的收益在,和去年相比翻了三倍。脸书在本年的第一季度,它的收益和去年相比,翻了三倍。嗯,它的用户数量取得了巨大的增长。在硅谷众多的公司当中,虽然苹果和谷歌都在投资方面都受到了一些挫折,但是对于脸书来说,情况并不是如此的。在……在它的收益中,嗯,它的用户人数以及利润,都都都得到了十分大的增长和提高,其中包括广告方面,以及移动的客服方面。谷歌的收益,脸书的收益,体现在它的人工智能的发展。嗯,在今年,脸书公布了新的股权结构,虽然它的最大股东和创始人,马克·扎克伯格,他虽然放弃了他的一些股权,但是,他仍然实际地控制着这个公司。

同样参照第 1 周对口译效果的评分细则,笔者对两名学生的口译进行了细致的评估,结果统计如下(见表 9.4)。

表 9.4　学生口译效果评估

学生	信息传递（60 分）	表达效果(40 分)							总分
		语言表达质量（15 分）			译语表述质量（15 分）			身体语言（10 分）	
		语法正确	条理清晰	语言得体	语音语调	语速	流畅度	姿态、眼神交流	
B2(C—E)	40	2	2	1	3	2	1	5	56
B4(E—C)	45	2	1	2	4	3	2	6	65

以学生 B2 汉译英口译为例,从信息传递的内容看,基本覆盖了讲话者的主要内容,但是或许是受语言表达质量的影响,信息传递不完整或者出现偏差。例如,some damages that we used to think that would be caused to human is actually wrong 因为语法错误(整句逻辑不通,主语未知)、用词不当(用 damage 表示对人的危害),使听众受到干扰,无法理解原意。此外,B2 用 inspire 表示提神醒脑,非常不准确,容易让人误解咖啡有激发人灵感的功能。从语言表达质量看,存在多处语法错误,例如,it increase the speed by about 34% 不知所指;同时,语言搭配混乱,似乎很大程度上受母语思维影响而进行直译,例如,将"使人的注意力集中"译为 improve our attention,"缓解抑郁"译为 do goodness to depression,"促进人的神经系统"译为 improve the nerve system。从译语表述的质量看,语音、语调基本符合英语的规范,语速因为流畅性偏低而受影响。或许学生优先考虑表达的内容,因此不能充分利用身体语言来增强口译表达的效果。

以 B4 英译汉口译为例,从信息传递的角度,译者基本涵盖了讲话者的主要内容,但是有些细节属于在自己理解基础上的添加,因为多译而造成内容失真。例如,发言人提到 The number of people using social network also grow 并没有直接指出是使用 Facebook 这一社交媒体的用户,但是译者自己添加了"它的用户数量取得了巨大的增长",原文 Once again the social network has grow in its users, userbase and its revenues. 97% of its earnings came via advertising,译者将其译为"其中包括广告方面,以及移动的客服方面"。此外,译语"谷歌的收益,脸书的收益,体现在它的人工智能的发展"是译者自己添加和拼凑的信息,属于错译。这些都影响了口译信息传递的忠诚度。从语言表达质量的角度看,存在多处语法错误,例如"情况并不是如此的""十分大的增长"等,明显不符合汉语表达习惯。从译语的表述质量看,因为是用母语,语音、语调较好,语速正常,但受到流利度的影响。学生在口译时能够做到和观众有一定的眼神交流,有一些身体语言支持表达,但距离表达规范的身体语言还有一定的差距。

3. 口译表达能力训练前后演讲能力比较分析

笔者将 4 名学生样本在训练后第 1 周(A1、A2、A3、A4)和训练后第 5 周(B1、B2、B3、B4)的评分统计结果进行了分析,中、英文演讲训练前后的对比结果见图 9.1、图 9.2。

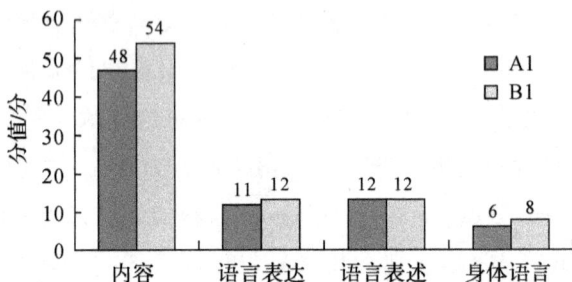

图 9.1 训练前后中文演讲分值对比

从图 9.1 可以看出,学生中文演讲在训练前后区别不大,第 5 周在内容表达方面有比较明显的进步,在语言质量和身体语言方面有微弱的提升。可见,演讲训练对学生在内容叙述的完整性、语言表达的条理性,以及恰当利用身体语言来增加表达效果方面,有一定的促进作用。

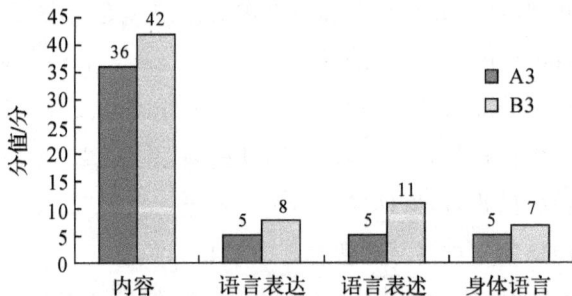

图 9.2 训练前后英文演讲分值对比

从图 9.2 可以看出,英文演讲在训练后第 5 周比第 1 周有明显进步,在演讲内容、语言表达质量、语言表述质量及身体语言运用方面都有不同程度的提高。这说明,经过一段时间的训练,学生在课前为演讲做了更充分的准备,从内容的完整性、语言表达的准确性,以及身体语言的辅助运用方面都进行了相应练习,所以在展示时才显得流畅。

学生两次汉译英口译任务的质量评估结果比较见图9.3。

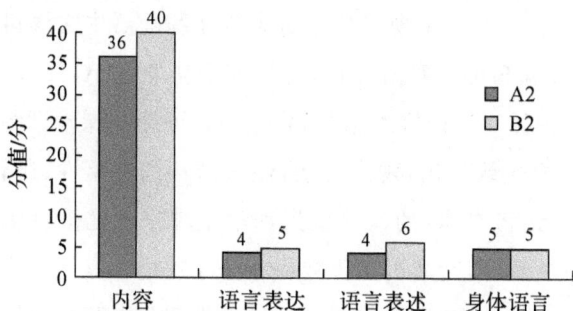

图9.3　训练前后 C—E(汉译英)口译分值对比

从图9.3看,在表达训练后,学生汉译英在内容的完整、逻辑清晰方面有一定幅度的提升,在语言质量方面的提升不显著,译语表述主要是在语音、语调、语速方面有小幅度的改善,身体语言没有变化。可能由于存在完成口译任务的压力,注意力不足以关注到身体语言方面。

学生英译汉口译表达训练前后的评分结果对比见图9.4。

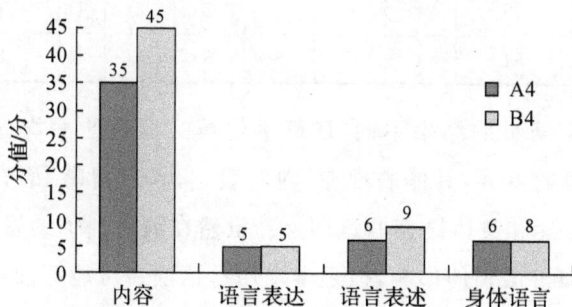

图9.4　E—C(英译汉)口译表达训练前后对比

图9.4表明,经过口译表达训练后,在英译汉口译任务中,学生在

信息传递和译语表述方面有明显进步。或许是训练中反复强调信息表达要完整、逻辑要清晰这些要点产生了一定的效果。

　　笔者以同样的评分标准对全班学生进行了评估,汇总后得出平均值,以 B 班为例,学生训练第 1 周和第 5 周的平均分值对比总结在表9.5—表9.8。表9.5 呈现的是 B 班表达训练前后中文演讲的平均分值对比,从表9.5 可以看出,两次的均值变化非常小,仅限于"内容表达"和"语言得体"。"内容表达"的分值提升可能和课堂训练反复强调演讲内容需要主题突出,观点分明,注重结构的完整性、逻辑性、层次性有关。"语言得体"的改善应当和学生越来越注重分配时间做演讲前练习有关,因为演讲是否准备充分在现场和其他学生的比较中可以立即见分晓,中文演讲完成较好的学生明显对积极性稍差的学生具有示范作用。

表 9.5　B 班表达训练前后中文演讲平均分值比较

学生	内容表达（60 分）	表达效果（40 分）							总分
		语言表达质量（15 分）			源语表述质量（15 分）			身体语言（10 分）	
		语法正确	条理清晰	语言得体	语音、语调	语速	流畅度	姿态、眼神交流	
B 班(1)	52	4	4	4	5	4	4	8	85
B 班(5)	54	4	4	5	5	4	4	8	88

　　和中文演讲的结果不同,B 班学生英文演讲的平均分值(见表9.6)有明显的差异,具体表现在:内容表达,条理清晰,语言得体,语音、语调,语速和身体语言的运用上。虽然在演讲训练的思路和方法上不会受演讲语种的影响,但是学生用母语演讲可能更加得心应手,因此训练前后的差异不大,而英语演讲通过对内容的合理组织安排,反复练习提高熟练程度,效果就会变得显著。

表 9.6　B 班表达训练前后英文演讲平均分值比较

学生	内容表达（60分）	表达效果（40分）							总分
		语言表达质量（15分）			原语表述质量（15分）			身体语言（10分）	
		语法正确	条理清晰	语言得体	语音、语调	语速	流畅度	姿态、眼神交流	
B班(1)	40	3	2	2	2	2	2	6	59
B班(5)	48	3	4	3	3	3	2	7	73

4. 口译表达能力训练前后口译能力比较分析

每位学生基于有准备演讲所进行的口译活动均被记录、转写并按照口译表达评分框架进行评分。以 B 班为例,训练前后得出的班级平均分统计在表 9.7(汉译英)和表 9.8(英译汉)。

从表 9.7 可以看出,学生在汉译英口译表达方面仅有微弱的提升,具体表现在:信息传递(1分),条理清晰(1分),流畅度(1分)。因为口译表达训练反复强调抓主干,厘清主要层次和逻辑关系,这一点在学生的口译中有所体现。同时,训练中多次提醒学生在口译时要监控自己的语言表达,有意识减少重复、自我纠正及无意义填充词的使用,学生的流畅度因此有微弱的提升。但是因为学生毕竟是汉英不平衡双语者,很难在短期内实现跟语言水平紧密相关的,例如语法,语言得体,语音、语调方面的改善。也正因为这些方面的限制,学生表达的语速及分配精力考虑身体语言的运用也受影响。

表 9.7　B 班表达训练前后汉译英口译平均分值比较

学生	信息传递（60分）	表达效果（40分）							总分
		语言表达质量（15分）			译语表述质量（15分）			身体语言（10分）	
		语法正确	条理清晰	语言得体	语音语调	语速	流畅度	姿态、眼神交流	
B班(1)	41	2	2	2	2	2	1	6	58
B班(5)	42	2	3	2	2	2	2	6	61

B 班学生表达训练前后英译汉口译平均分值见表 9.8。

表 9.8　B 班表达训练前后英译汉口译平均分值比较

学生	信息传递（60 分）	表达效果（40 分）							总分
		语言表达质量（15 分）			译语表述质量（15 分）			身体语言（10 分）	
		语法正确	条理清晰	语言得体	语音、语调	语速	流畅度	姿态、眼神交流	
B 班(1)	42	3	2	3	3	2	2	7	64
B 班(5)	46	4	3	3	3	2	2	7	70

从表 9.8 可以看出,B 班英译汉平均分值训练后比训练前在有效范围内有所提升,具体表现在:信息传递、语法正确、条理清晰方面。信息传递的分值提升和表达训练中强调抓讲话人主题思路、逻辑层次分析、信息预测有关。语言表达质量的提升则和学生注意力被吸引到检测和关注自己的语言表达质量方面相关。因为目标语是母语,所以相对而言,只要分配足够的注意力,在理解了讲话人信息的前提下,就比较容易实现提升汉语语法的准确性和表达条理的清晰度。或许是因为训练周期的关系,其他方面,例如语言得体,语音、语调,语速和流畅度没有显著的变化。

需要说明的是,学生训练前后口译平均分值的比较仅仅具有参考作用,并不能作为真正衡量学生口译水平的标准。因为这些口译活动均基于学生的有准备演讲,而承担口译任务的学生往往面临不同因素,例如,演讲主题、发言人特点和风格,以及演讲内容等带来的变数。个别情况下,如果发言人的演讲层次混乱,表达不清晰也会直接影响学生的口译表现。

四、小　结

本章综述了口译表达能力研究，提出了口译表达训练模式，有针对性地设计了口译表达能力训练，并通过对实验班训练前后中英文演讲、英汉互译的表达评估，总结了口译表达训练的效果。

第十章 口译技能分阶段训练教学效果评估

在为期 17 周的口译课程结束后,笔者对口译技能分阶段训练法的效果展开了评估。评估由问卷调查和口译测试两部分组成:(1)问卷调查主要用来调查学生在进行了一个学期的口译学习后,在口译的四大基本技能板块仍然存在哪些问题,以及学生为了提升这些口译技能而使用策略的情况;(2)口译测试用来检验学生口译质量的变化。

一、问卷设计

问卷设计基于口译技能训练法理论(刘和平,2005;仲伟合,2007b),以及分阶段训练和循序渐进原则(刘和平,2011),由四部分组成。第一部分包含学生背景信息,了解学生在口译课程开始前的语言水平、对口译的认知和口译学习经历;第二部分(汉译英)和第三部分(英译汉)依据口译四项基本技能——听辨能力、记忆能力、笔记能力和表达能力展开(刘和平,2011),具体设计思路如表 10.1 所示;第四部分是学生对口译课程的反思,针对喜欢的课堂活动、口译技能的提升及学习中依然存在的难点展开。

表 10.1　问卷第二、三部分设计依据

问卷项目	参考依据
口译听辨难点(8—14;72—78)	白佳芳(2011);陈菁、肖晓燕(2014)
口译记忆难点(15—18;79—82)	Gile(1995);鲍晓英 (2005);段燕、王文宇(2012)
笔记难点(19—25;83—89)	鲍刚(2005);刘建华(2008);何爱香(2012)
表达难点(26—31;90—95)	鲍刚(2005);王凌云(2012)
听辨策略(32—40;96—104)	白佳芳(2011);陈菁、肖晓燕(2014)
记忆策略(41—46;105—110)	张威 (2006);鲍刚 (2005);陈菁、肖晓燕(2014)
笔记策略(47—53;111—117)	刘和平(2001);戴炜栋、徐海铭 (2007);陈菁、肖晓燕(2014)
表达策略(54—71;118—135)	顾秋蓓(2006);陈菁、肖晓燕(2014)

问卷设计好后,在 5 名学生中做了试行研究,检验了问卷的信度和效度,并详细检查了问卷项目的语言表述,最终于学期末展开正式问卷调查。

1. 数据收集

在第 17 周口译课程结束时,对英语专业三年级参加口译课程学习的三个自然班级(A 班 12 人,B 班 14 人,C 班 15 人)发放了问卷,其中 A 班为没有参加口译技能分阶段训练的对照班级,B 班、C 班为参加口译技能分阶段训练的班级。回收问卷 41 份,且全部有效。

2. 问卷分析

问卷经过笔者统一编号,运用 SPSS17.0 对问卷进行分析。首先对问卷进行了信度和效度检验,结果如下:

信度检验

本研究采取的检测方法是由李·克隆巴赫在 20 世纪中期提出的

克隆巴赫一致性系数(Cronbach's Alpha 系数)。它是目前学者采用的较为常见的检测信度是否达到标准的方法。通常情况下，Cranbach's Alpha 系数达到 0.6 以上，表示该问卷的的数据结果具有较好的一致性。使用软件 SPSS17.0 对问卷量表数据进行的可靠性检验见表 10.2。

表 10.2　信度检验

维度	N	信度 α 值
听辨	30	0.723
记忆	20	0.690
笔记	28	0.749
口译	48	0.719

由表 10.2 可知,听辨的信度值为 0.723,大于 0.7;记忆的信度值为 0.690,大于 0.6,接近 0.7;笔记的信度值为 0.749,大于 0.7;口译的信度值为 0.719,大于 0.7。由此可知,量表数据各个维度的信度值均达到了可接受水平,说明量表数据具有一定的可信度。

效度检验

效度分析是衡量量表及其所针对的测量因素有效性的方法,效度分析结果的高低可以反映问卷测量结果的优劣。本书采取的因子分析法利用 KMO 值和巴特利特球形检验的方法进行结构效度分析。Kaiser 在其标准中有如下规定:KMO>0.9,效度非常好;KMO>0.8,效度很好;KMO>0.7,效度中等;KMO>0.6,效度普通;KMO>0.5,效度勉强满足要求;KMO<0.5,效度不符合标准。在巴特利特球形检验的时候,其结果中的显著性概率必须小于或等于 0.05,才表示原始变量有一定的相关性,适合于因子分析(见表 10.3)。

表 10.3　效度检验

维度	KMO	巴特利特球形检验	
		卡方值	P
听辨	0.655	679.420	0.000
记忆	0.748	399.646	0.000
笔记	0.692	714.703	0.000
口译	0.677	489.050	0.000

　　由表 10.3 可知,听辨的 KMO 度量值为 0.655,大于 0.6,说明适合进行因子分析,巴特利特球形检验卡方值为 679.420,P 为 0.000,小于 0.01,通过了置信度为 1%的显著性检验,可以说,量表数据之间存在一定的相关性,适合进行因子分析,即效度较好。记忆的 KMO 度量值为 0.748,大于 0.7,说明适合进行因子分析,巴特利特球形检验卡方值为 399.646,P 为 0.000,小于 0.01,通过了置信度为 1%的显著性检验,可以说,量表数据之间存在一定的相关性,适合进行因子分析,即效度较好。笔记的 KMO 度量值为 0.692,大于 0.6,说明适合进行因子分析,巴特利特球形检验卡方值为 714.703,P 为 0.000,小于 0.01,通过了置信度为 1%的显著性检验,可以说,量表数据之间存在一定的相关性,适合进行因子分析,即效度较好。口译的 KMO 度量值为 0.677,大于 0.6,说明适合进行因子分析,巴特利特球形检验卡方值为 489.050,P 为 0.000,小于 0.01,通过了置信度为 1%的显著性检验,可以说,量表数据之间存在一定的相关性,适合进行因子分析,即效度较好。由此可见,四个维度的效度均达到标准,说明量表的整体效度可以接受。

　　下文首先总体讨论参加口译课程的英语专业学生的背景,他们课程结束后在四个口译分项技能上存在的问题和策略使用情况,及其对口译课程的反思,然后比较实验班和对照班的结果。

二、结果讨论

1. 参加口译课程的英语专业学生背景分析

在参加问卷调查的 41 名学生当中,选择口译课的动机分别为:因为是必修课(35 人,占 46.7%),希望提升双语能力(29 人,占 38.7%),希望通过口译证书考试(8 人,占 10.7%),希望攻读口译方面(3 人,占 4%)。可见,英语专业的学生在口译作为必修课必须选择的背景下,最主要的学习目标是通过口译课程提升双语能力,只有少部分学生希望获得从事口译工作的技能,甚至继续口译专业的学习。

2. 学生口译问题与口译策略使用的相关性分析

对听辨、记忆、笔记、表达的汉译英问题和汉译英策略进行皮尔逊相关性检验,结果如表 10.4 所示。

表 10.4　汉译英问题和汉译英策略相关性

维度	项目	听辨:汉译英策略	记忆:汉译英策略	笔记:汉译英策略	表达:汉译英策略
听辨:汉译英问题	皮尔逊相关性	−0.052	−0.090	−0.044	−0.159
	显著性(双侧)	0.745	0.574	0.787	0.321
记忆:汉译英问题	皮尔逊相关性	0.163	−0.011	0.233	0.136
	显著性(双侧)	0.309	0.944	0.143	0.396
笔记:汉译英问题	皮尔逊相关性	0.048	−0.166	−0.262	−0.242
	显著性(双侧)	0.768	0.301	0.098	0.128
表达:汉译英问题	皮尔逊相关性	0.408**	0.083	0.094	0.014
	显著性(双侧)	0.008	0.605	0.558	0.930

注:**. 在 0.01 水平(双侧)上显著相关。

由表 10.4 可知,听辨、记忆、笔记、表达的汉译英问题与听辨、记忆、笔记、表达的汉译英策略中，只有表达的汉译英问题与听辨的汉译英策略具有显著的正相关性。其他各个变量之间不具有显著的相关性。表达的汉译英问题与听辨的汉译英策略的相关性系数为 0.408，为正，显著性检验 P 值为 0.008，小于 0.01，通过了置信度为 1% 的显著性检验。由此可以说明，表达的汉译英问题与听辨的汉译英策略具有显著的正相关性。

对学生英译汉问题和英译汉策略进行皮尔逊相关性检验，结果如表 10.5 所示。

表 10.5 英译汉问题和英译汉策略

维度	项目	听辨:英译汉策略	记忆:英译汉策略	笔记:英译汉策略	表达:英译汉策略
听辨:英译汉问题	皮尔逊相关性	0.241	−0.070	0.085	0.077
	显著性(双侧)	0.129	0.663	0.597	0.631
记忆:英译汉问题	皮尔逊相关性	0.017	−0.087	0.072	−0.055
	显著性(双侧)	0.918	0.590	0.654	0.731
笔记:英译汉问题	皮尔逊相关性	0.035	−0.309*	0.063	−0.165
	显著性(双侧)	0.826	0.049	0.696	0.302
表达:英译汉问题	皮尔逊相关性	0.262	−0.135	0.313*	0.172
	显著性(双侧)	0.099	0.400	0.046	0.282

注:*. 在 0.05 水平(双侧)上显著相关。

由表 10.5 可知，听辨、记忆、笔记、表达的英译汉问题与听辨、记忆、笔记、表达的英译汉策略中，笔记的英译汉问题与记忆的英译汉策略具有显著的负相关性，表达的英译汉问题与笔记的英译汉策略具有显著的正相关性。其他各个变量之间不具有显著的相关性。笔记的英译汉问题与记忆的英译汉策略的相关性系数为 −0.309，为负，显著性检验 P 值为 0.049，小于 0.05，通过了置信度为 5% 的显著性检验。由此可以说明，笔记的英译汉问题与记忆的英译汉策略具有显著的负相关性。表达的英译汉问题与记忆的英译汉策略的相关性系数为

0.313,为正,显著性检验 p 值为 0.046,小于 0.05,通过了置信度为 5% 的显著性检验。由此可以说明,表达的英译汉问题与记忆的英译汉策略具有显著的正相关性。

3. 口译分项技能与相应策略的使用情况

学生口译听辨难点与策略使用

学生口译听辨难点与策略使用见表 10.6。

表 10.6　学生口译听辨难点与策略使用

维度	极小值	极大值	均值	标准差
听辨:汉译英问题	2.286	3.857	3.206	0.379
听辨:汉译英策略	1.875	4.375	3.390	0.520
听辨:英译汉问题	1.875	3.875	2.966	0.386
听辨:英译汉策略	2.625	4.250	3.369	0.429

从表 10.6 可以看出,学生进行口译听辨时,在汉译英方向感觉到的困难略多于英译汉方向,同时所使用的策略均值也略高于英译汉,这一点似乎与常理不符,因为汉语作为母语,听辨的问题应该少于作为外语的英语。通过对控制班和实验班在汉译英和英译汉两个方向听辨所反映出来的具体困难可以得知,学生并不全是从源语听辨的角度回答问卷,所以才有这个看似不成立的结果。

以 A 班(控制班)、B 班(实验 1 班)和 C 班(实验 2 班)为例(见表 10.7、表 10.8 和表 10.9),可以发现,学生在汉语听辨时,最大的问题都是认为自己英语词汇量不够,其次是因为不熟悉口译任务主题而感到困难,以及认为自己英语语言知识欠缺。虽然在困难排序上 A 班和 B 班、C 班有差异,但这三项是三个班学生公认最突出的问题。

表 10.7 A 班(控制班)汉译英口译听辨问题

问卷项目	N	最小值	最大值	平均数	标准偏差
Q8 英语词汇量不够	12	3	5	4.00	0.739
Q9 英语语言知识欠缺	12	3	5	3.92	0.669
Q10 很难处理有汉语方言口音发言人的口译	12	2	4	3.17	0.835
Q11 很难完成不熟悉主题、内容的口译任务	12	3	5	3.83	0.577
Q12 很难提取汉语源语的关键词	12	2	4	2.50	0.674
Q13 很难推理出未知的汉语语意信息	12	2	4	2.67	0.651
Q14 很难面对口译中的干扰因素(如杂音)	12	2	4	3.17	0.718
有效的 N (listwise)	12				

表 10.8 B 班(实验 1 班)汉译英口译听辨问题

问卷项目	N	最小值	最大值	平均数	标准偏差
Q8 英语词汇量不够	14	2	5	3.86	0.949
Q9 英语语言知识欠缺	14	2	5	3.64	1.008
Q10 很难处理有汉语方言口音发言人的口译	14	1	5	3.00	1.109
Q11 很难完成不熟悉主题、内容的口译任务	14	2	5	3.79	0.893
Q12 很难提取汉语源语的关键词	14	2	4	2.57	0.756
Q13 很难推理出未知的汉语语意信息	14	1	4	2.50	0.760
Q14 很难面对口译中的干扰因素(如杂音)	14	2	4	3.00	0.784
有效的 N (listwise)	14				

表 10.9　C 班(实验 2 班)汉译英口译听辨问题

问卷项目	N	最小值	最大值	平均数	标准偏差
Q8 英语词汇量不够	15	2	5	3.93	1.033
Q9 英语语言知识欠缺	15	2	5	3.60	0.986
Q10 很难处理有汉语方言口音发言人的口译	15	2	5	2.93	1.033
Q11 很难完成不熟悉主题、内容的口译任务	15	2	5	3.67	0.900
Q12 很难提取汉语源语的关键词	15	1	4	2.27	0.961
Q13 很难推理出未知的汉语语意信息	15	1	3	2.20	0.676
Q14 很难面对口译中的干扰因素(如杂音)	15	2	4	3.27	0.799
有效的 N (listwise)	15				

　　从表 10.7、表 10.8 和表 10.9 的结果可以看出,在进行汉译英口译任务时,学生听辨问题并不是出现在源语输入的理解阶段,而是出现在需要用译语进行表达的阶段,因为学生的困难体现在对等译语搜觅方面,从而会认为自己英语词汇量不够、语言知识欠缺等。

表 10.10　A 班(控制班)英译汉口译听辨问题

问卷项目	N	最小值	最大值	平均数	标准偏差
Q72 我的汉语词汇量不够	12	2	4	3.00	1.044
Q73 我的汉语语言知识欠缺	12	2	4	2.83	0.718
Q74 很难处理有口音的英语发言人的口译	12	2	5	3.25	0.965
Q75 很难完成不熟悉主题、内容的口译任务	12	2	5	3.58	0.996
Q76 很难提取英语源语的关键词	12	3	5	3.67	0.778
Q77 很难推理出未知的英语语意信息	12	3	5	3.75	0.622
Q78 很难面对口译中的干扰因素(如杂音)	12	2	4	3.33	0.778
有效的 N (listwise)	12				

表 10.11 B 班(实验 1 班)英译汉口译听辨问题

问卷项目	N	最小值	最大值	平均数	标准偏差
Q72 我的汉语词汇量不够	14	1	5	2.86	1.167
Q73 我的汉语语言知识欠缺	14	1	5	3.21	1.122
Q74 很难处理有口音的英语发言人的口译	14	2	5	3.79	0.699
Q75 很难完成不熟悉主题、内容的口译任务	14	3	5	4.07	0.616
Q76 很难提取英语源语的关键词	14	2	4	3.57	0.646
Q77 很难推理出未知的英语语意信息	14	2	5	3.64	0.745
Q78 很难面对口译中的干扰因素(如杂音)	14	2	5	3.29	0.914
有效的 N (listwise)	14				

表 10.12 C 班(实验 2 班)英译汉口译听辨问题

问卷项目	N	最小值	最大值	平均数	标准偏差
Q72 我的汉语词汇量不够	15	1	4	2.53	1.125
Q73 我的汉语语言知识欠缺	15	1	4	2.60	0.986
Q74 很难处理有口音的英语发言人的口译	15	2	5	3.60	0.737
Q75 很难完成不熟悉主题、内容的口译任务	15	2	5	3.80	1.014
Q76 很难提取英语源语的关键词	15	1	5	3.27	1.033
Q77 很难推理出未知的英语语意信息	15	2	5	3.67	0.816
Q78 很难面对口译中的干扰因素(如杂音)	15	3	5	3.87	0.640
有效的 N(listwise)	15				

从表 10.10、表 10.11 和表 10.12 可以看出:A 班认为最大的困难来自"很难推理出未知的英语语意信息",其次是"很难提取英语源语的关键词"及不熟悉主题、内容;B 班认为不熟悉主题、内容带来的听

辨困难最大,其次是发言人口音和"很难推理未知的英语语意信息";C
班认为口译中的干扰因素(如杂音)造成的听辨困难最大,其次是不熟
悉源语主题及"很难推理出未知的英语语意信息"。三个班都认为,不
熟悉主题、内容会带来听辨困难,但是各自反映的其他因素又有所不同。

　　对比学生在汉译英和英译汉口译任务中所面临的听辨困难发现,
学生始终认为,对源语主题、内容的熟悉度是听辨的重要影响因素。
在汉译英口译任务中,学生倾向于认为自身对英语(译语)的掌握程度
决定口译的完成质量,因而并不是真正意义上的听辨困难,而应该是
表达困难;在英译汉口译任务中,学生明确提出对未知信息的预判、推
理,发言人口音,背景杂音等因素会造成听辨困难。可见,学生口译听
辨困难主要表现在英译汉口译任务中。除了外语使用者都可能面临
的外语听力困难,类似"推理未知信息""提取源语关键词"这些和口译
听辨相关的因素,都会对学生的听辨造成阻碍。

　　学生针对口译听辨困难所采取的策略统计在表 10.13(汉译英)
和表 10.14(英译汉)中。

表 10.13　学生汉译英口译听辨策略使用

问卷项目	A 班	B 班	C 班
Q32 我通过选择不同口音的发言让自己适应发言人的口音	2.33	2.43	2.13
Q33 我通过找关键词提取源语的要点信息	3.17	3.07	3.40
Q34 我通过汉语句法结构判断关键词信息	3.58	3.21	2.80
Q35 我通过新旧信息确定发言人的意图	3.58	3.29	2.93
Q36 我通过讲话人语气判断重点信息	3.83	3.64	3.47
Q37 我通过寻找时间、路线、论证思维等确定发言人逻辑思维	3.42	3.50	3.40
Q38 我通过运用行文技巧(如概括、分类、因果、列举等)确定发言人逻辑线索	3.42	3.57	3.67
Q39 我利用词形、语序、表述等自下而上推理语义信息	3.17	3.00	3.47
Q40 我从主题、背景知识、场景知识等自上而下推理语义信息	3.67	3.36	3.87

A 班和 B 班汉译英口译听辨策略使用频度最高的都是"通过讲话人语气判断重点信息"，C 班则是"从主题、背景知识、场景知识等自上而下推理语义信息"。三个班用得最少的都是"通过选择不同口音的发言让自己适应发言人的口音"。可见在汉译英口译听辨中，学生认为发言人口音并不是影响听辨理解的重要因素。

在英译汉口译听辨策略的使用中（见表 10.14），三个班使用最少的策略都是"通过选择不同口音的发言让自己适应发言人口音"。

表 10.14 学生英译汉口译听辨策略使用

问卷项目	A 班	B 班	C 班
Q96 我通过选择不同口音的发言让自己适应发言人的口音	2.75	3.00	2.60
Q97 我通过找关键词提取源语的要点信息	3.25	3.43	3.20
Q98 我通过汉语句法结构判断关键词信息	3.08	3.43	3.27
Q99 我通过新旧信息确定发言人的意图	2.92	3.36	3.33
Q100 我通过讲话人语气判断重点信息	3.42	3.71	3.67
Q101 我通过寻找时间、路线、论证思维等确定发言人逻辑思维	3.25	3.43	3.47
Q102 我通过运用行文技巧（如概括、分类、因果、列举等）确定发言人逻辑线索	3.42	3.50	3.47
Q103 我利用词形、语序、表述等自下而上推理语义信息	3.42	3.00	3.13
Q104 我从主题、背景知识、场景知识等自上而下推理语义信息	3.67	3.43	3.53

但是 A 班用得最多的是"从主题、背景知识、场景知识等自上而下推理语义信息"，B 班和 C 班用得最多的是"通过讲话人语气判断重点信息"。

学生口译记忆难点与策略使用

问卷结果表明，学生认为在口译中，英译汉比汉译英所面临的记忆问题更多（见表 10.15）。

表 10.15　学生口译记忆难点与策略使用

维度	极小值	极大值	均值	标准差
记忆:汉译英问题	1.750	4.500	3.201	0.525
记忆:汉译英策略	2.333	4.333	3.297	0.487
记忆:英译汉问题	2.500	4.500	3.470	0.519
记忆:英译汉策略	2.333	4.167	3.337	0.437

　　进一步分析学生在汉译英口译记忆中面临的具体困难(见表 10.16)可以发现,A 班和 C 班最突出的问题是"记的东西很快就忘了",B 班是"无法把听到的内容组成大块记忆信息"。

表 10.16　学生汉译英口译记忆问题

问卷项目	A 班	B 班	C 班
Q15 我记的东西很快就忘了	3.83	3.14	3.67
Q16 我注意力难以集中	3.08	2.86	2.80
Q17 我记不住重要的信息	3.25	2.86	2.73
Q18 我无法把听到的内容组成大块记忆信息	3.67	3.50	3.20

　　学生在英译汉口译任务中的记忆困难被统计在表 10.17 中。

表 10.17　学生英译汉口译记忆问题

问卷项目	A 班	B 班	C 班
Q79 短时记忆力差,记的东西很快就忘了	3.92	3.36	4.00
Q80 注意力难以集中	3.00	2.86	3.00
Q81 不知道该记哪些信息	3.83	3.36	3.60
Q82 无法把听到的信息进行意义编码记忆	4.08	3.21	3.53

　　对学生英译汉口译活动中与记忆相关的问题进行分析发现:A 班最大的问题是"无法把听到的信息进行意义编码记忆";B 班和 C 班都

认为"短时记忆力差"，此外，B班还反映"不知道该记哪些信息"。

　　学生针对自己在口译记忆方面的问题，也采取了相应策略（见表10.18）。在汉译英方向的口译任务中，A班和C班学生使用最多的是"通过练习复述提升短时记忆力"和"迅速搜索已有知识帮助理解听到的信息"，B班则只有后者。

表 10.18　学生汉译英口译记忆策略使用

问卷项目	A 班	B 班	C 班
Q41 我通过练习复述提升短时记忆力	3.50	3.43	3.60
Q42 我对听到的信息进行整理，组成大信息单位记忆	2.92	3.21	3.33
Q43 我对听到的内容提取主要结构和线索进行记忆	3.25	3.36	3.53
Q44 我迅速搜索已有知识帮助理解听到的信息	3.50	3.86	3.60
Q45 我利用形象记忆帮助对材料的理解	2.75	3.29	3.13
Q46 我采用路线图帮助记忆听到的材料	2.83	3.00	3.07

　　在英译汉方向的口译任务中，三个班都表示使用最多的是"迅速搜索已有知识帮助理解听到的信息"，此外，A班学生"通过练习复述提升短时记忆能力"策略也同样频繁使用。

表 10.19　学生英译汉口译记忆策略使用

问卷项目	A 班	B 班	C 班
Q105 我通过练习复述提升短时记忆力	3.67	3.50	3.47
Q106 我对听到的信息进行整理，组成大信息单位记忆	3.17	3.00	3.40
Q107 我对听到的内容提取主要结构和线索进行记忆	3.33	3.29	3.40
Q108 我迅速搜索已有知识帮助理解听到的信息	3.67	3.71	3.73
Q109 我利用形象记忆帮助对材料的理解	2.83	3.43	3.27
Q110 我采用路线图帮助记忆听到的材料	3.08	3.07	3.00

学生口译笔记难点与策略使用

由表 10.20 可以看出,学生口译笔记活动中面临的问题多于使用有效策略,而且在英译汉口译任务中面临的问题多于汉译英口译任务。在使用口译笔记策略方面,学生在英译汉口译任务中使用的策略多于汉译英口译任务。

表 10.20　学生口译笔记难点与策略使用

维度	极小值	极大值	均值	标准差
笔记:汉译英问题	2.857	4.571	3.498	0.389
笔记:汉译英策略	2.000	4.286	3.268	0.518
笔记:英译汉问题	1.714	4.714	3.537	0.515
笔记:英译汉策略	2.429	4.429	3.415	0.488

研究学生反映的口译笔记方面的问题发现,无论是汉译英口译任务还是英译汉口译任务,三个班所面临的最突出问题一致,都是"笔记文字内容太多"(见表 10.21 和表 10.22)。

表 10.21　学生汉译英口译任务笔记难点

问卷项目	A 班	B 班	C 班
Q19 我不知道笔记该记什么内容	3.33	3.43	3.00
Q20 我在记笔记时汉语比英语用得多	3.42	3.29	2.93
Q21 我没有固定的笔记符号	3.42	3.21	3.07
Q22 我的笔记文字内容太多	4.08	3.86	4.13
Q23 我的笔记不能体现发言人讲话内容的逻辑层次	3.58	3.50	3.53
Q24 我不能熟练使用常用缩略语	3.75	3.64	3.93
Q25 我记的笔记经常读不懂	3.75	3.36	3.40

表 10.22　学生英译汉口译任务笔记难点

问卷项目	A 班	B 班	C 班
Q83 我不知道笔记该记什么内容	3.67	3.07	3.53
Q84 我在记笔记时英语比汉语用得多	3.42	3.29	3.60
Q85 我没有固定的笔记符号	3.42	2.93	3.13
Q86 我的笔记文字内容太多	3.92	3.71	4.27
Q87 我的笔记不能体现发言人讲话内容的逻辑层次	3.50	3.71	3.67
Q88 我不能熟练使用常用缩略语	3.83	3.43	3.67
Q89 我记的笔记经常读不懂	3.83	3.43	3.33

　　除此之外,B 班学生还反映,在英译汉口译任务中,"笔记不能体现发言人讲话内容的逻辑层次"也是一个主要难点。

　　学生针对口译笔记方面的困难所采用的应对策略被总结在表 10.23 和表 10.24 中。

表 10.23　学生汉译英口译任务笔记策略使用

问卷项目	A 班	B 班	C 班
Q47 我练习使用常用的笔记符号记笔记	2.75	3.57	3.07
Q48 我练习使用常用的缩略语记笔记	3.00	3.50	3.00
Q49 我练习摸索适合自己的笔记符号	3.33	3.64	3.47
Q50 我练习在笔记中体现逻辑分层	3.50	2.93	3.33
Q51 我在难以找到对应表达时用目标语的意思记笔记	3.58	3.71	3.73
Q52 我练习读懂自己的笔记	3.33	3.43	3.13
Q53 我练习尽量少记笔记	2.92	3.07	2.60

　　从表 10.23 可以看出,三个班使用最多的策略均是"在难以找到对应表达时用目标语的意思记笔记",但是学生在英译汉口译笔记策略的使用方面略有不同。

表 10.24　学生英译汉口译笔记策略使用

问卷项目	A 班	B 班	C 班
Q111 我练习使用常用的笔记符号记笔记	3.42	3.50	3.27
Q112 我练习使用常用的缩略语记笔记	3.50	3.57	3.33
Q113 我练习摸索适合自己的笔记符号	3.42	3.57	3.73
Q114 我练习在笔记中体现逻辑分层	3.50	3.21	3.27
Q115 我在难以找到对应表达时用目标语的意思记笔记	3.50	3.64	3.73
Q116 我练习读懂自己的笔记	3.50	3.57	3.47
Q117 我练习尽量少记笔记	3.00	3.29	2.73

　　从表 10.24 可以看出,A 班学生"练习使用常用的缩略语记笔记"
"练习在笔记中体现逻辑分层",以及"在难以找到对应表达时用目标
语的意思记笔记"的使用量相当;B 班和 C 班学生使用最多的是"在难
以找到对应表达时用目标语的意思记笔记"。此外,C 班学生同时表
示,经常"练习摸索适合自己的笔记符号"。

　　学生口译表达难点与策略使用

　　学生口译表达方面存在的问题及所使用的策略似乎与英汉口译
的方向关系不大(见表 10.25)。

表 10.25　学生口译表达问题与策略使用

维度	极小值	极大值	均值	标准差
口译表达:汉译英问题	1.857	4.429	3.401	0.533
口译表达:汉译英策略	2.389	4.389	3.276	0.417
口译表达:英译汉问题	2.000	4.429	3.463	0.527
口译表达:英译汉策略	2.625	4.188	3.396	0.371

　　表 10.25 总体上呈现了学生在口译表达方面存在的问题及策略
使用情况,通过比较学生在口译听辨、记忆和笔记方面的相关结果可

以得知,学生口译表达存在的问题与口译笔记相当,相对难度较大。问卷调查的分析结果表明如下。

表 10.26 显示 A 班和 B 班学生在汉译英口译表达方面最突出的问题是漏译,C 班则是错译。

表 10.26　学生汉译英口译表达存在的问题

问卷项目	A 班	B 班	C 班
Q26 在课堂的口译训练中漏译较多	4.08	3.71	3.40
Q27 在课堂的口译训练中错译较多	3.58	3.43	3.60
Q28 表达的译文总是条理不清晰	3.92	3.21	3.53
Q29 停顿太多(如沉默思考)	3.83	3.43	3.40
Q30 在口译中总是自我纠错	3.67	3.50	3.20
Q31 在口译中总是使用无用填充词(如"嗯""啊"等)	2.33	2.43	2.13

从表 10.27 可以看出,A 班学生在英译汉口译任务中的表达问题主要表现在"条理不清晰""停顿太多""总是自我纠错",B 班是"条理不清晰",而 C 班则是"漏译"问题最突出。

表 10.27　学生英译汉口译表达存在的问题

问卷项目	A 班	B 班	C 班
Q90 在课堂的口译训练中漏译较多	3.83	3.64	3.67
Q91 在课堂的口译训练中错译较多	3.42	3.50	3.60
Q92 表达的译文总是条理不清晰	3.92	3.71	3.36
Q93 停顿太多(如沉默思考)	3.92	3.21	3.53
Q94 在口译中总是自我纠错	3.92	3.64	3.20
Q95 在口译中总是使用无用填充词(如"嗯""啊"等)	2.75	3.00	2.60

从表 10.28 可以看出,三个班学生在汉译英口译表达策略的使用方面存在差异:A 班使用最多的是"对没听懂的部分暂时搁置,接着听

完下文再译"，B班是"优先考虑发言人的主要意图"，C班则是"对完全不懂的内容直接跳过"，以及"适当地增词来表达发言人的隐含意思"。

表 10.28　学生汉译英口译表达策略使用

问卷项目	A班	B班	C班
Q54 我在口译时优先考虑发言人的主要意图	3.50	3.64	3.20
Q55 我在口译时关注我的语速	3.00	3.43	2.93
Q56 我在口译时避免重复	3.08	3.43	3.27
Q57 我在口译时使用正确的英语语法	3.08	3.29	3.07
Q58 我在口译时使用符合语境的英语表达方式	3.17	3.57	3.13
Q59 我对没听懂的部分暂时搁置，接着听完下文再译	3.75	3.57	3.20
Q60 我对完全不懂的内容直接跳过	3.58	3.43	3.53
Q61 我在发现译错时总是立即纠正	3.67	3.21	3.47
Q62 我适当地增词来表达发言人的隐含意思	3.58	3.50	3.53
Q63 我通过练习演讲提升自己的表达能力	3.25	3.36	3.00
Q64 我通过背诵掌握常用英语句型	2.92	3.07	3.13

　　三个班学生在英译汉口译表达方面所采用的策略归纳在表10.29中。

表 10.29　学生英译汉口译表达使用的策略

问卷项目	A班	B班	C班
Q118 我在口译时优先考虑发言人的主要意图	3.33	3.21	3.40
Q119 我在口译时关注我的语速	3.33	3.50	3.40
Q120 我在口译时避免重复	3.33	3.50	3.20
Q121 我在口译时使用正确的汉语语法	3.67	3.93	3.67
Q122 我在口译时使用符合语境的汉语表达方式	3.58	3.71	3.67
Q123 我对没听懂的部分暂时搁置，接着听完下文再译	3.42	3.57	3.47

问卷项目	A 班	B 班	C 班
Q124 我对完全不懂的内容直接跳过	3.67	3.64	3.87
Q125 我在发现译错时总是立即纠正	3.83	3.29	3.47
Q126 我适当地增词来表达出发言人的隐含意思	3.58	3.64	3.47
Q127 我通过练习演讲提升自己的表达能力	3.33	3.43	3.33
Q128 我通过背诵掌握汉语表达	3.08	3.36	2.93

　　问卷分析结果表明,三个班学生在英译汉口译任务中所使用的表达策略存在差异:A 班学生最常用的策略是"发现译错时总是立即纠正",而 B 班是"口译时使用正确的汉语语法",C 班是"对完全不懂的内容直接跳过"。

　　通过细致比较分析三个班在口译分项技能——听辨、记忆、笔记和表达方面存在的问题,以及使用的相应策略可以看出,具体情况非常复杂。有些情况下,三个班在某项口译技能方面存在的问题同样突出,使用的策略也相当,但有些情况下也有差异。而这种差异从问卷的结果看,还没有出现一致的显著差异。

三、控制班和实验班学生口译问题与策略使用的对比分析

　　研究人员将学生在口译四项基本技能——听辨能力、记忆能力、笔记能力和表达能力方面存在的问题与所采用的相应策略作为变量进行分析,得出以下结论(见表 10.30、表 10.31):

表 10.30　汉译英部分 A 班(控制班)和 B 班(实验 1 班)、
C 班(实验 2 班)口译问题与口译策略使用比较

变量	A(控制班)		B(实验 1 班)		C(实验 2 班)		A 与 B		A 与 C		B 与 C	
	均值	标准差	均值	标准差	均值	标准差	T 值	显著性	T 值	显著性	T 值	显著性
听辨问题 (8—14)	3.3225	0.32373	3.1936	0.39843	3.124	0.40299	0.895	0.380	1.384	0.178	0.467	0.644
记忆问题 (15—18)	3.4583	0.53122	3.0893	0.60134	3.1	0.3873	1.645	0.113	2.028	0.053	−0.057	0.955
笔记问题 (19—25)	3.6192	0.53442	3.4693	0.30487	3.428	0.31817	0.859	0.402	1.094	0.289	0.356	0.724
表达问题 (26—31)	3.6192	0.53442	3.4693	0.30487	3.428	0.31817	0.859	0.402	1.094	0.289	0.356	0.724
听辨策略 (32—40)	3.35	0.51884	3.2307	0.55711	3.2367	0.46405	0.562	0.580	0.599	0.555	−0.031	0.975
记忆策略 (41—46)	3.125	0.44431	3.3586	0.44817	3.3773	0.54779	−1.330	0.196	−1.290	0.209	−0.101	0.921
笔记策略 (47—53)	3.2017	0.43547	3.4086	0.43391	3.1913	0.64374	−1.210	0.238	0.048	0.962	1.058	0.300
表达策略 (54—68)	3.3058	0.35978	3.5221	0.4367	3.1913	0.43068	−1.363	0.185	0.737	0.468	2.053	0.050

表 10.31　英译汉部分 A 班(控制班)和 B 班(实验 1 班)、
C 班(实验 2 班)口译问题与口译策略使用比较

变量	A(控制班)		B(实验 1 班)		C(实验 2 班)		A 与 B		A 与 C		B 与 C	
	均值	标准差	均值	标准差	均值	标准差	T 值	显著性	T 值	显著性	T 值	显著性
听辨问题 (72—78)	3.3467	0.4631	3.525	0.4619	3.244	0.49987	−0.980	0.337	0.548	0.589	1.569	0.128
记忆问题 (79—82)	3.6167	0.51631	3.2143	0.46881	3.5208	0.41043	1.587	0.126	−0.538	0.595	−2.464	0.020
笔记问题 (83—89)	3.6908	0.47487	3.3371	0.69906	3.6287	0.3349	1.482	0.151	0.399	0.693	−1.448	0.159
表达问题 (90—95)	3.805	0.40169	3.535	0.62762	3.4414	0.51315	1.280	0.213	1.986	0.059	0.432	0.669
听辨策略 (96—104)	3.2683	0.45714	3.3886	0.4394	3.2587	0.3241	−.683	0.501	0.064	0.949	0.910	0.371
记忆策略 (105—110)	3.3892	0.41529	3.3921	0.40165	3.4673	0.46074	−0.019	0.985	−0.457	0.651	−0.467	0.644
笔记策略 (111—117)	3.4167	0.51789	3.4486	0.47139	3.3993	0.38609	−0.164	0.871	0.100	0.921	0.309	0.760
表达策略 (118—132)	3.3833	0.34901	3.4957	0.42122	3.3547	0.29669	−0.733	0.471	0.231	0.819	1.048	0.304

通过采用独立样本 T 检验(Independent-Sampks T Test),作者比较两组数据的平均值有无差异,从表 10.30 可以看出,在汉译英任务中,实验 1 班与实验 2 班的 sig. 显著性(双尾)值 0.664、0.955、0.724、0.724、0.975、0.921、0.300、0.050 均大于或等于 0.05,在听辨能力、记忆能力、笔记能力、表达能力、听辨策略、记忆策略、笔记策略、表达策略方面不存在显著差异。实验 1 班与控制班的 sig. 显著性(双尾)值 0.380、0.113、0.402、0.402、0.580、0.196、0.238、0.185 均大于 0.05,在听辨能力、记忆能力、笔记能力、表达能力、听辨策略、记忆策略、笔记策略、表达策略方面不存在显著差异。实验 2 班与控制班的 sig. 显著性(双尾)值 0.178、0.053、0.289、0.289、0.555、0.209、0.962、0.468 均大于 0.05,在听辨能力、记忆能力、笔记能力、表达能力、听辨策略、记忆策略、笔记策略、表达策略方面不存在显著差异。

从表 10.31 可以看出,在英译汉口译任务中,实验 1 班与实验 2 班在记忆能力方面 sig. 显著性(双尾)值小于 0.05,存在显著性差异;在听辨能力、笔记能力、表达能力、听辨策略、记忆策略、笔记策略、表达策略方面 sig. 显著性(双尾)值分别为 0.128、0.159、0.669、0.371、0.644、0.760、0.304,均大于 0.05,不存在显著差异。实验 1 班与控制班的 sig. 显著性(双尾)值 0.337、0.126、0.151、0.213、0.501、0.985、0.871、0.471 均大于 0.05,在听辨能力、记忆能力、笔记能力、表达能力、听辨策略、记忆策略、笔记策略、表达策略方面不存在显著差异。实验 2 班与控制班的 sig. 显著性(双尾)值 0.589、0.595、0.693、0.059、0.949、0.651、0.921、0.819 均大于 0.05,在听辨能力、记忆能力、笔记能力、表达能力、听辨策略、记忆策略、笔记策略、表达策略方面不存在显著差异。

数据统计结果表明,实验班学生经过一个学期的口译技能化训练,并没有如预期的那样在口译各项技能中的问题都显著地少于控制组。或许技能训练的时间周期太短,还不足以产生显著的成效。同时,学生在相应的策略使用上也非常复杂,不具备明显规律。这一点也印证了语言学关于学习策略的研究结论,即学生使用策略的频率和数量无法决定其学习效果(Cohen,2001)。

四、口译测试成绩结果分析

学期末,三个班的学生参加了同等水平的口译测试,测试由汉译英(C－E)和英译汉(E－C)组成。参照杨承淑(2005)对口译测试的评分框架——忠实50%,表达30%,语言20%,口译测试评分由两名有经验的口译任课教师独立完成,协商一致后形成最终成绩。

将学生的成绩分别两两进行独立样本检验,得出下列结果:

从表10.32可以看出,A班(控制班)和B班(实验1班)在汉译英任务中成绩差异不显著,但是B班在英译汉任务中的口译成绩明显好于A班,具体表现为在忠实(sig.<0.01)和表达(sig.<0.01)方面比A班要好。

A班与C班的成绩进行独立样本检验的结果见表10.33。

从表10.33可以看出,A班与C班在汉译英口译测试中成绩差异不具有数据统计意义,但是在汉译英语言表达单项方面,C班明显好于A班。同时,在英译汉口译测试中,C班成绩明显好于A班(sig.<0.01),具体表现在忠实(sig.<0.01)、表达(sig.<0.01)方面都优于A班。

笔者对B班与C班的口译测试成绩也进行了独立样本检验,得出的结果见表10.34。

由表10.34可以看出,B班和C班无论是汉译英还是英译汉测试的成绩都不具有统计意义,表明两个班的成绩差异不明显。

从三个班的口译期末测试成绩可以看出,B班和C班在经过系统的口译技能化训练后,英译汉口译测试成绩明显超过A班,尤其在口译的忠实和表达方面比较突出。可见,系统的口译技能化训练可以促进学生口译质量的提升。值得注意的是,三个班的学生汉译

表10.32 A班与B班口译测试成绩对比

独立样本检验

A与B		列文方差相等性检验		平均值相等性的T检验						差值的95%置信区间	
		F	显著性	T	自由度	显著性(双尾)	平均差	标准误差值		下限	上限
C—E忠实	已假设方差齐性	1.807	0.191	-0.903	24	0.375	-0.89286	0.98828		-2.93257	1.14686
	未假设方差齐性			-0.875	18.511	0.393	-0.89286	1.02023		-3.03204	1.24633
C—E表达	已假设方差齐性	4.121	0.054	-1.256	24	0.221	-2.15476	1.71543		-5.69524	1.38571
	未假设方差齐性			-1.309	21.028	0.205	-2.15476	1.64593		-5.57739	1.26787
C—E语言	已假设方差齐性	1.025	0.322	-1.312	24	0.202	-0.85714	0.65343		-2.20577	0.49148
	未假设方差齐性			-1.279	19.687	0.216	-0.85714	0.67018		-2.25655	0.54226
C—E总分	已假设方差齐性	0.361	0.554	-1.404	24	0.173	-3.90476	2.78185		-9.64623	1.83670
	未假设方差齐性			-1.385	21.750	0.180	-3.90476	2.81850		-9.75388	1.94436
E—C忠实	已假设方差齐性	3.533	0.072	-5.826	24	0.000	-6.60714	1.13412		-8.94785	-4.26643
	未假设方差齐性			-6.041	21.937	0.000	-6.60714	1.09379		-8.87590	-4.33838
E—C表达	已假设方差齐性	0.965	0.336	-3.398	24	0.002	-4.73810	1.39456		-7.61634	-1.85986
	未假设方差齐性			-3.449	23.981	0.002	-4.73810	1.37384		-7.57369	-1.90250

续表

A 与 B		列文方差相等性检验		平均值相等性的 T 检验					差值的 95%置信区间	
		F	显著性	T	自由度	显著性（双尾）	平均差	标准误差差值	下限	上限
E—C 语言	已假设方差齐性	0.634	0.434	-0.582	24	0.566	-0.30952	0.53194	-1.40740	0.78835
	未假设方差齐性			-0.589	24	0.561	-0.30952	0.52516	-1.39340	0.77435
E—C 总分	已假设方差齐性	0.691	0.414	-4.755	24	0.000	-11.65476	2.45131	-16.71402	-6.59551
	未假设方差齐性			-4.791	23.902	0.000	-11.65476	2.43248	-16.67625	-6.63327

注:C—E=汉译英;E—C=英译汉

表 10.33　A班与C班口译测试成绩对比

独立样本检验

A与C		列文方差相等性检验		平均值相等性的 T 检验					差值的 95% 置信区间	
		F	显著性	T	自由度	显著性（双尾）	平均差	标准误差值	下限	上限
C—E忠实	已假设方差齐性	0.693	0.413	-1.522	25	0.141	-2.18333	1.43496	-5.13868	0.77201
	未假设方差齐性			-1.577	24.808	0.127	-2.18333	1.38430	-5.03548	0.66881
C—E表达	已假设方差齐性	1.383	0.251	-1.419	25	0.168	-2.11667	1.49127	-5.18800	0.95467
	未假设方差齐性			-1.483	24.372	0.151	-2.11667	1.42748	-5.06047	0.82714
C—E语言	已假设方差齐性	4.322	0.048	-2.385	25	0.025	-1.36667	0.57306	-2.54691	-0.18642
	未假设方差齐性			-2.229	15.577	0.041	-1.36667	0.61319	-2.66945	-0.06389
C—E总分	已假设方差齐性	0.026	0.874	-1.900	25	0.069	-5.66667	2.98195	-11.80810	0.47477
	未假设方差齐性			-1.901	23.763	0.069	-5.66667	2.98033	-11.82102	0.48769
E—C忠实	已假设方差齐性	18.448	0.000	-3.062	25	0.005	-4.18333	1.36642	-6.99753	-1.36914
	未假设方差齐性			-3.289	21.081	0.003	-4.18333	1.27185	-6.82767	-1.53900
E—C表达	已假设方差齐性	3.097	0.091	-3.349	25	0.003	-4.93333	1.47296	-7.96694	-1.89972
	未假设方差齐性			-3.460	24.923	0.002	-4.93333	1.42594	-7.87057	-1.99609

续表

A与C		列文方差相等性检验		平均值相等性的T检验					差值的95%置信区间	
		F	显著性	T	自由度	显著性（双尾）	平均差	标准误差差值	下限	上限
E—C语言	已假设方差齐性	0.337	0.567	−1.684	25	0.105	−0.73333	0.43543	−1.63012	0.16345
	未假设方差齐性			−1.651	21.517	0.113	−0.73333	0.44427	−1.65589	0.18922
E—C总分	已假设方差齐性	2.869	0.103	−3.431	25	0.002	−9.85000	2.87108	−15.76310	−3.93690
	未假设方差齐性			−3.568	24.648	0.002	−9.85000	2.76036	−15.53919	−4.16081

表 10.34 B 班与 C 班口译测试成绩对比

独立样本检验

B班与C班		列文方差相等性检验		平均值相等性的 T 检验					差值的 95% 置信区间	
		F	显著性	T	自由度	显著性(双尾)	平均差	标准误差差值	下限	上限
C—E 忠实	已假设方差齐性	3.791	0.062	-1.052	27	0.302	-1.29048	1.22656	-3.80718	1.22622
	未假设方差齐性			-1.076	20.343	0.294	-1.29048	1.19926	-3.78939	1.20843
C—E 表达	已假设方差齐性	0.701	0.410	0.021	27	0.983	0.03810	1.79955	-3.65428	3.73047
	未假设方差齐性			0.021	25.506	0.983	0.03810	1.81063	-3.68721	3.76340
C—E 语言	已假设方差齐性	1.547	0.224	-1.142	27	0.264	-0.50952	0.44632	-1.42530	0.40625
	未假设方差齐性			-1.128	23.340	0.271	-0.50952	0.45159	-1.44296	0.42392
C—E 总分	已假设方差齐性	0.172	0.681	-0.662	27	0.514	-1.76190	2.66131	-7.22246	3.69865
	未假设方差齐性			-0.666	26.748	0.511	-1.76190	2.64539	-7.19219	3.66838
E—C 忠实	已假设方差齐性	3.455	0.074	1.665	27	0.107	2.42381	1.45541	-0.56244	5.41006
	未假设方差齐性			1.679	26.282	0.105	2.42381	1.44323	-0.54124	5.38886
E—C 表达	已假设方差齐性	0.545	0.467	-0.130	27	0.898	-0.19524	1.50332	-3.27979	2.88931
	未假设方差齐性			-0.130	26.979	0.897	-0.19524	1.49799	-3.26898	2.87850

续表

B班与C班		列文方差相等性检验		平均值相等性的T检验					差值的95%置信区间	
		F	显著性	T	自由度	显著性（双尾）	平均差	标准误差差值	下限	上限
E-C语言	已假设方差齐性	2.275	0.143	-0.913	27	0.369	-0.42381	0.46429	-1.37646	0.52885
	未假设方差齐性			-0.902	23.392	0.376	-0.42381	0.46972	-1.39461	0.54699
E-C总分	已假设方差齐性	1.267	0.270	0.643	27	0.526	1.80476	2.80639	-3.95348	7.56300
	未假设方差齐性			0.649	26.123	0.522	1.80476	2.78115	-3.91067	7.52020

英口译任务的测试成绩不具备数据统计意义。依前文所述,中国学生本身作为不平衡双语者,从母语向外语传译的难度就大于相反的方向(鲍刚,2005),可能学生在短期内无法有效提升汉译英的口译质量,技能化训练也就难以在最终成绩上体现出差异。

五、学生对口译技能化训练教学的反馈

学生对口译技能化训练教学的反馈由两部分组成:第一,利用问卷调查开放式问题的数据;第二,学校教务处网站公布的学生对课堂教学的匿名反馈意见。

首先,学生对开放式问题中涉及口译四项基本能力的回复被总结整理成表10.35。

表 10.35　学生反馈口译技能化训练的效果

口译能力分项	班级	学生反馈
听辨能力	A	有练习听力,有些进步
	B	在不记笔记的复述练习中,觉得自己对一些逻辑较为清楚的一大段话已经能够做到基本的原文复述;听辨能力有所提高,但难以分散注意力边听边记
	C	听材料时能做到抓关键词;现在知道听时要同时思考主要信息点;提高了抓信息的能力,以及抓信息后的处理能力
记忆能力	A	记忆力有所提高
	B	提高了短时记忆力;短时记忆在脑海中形成逻辑图式的能力有所提升
	C	通过训练,短时记忆力有明显提高;以前记住上句忘了下句,现在基本上遗漏信息较少

续表

口译能力分项	班级	学生反馈
笔记能力	A	强迫自己用符号记笔记,强迫的结果是经常读不懂
	B	了解笔记符号、笔记原则,笔记能力有所提高;掌握了一些符号,还觉得不够,不能做到瞬时反应过来;掌握了一些普遍使用的笔记符号,对自己的笔记有很好的促进作用
	C	掌握很多记笔记的技巧;记的笔记比开学时少了很多,积累了一些自己固定的符号
表达能力	A	在中译英的过程中能够应用各种句型句式,避免单调重复
	B	语言组织能力增强,表达比以前流畅;因为要对别的同学的口译进行点评,所以很注意自己的表达,提高了表达能力;积累了不少英译汉的表达,很有用
	C	在双语转换方面有很大进步;表达比刚开始接触口译时灵活

从表 10.35 部分学生的口译课程反馈可以看出,经过一个学期的口译课程学习,无论是控制班还是实验班的学生都表现出了口译能力的提升。但是,如果仔细比较这些学生的信息,可以发现实验班学生能够非常细致地描述出口译技能化培训的内容,如抓信息点、形成逻辑等。然而,控制班学生除了指出能在汉译英口译中使用不同句式(与笔译思维区别不大)外,只能模糊地提到有进步,他们对笔记能力的认知更是缺乏,还停留在要"使用符号"上。

其次,学生对汉译英和英译汉口译过程中依然存在的困难被总结在表 10.36 中。

表 10.36　学生反馈口译仍然存在的困难

口译方向	班级	学生描述的困难
汉译英	A	词汇量、文化背景知识不够,汉语记笔记时间来不及;无法准确将汉语转换成英语中对应的单词;语言组织有很多语法错误;很难及时想到英语的对应词汇
汉译英	B	中文重复性话语太多,容易轻敌,抓不住重点;太虚的内容记不住,找不清逻辑;表达时受汉语语法逻辑影响,事后纠正;中国特色太强的原文很难找到英文中对应的表达;太受汉语表达方式的影响,导致口译出来的英语不符合西方人说话方式和风格
	C	逻辑关联词不清楚,英语表达语法差;词汇量有限,用词偏重复;一些有特色的话语译不出原味;重整句子结构偏弱,容易受中文句子结构的影响
英译汉	A	听辨单词发生错误造成理解错误;口译时汉语语序颠倒;记不住原文;词汇积累不够,听力不好
	B	有时对文化背景不熟悉,影响理解;有时句子太长,听了后面忘了前面;笔记还不太会用英语记,如果笔记直接转成中文可能会耽误时间;英文条理成线状,很难根据笔记组织汉语;一旦材料不熟悉容易慌神,从而难以把握整句句意,只零星听到几个关键词;笔记记不住重点,记下来的东西联想不到原文,找不到对应的翻译;听英文倾向于记下整个单词,尤其是不熟悉的长词,影响笔记速度
	C	主要是语序方面的逻辑方向;对政治、经济类知识储备太少,因为词汇量的关系无法理解原文;听的时候理解意思并做笔记有些难;听辨问题大,无法抓逻辑主线和重点;对不熟悉的文本无法抓大意,梳理逻辑

　　表 10.36 表明,学生仍然认为在口译中存在很多问题,其中比较典型的是三个班的学生都意识到自身的语言水平问题(如英语语法表达)、知识储备问题(如文化背景知识)。同时,学生们都反映了自身的口译能力问题,如笔记能力、听辨能力、记忆能力和表达能力。但是,从学生的描述仍可以看出控制班和实验班学生对口译能力描述的区别:控制班学生多从自身经验(如口译中的词汇对应、表达中的语法准

确度等)描述存在的问题,实验班学生则意识到口译能力包含逻辑梳理、抓大意、句子结构重组、表达得体等要素,这说明实验班学生对口译能力的认知好于控制班学生。

此外,从学校教务处网站公布的学生匿名问卷反馈看,实验班学生对技能化口译教学高度认可。

表 10.37　B 班(实验 1 班)的教学评估

问卷类型	通用问卷	单位名称	外国语学院
课程名称	英语口译Ⅰ	班级名称	
指 标 名 称			得分情况
教师按时上、下课			100.00
教师在课程开始就向我们明确课程的教学目标、教学内容、考核方式			100.00
教师讲解清楚、深入浅出,启发性强			100.00
教师对课程重点、难点内容突出讲解			100.00
教师授课能够根据课程内容理论联系实际			100.00
教师注重培养学生的学习兴趣和自我学习能力			100.00
教师鼓励学生质疑、提问、研讨			100.00
教师合理安排与课程相关的阅读文献或作业			99.17
教师对我们的作业情况予以反馈			99.17
整体上讲,教师对教学工作认真负责			100.00
通过教师的教学,我在这门课程上的收获很大			99.17
该课堂总分			99.75

表 10.38 C 班(实验 2 班)的教学评估

问卷类型	通用问卷	单位名称	外国语学院
课程名称	英语口译Ⅰ	班级名称	

指标名称	得分情况
教师按时上、下课	100.00
教师在课程开始就向我们明确课程的教学目标、教学内容、考核方式	100.00
教师讲解清楚、深入浅出,启发性强	100.00
教师对课程重点、难点内容突出讲解	100.00
教师授课能够根据课程内容理论联系实际	100.00
教师注重培养学生的学习兴趣和自我学习能力	100.00
教师鼓励学生质疑、提问、研讨	100.00
教师合理安排与课程相关的阅读文献或作业	100.00
教师对我们的作业情况予以反馈	100.00
整体上讲,教师对教学工作认真负责	100.00
通过教师的教学,我在这门课程上的收获很大	100.00
该课堂总分	100.00

　　教务处的问卷针对所有必修课程的教学,虽然并不是针对口译课程而专门设计,但是因为所有学生必须匿名填写问卷并提交后才能看见自己的成绩,所以问卷调查代表了学生对该课程的整体评价。由表10.37 和表 10.38 可以看出,学生认可课程教师的技能化口译教学模式,而且几乎所有学生都认为"通过教师的教学,我在这门课程上的收获很大"。

六、小　结

　　本章简要描述了口译技能化训练教学效果评估的问卷设计及信

度、效度分析,详细讨论了学生口译听辨能力、记忆能力、笔记能力和表达能力等四项基本技能及相应策略使用的关系,并对学生口译能力与口译策略使用相关性进行了分析。最后,通过口译测试比较了控制班和实验班口译学习的效果,同时通过分析学生对问卷开放式问题的回答,以及学校教务处网站公布的学生对教学评估的结果,进一步验证了技能化口译教学的效果。

参考文献

一、中文

艾赫贝尔,1982.口译须知.孙慧双,译.北京:外语教学与研究出版社.

白佳芳,2011.英汉口译听辨理解技能培训——一项基于英语专业口译初学者的实证研究.外语界(3):16-22.

鲍川运,2003.关于翻译教学的几点看法.中国翻译(2):48-50.

鲍川运,2004.大学本科口译教学的定位及教学.中国翻译(5):27-31.

鲍川运,2008.再议大学本科口译教学.外语教育(1):1-7.

鲍川运,2009.翻译师资培训:翻译教学成功的关键.中国翻译(2):45-47.

鲍刚,1992.高校口译训练的方法.中国翻译(6):12-14.

鲍刚,2005.口译理论概述.北京:中国对外翻译出版公司.

鲍晓英,2005.帮助学生实现口译"信"的标准——记忆心理学在口译教学中的应用.外语界(3):37-42.

鲍晓英,2009.交际语言测试理论下的口译测试构卷效度研究——以上海市英语中高级口译岗位资格证书考试为例.外语界(4):84-90.

卞建华,2004.探讨新世纪的口译教学,迎接全球化的机遇和挑战.中国翻译(5):37-39.

蔡静,2010.新世纪以来国内信息化翻译教学研究评述.外语界(2):8-18.

蔡小红,1992.口译课效果评估初探.现代外语(2):23-26.

蔡小红,1998.即席传译活动中思维过程的动态研究.第二届口译理论与教学研讨会.

蔡小红,2001.以跨学科的视野拓展口译研究.中国翻译(2):22-29.

蔡小红,2005.论口译教学训练评估.中国翻译(6):58-61.

蔡小红,2008.口译互动式教学模式绩效研究.中国翻译(4):45-48.

蔡小红,方凡泉,2003.论口译的质量与效果评估.外语与外语教学(3):41-45.

蔡小红,曾洁仪,2004.口译质量评估研究的历史回顾.中国翻译(3):49-54.

曹荣平,陈亚平,2013.形成性评估及其在口译教学中的应用探析.中国翻译(1):45-50.

柴明颎,2007.口译与口译教学.中国翻译(1):48-50.

柴明颎,2010.对专业翻译教学建构的思考——现状、问题和对策.中国翻译(1):54-56.

常智勇,吴迪,2008.非英语专业英语口译教学探索与实践.外语教学(4):171-174.

陈菁,1999.口译的动态研究与口译教材的编写——兼评介《新编英语口译教程》.外语界 (4):45-49.

陈菁,2002.从 Bachman 交际法语言测试理论模式看口译测试中的重要因素.中国翻译 (1):51-53.

陈菁,2003.交际法原则指导下的口译测试的具体操作.中国翻译(1):67-71.

陈菁,肖晓燕,2014.口译教学:从理论到课堂.上海:上海外语教育出版社.

陈葵阳,2005.从建构主义观点谈翻译课堂教学.中国翻译(3):78-81.

陈琳,章艳,2011.翻译硕士专业学位论文"翻译评述"的撰写模式研究.中国翻译(6):46-49.

陈圣白,2011.模因论视阈下的口译教学实证研究.外语教学(4):107-111.

陈圣白,2015.基于语料库的口译翻转课堂教学模式创新研究.外语电化教学(6):31-36.

陈卫红,2014.论心理认知与口译记忆.外语教学理论与实践(1):85-87.

陈翔,2005.英语高级口译技能训练教程.上海:华东师范大学出版社.

陈小慰,2005.口译教学中的相关语用链接.上海翻译(2):31-35.

陈晓春,2009.高校英语专业口译教学现状和教学改革研究.安徽工业大学学报(社会科学版)(9):102-104.

陈振东,2008.口译课程培养模式探索.中国翻译(4):49-53.

戴慧萍,2014.交替传译实践教程.上海:上海外语教育出版社.

戴炜栋,徐海铭,2007.汉英交替传译过程中译员笔记特征实证研究——以职业受训译员和非职业译员为例.外语教学与研究(外国语文双月刊)(3):136-144.

戴昭辉,2011.中国大学生汉英口译非流利现象研究.上海翻译(1):38-43.

邓建华,张金玲,2008.口译教学目标定位与多层次口译人才培养.沈阳师范大学学报(社会科学版),148(32):172-174.

邓军涛,2015.国外口译教学资源库的建设与启示.现代教育技术(12):78-83.

邓媛,2012.生态翻译学视角下依托项目的MTI口译学习模式研究.外语电化教学(147):77-80.

董洪学,韩大伟,2013.迥然相异抑或和而不同?——关于翻译学硕士(MA)和翻译硕士专业学位(MTI)培养的几点思考.外国语文(双月刊)(4):126-129.

董艳萍,王斌华,2013.口译过程的两阶段解读——以一般语言理解和产出为参照.中国翻译(1):19-24.

杜晓利,2013.富有生命力的文献研究法.上海教育科研(10):13-14.

段燕,王文宇,2012.口译短时记忆训练方法实证探索.当代外语研究 (11):51-56.

樊毅,2012.基于中国—东盟自由贸易区发展需求的口译听辨教学.东 南亚纵横(6):71-74.

范守义,1998.口译、笔译教学理论研究.中国翻译(2):46-49.

方健壮,1998.口译教学改革刍议.中国科技翻译(1):38-41.

方建壮,2002.论口译教材的特点与编写原则.中国科技翻译(1): 22-24.

方雪晴,2011.基于认知评价理论对 CALL 课堂任务型学习活动设计 的思考.外语电化教学(140):16-20.

冯建中,2005.论口译测试的规范化.外语研究,89(1):54-58.

付仙梅,2014.试论韦努蒂翻译理论的创新与局限.上海翻译(3): 75-77.

高彬,柴明颎,2009.释意理论的历史性解读.解放军外国语学院学报 (3):71-76.

高彬,柴明颎,2010.中国同声传译研究引证分析.中国翻译(4): 15-19.

高彬,徐珺,2012.口译教材与口译人才培养契合之实证研究——基于 我国三大出版社的教材统计分析(1990—2011).外语界(5):42-48.

高纯娟,2012."脱离源语语言外壳"理论下的口译听辨理解.考试与评 价(大学英语教研版)(6):41-44.

高芬,2007.口译教学中记忆的认知分析.陕西师范大学学报(哲学社 会科学版)(36):364-366.

高亮,林郁如,1996.英汉/汉英口译教程.福州:福建人民出版社.

葛林,罗选民,董丽,2011.诺德翻译能力理论观照下的 MTI 培养模式 研究——以十三所高校问卷调查为例.中国翻译(4):31-36.

葛卫红,2009.英语专业本科生口译教学现状调查与分析.首都经贸大学学报(4)：77-80.

古琦慧,2009.口译课程模式的开发及应用——以培养译员能力为中心的模式.外语界(2):33-39.

顾秋蓓,2006.探究口译表达中的公共演讲策略.上海:上海外国语大学.

桂诗春,2004.新编心理语言学.上海:上海外语教育出版社.

郭聪,2013.《MTI毕业论文写作指南》评介.外语与外语教学(4)：95-96.

郭建中,2000.韦努蒂及其解构主义的翻译策略.中国翻译(1):49-52.

郭艳玲,郭满库,2007.口译记忆的心理学基础及对教学的启示.北京邮电大学学报(社会科学版)(5).

韩小明,2004.从记忆机制看口译教学中记忆能力的培养.重庆工学院学报(6):156-158.

韩子满,2008.教师职业化与译者职业化——翻译本科专业教学师资建设中的一对矛盾.外语界(2):34-39.

郝斌,2008.同传的特点及其教学.外语与外语教学(5):49-53.

何爱香,2012.交替传译笔记——中国学生口译笔记实证研究.厦门:厦门大学.

何刚强,1997.英语专业翻译教学应处理好五个关系.中国翻译(2)：40-42.

何瑞清,王传英,2013.英语本科与翻译硕士学位翻译教材的衔接研究.中国科技翻译,26(4):33-36.

何晓婷,2013.试论文化翻译理论在高校日语翻译教学中的运用.科技视界(6):96.

和静,2009.关于本科口译教学的理性思考——中国译协高等院校本科翻译师资培训心得.中国翻译(5):49-50.

贺显斌,2007.韦努蒂翻译理论的局限性.外国语,169(3):76-80.

黑玉琴,2003.从关联理论看口译过程中的最佳意义选择.外语教学

（6）：142-146.

胡刚，陈鸿金，2006.新世纪英汉同声传译.武汉：武汉大学出版社.

胡庚申，1988.关于口译效果评价的构想.中国科技翻译（2）：45-48.

胡庚申，1993.怎样学习当好译员.合肥：中国科技大学出版社.

胡庚申，盛茜，2000.中国口译研究又十年.中国科技翻译（2）：40-45.

胡开宝，陶庆，2010.汉英会议口译语料库的创建与应用研究.中国翻译（7）：49-56.

胡明扬，1990.外语教学的几个理论问题.语言教学与研究（4）：112-125.

胡赟，2012.浅析公众演讲与口译的共同点.职业教育（4）：146-147.

花亮，2016.翻译专业教师发展研究：一项基于口译教师的调查.教育理论与实践，36（6）：37-39.

黄梨，2011.建构主义理论下的翻译教学.上海翻译（3）：69-70.

黄敏，2005.谈口译资格认证考试的规范化设计.中国翻译（2）：62-65.

黄锐，2011.口译听辨理论在听力教改中的应用研究.武夷学院学报（3）：63-67.

黄友义，2010.翻译硕士专业学位教育的发展趋势与要求.中国翻译（1）：49-50.

黄远鹏，2013.建构主义视阈下的翻译教学.外语界（6）：65-71.

黄跃文，2003.口译技能分解训练探讨.海军院校教育，2（16）：45-47.

黄忠廉，李亚舒，1997.译论研究及其教学的新发展.中国科技翻译（2）：6-10.

季益水，王勇，2006.动态翻译理念在翻译课教学中的导入.山东外语教学，112（3）：95-99.

贾一诚，1995.口译笔记技巧之我见.外语教学（1）：77-80.

江晓梅，2010.口译笔记策略认知分析.湖北第二师范学院学报（6）：127-129.

姜海红，2005.英语口译教学中听力训练的方法和技巧.安徽工业大学学报(社会科学版)(2):74-75.

姜力维,张东东,2016.诺德翻译思想与 MTI 笔译教学:启示及应用.
　　黑龙江生态工程职业学院学报,29(1):94-97.

姜秋霞,曹进,2006.翻译专业建设现状:分析与建议.中国翻译(5):
　　8-13.

蒋凤霞,吴湛,2011.跨学科建构:国内外口译研究概述.外语教学(3):
　　148-149.

康诗琴,李延林,2015.公众演讲策略在口译中的应用.文史博览(理
　　论)(3):26-28.

康志峰,2012.立体论与多模态口译教学.外语界(5):34-41.

柯飞,2002.语料、网路与口笔译教学.外语教学与研究(5):231-232.

柯克尔,2003.从口译实践到口译教学.中国翻译(2):51-53.

勒代雷,2001.释意学派口笔译理论.刘和平,译.北京:中国对外翻译
　　出版公司.

李春光,2008.口译中的文化缺省及其补偿策略.外语教学(5):
　　157-158.

李德超,2005.TAPs 翻译过程研究二十年:回顾与展望.中国翻译,26
　　(1):29-34.

李芳琴,2004.论口译记忆策略.中国科技翻译(4):17-20.

李芳琴,2012.功能翻译理论观照下的翻译专业本科口译教学模式探
　　索.外国语文(2):93-97.

李学兵,2005.口译过程中影响理解的因素及理解能力的培训策略.外
　　语教学(5):85-89.

李艳,2015.高校英语口译课程教师素质调查:问题与建议.渭南师范
　　学院学报,30(24):75-78.

李洋,王楠,2012.预制语块对同声传译的缓解效应研究.外语界(1):
　　61-67.

李玉珠,2008.就业形势严峻促英语翻译资格考试热.外语教学(3):

99-99.

李越然,1999. 论口译的社会功能——口译理论基础初探. 中国翻译
　　(3):8-12.

廖志勤,2008. 构建个性化笔译教学模式,培养本科生翻译综合素
　　质——英语专业笔译教学模式的探索与实践. 外语界(2):40-46.

林超伦,2004. 实战口译. 北京:外语教学与研究出版社.

林巍,2006. 试论同声传译教学的思维和语言策略. 解放军外国语学院
　　学报(3):54-59.

林郁如,Lonergan,Jack,1999. 新编英语口译教程. 上海:上海外语教
　　育出版社.

刘伯祥,1999. 口译课中的听力训练——口译课教学应有所侧重. 中国
　　翻译(2):24-27.

刘和平,2000. 中国 90 年代同声传译的现状与思考. 上海科技翻译
　　(1):21-24.

刘和平,2001a. 口译技巧——思维科学与口译推理教学法. 北京:中国
　　对外翻译出版公司.

刘和平,2001b. 口译理论与教学研究现状及展望. 中国翻译(3):
　　17-18.

刘和平,2002. 对口译教学统一纲要的理论思考. 中国翻译(3):56-58.

刘和平,2003. 职业口译新形式与口译教学. 中国翻译(3):32-36.

刘和平,2005. 口译理论研究成果与趋势浅析. 中国翻译(4):71-74.

刘和平,2007. 谈口译研究与专业口译培训. 中国翻译(1):54-56.

刘和平,2008. 再谈翻译教学体系的构建. 中国翻译(3):58-60.

刘和平,2009. 论本科翻译教学的原则与方法. 中国翻译(6):34-41.

刘和平,2011. 翻译能力发展的阶段性及其教学法研究. 中国翻译(1):
　　37-45.

刘和平,2013. 翻译教学模式:理论与应用. 中国翻译(2):50-55.

刘和平,2014. 政产学研:语言服务人才培养新模式探究. 中国翻译

(5):40-44.

刘和平,鲍刚,1994.技能化口译教学法原则——兼论高校口译教学的问题.中国翻译(6):20-22.

刘建华,2008.接续口译笔记的教学.大连教育学院学报,24(2):47.

刘进,2011.以视译促交传——一项基于实证的相关性研究报告.中国翻译(3):37-41.

刘宓庆,2006.口笔译理论研究.北京:中国对外翻译出版公司.

刘绍龙,2007.翻译心理学.武汉:武汉大学出版社.

刘银燕,张珊珊,2009.英语专业本科口译教学结业测试设计与评估方.外语研究(4):75-78.

刘莹,姜涛,2008.释意理论下的口译教学初探.黑龙江高教研究(10):173-175.

刘育红,李向东,何莉,2014.录像评分≠现场评分:一项关于口译教学评估模式的实证研究.外语教学(5):103-108.

卢敏,刘琛,巩向飞,2007.全国翻译专业资格(水平)考试英语口译试题命制一致性研究报告.中国翻译(5):57-61.

卢信朝,2006.中国口译教学:现状、问题及对策.山东外语教学(3):50-54.

卢信朝,2007.挑战口译——听辨.上海:上海交通大学出版社.

卢信朝,2009.英汉口译听辨:认知心理模式、技能及教学.山东外语教学(5):53-59.

罗建忠,李丽霞,王晓燕,2010.我国高校英语专业翻译教学综述.成人教育(11):85-86.

罗淑兰,2008.谈高校口译师资现状.职业时空,4(9):188.

罗选民,黄勤,徐莉娜,2008.关于大学英语口译教学的调查与思考.外语界(5):75-83.

马会娟,2010.MTI学位毕业论文写作模式探讨——以北外奥组委翻译班毕业论文撰写为个案.上海翻译(2):48-52.

马英迈,孙长彦,2004.口译中的记忆与理解.宁夏大学学报(人文社会科学版)(4):78-81.

梅德明,2007.通用口译教程.北京:北京大学出版社.

门斌,宋瑞琴,2012.同声传译训练系统在同传教学中的应用.外语电化教学(145):78-80.

苗菊,2001.翻译准则:图瑞翻译理论的核心.外语与外语教学,152(11):29-32.

苗菊,王少爽,2010.翻译行业的职业趋向对翻译硕士专业(MTI)教育的启示.外语与外语教学(3):63-67.

苗菊,朱琳,2010.认知视角下的翻译思维与翻译教学研究.外语教学,31(1):98-103.

穆雷,1999.中国翻译教学研究.上海:上海外语教育出版社.

穆雷,2007.翻译硕士专业学位:职业化教育的新起点.中国翻译(4):12-13.

穆雷,2008.建设完整的翻译教学体系.中国翻译(1):41-45.

穆雷,2010.千帆竞过,万木争春——全球化视域下翻译教学与研究学术研讨会综述.中国比较文学(1):141-143.

穆雷,2011.翻译硕士专业学位论文模式探讨.外语教学(1):93-96.

穆雷,王斌华,2009.国内口译研究的发展及研究走向.中国翻译(4):19-25.

穆雷,王巍巍,2011.翻译硕士专业学位教育的特色培养模式.中国翻译(2):29-32.

穆雷,许钧,2009.中国翻译学研究30年(1978—2007).外国语(1):77-87.

穆雷,杨冬敏,2012.翻译硕士学位论文评价方式初探.外语教学(4):89-93.

穆雷,邹兵,2011.翻译硕士专业学位毕业论文调研与写作探索.中国翻译(5):40-46.

穆雷,邹兵,2014.全国翻译专业学位研究生教育 2014 年年会综述.中国翻译(5):57-59.

潘珺,2010.中国地区口译职业化调查回顾及其对口译教学的启示.外语与外语教学(3):68-71.

钱多秀,唐璐,2014.视译课程教学思考.中国翻译(5):53-56.

邱晨,2011.奈达"动态对等理论"述评.科技创新导报(1):253-254.

仇保燕,1983.记忆规律在教学中的应用.北京:人民教育出版社.

任文,2009.交替传译.北京:外语教学与研究出版社.

赛莱斯科维奇,1992.口译技艺:即席口译与同声传译经验谈.黄为忻,钱慧杰,译.上海:上海翻译出版公司.

塞莱斯科维奇,勒代雷,1992.口笔译理论概述.孙慧双,译.北京:北京语言学院出版社.

邵志芳,2007.思维心理学.上海:华东师范大学出版社.

师新民,2006.信息化翻译教学的新视野.外语界(5):48-51.

舒菲,2011.口译听辨和记忆问题诊断研究及教学策略.贵州大学学报(社会科学学报)(6):97-102.

帅林,2007.跨学科口译理论研究在中国.中国科技翻译(3):50-53.

宋佳音,2008.释意派理论在欧盟中英同传训练中的应用及教学策略.国际商务(S1):67-70.

宋健飞,2000.口译教学的分项训练方法.国外外语教学(4):36-40.

宋缨,蒋琴芳,马秋武,2014.语块视角下的口译教学研究.外语电化教学(157):75-80.

苏晓军,2007.同声传译研究的认知模型述评.西安外国语大学学报,15(1):60-63.

苏远连,2003.论听力学习策略的可教性——一项基于中国外语初学者的实验研究.现代外语(1):50-58.

苏跃,张晔,2008.谈口译中的笔记技能操控.继续教育研究(6):159-160.

孙利,2013.关联理论视阈下的口译认知过程与口译教学探究.外语界(1):79-87.

覃江华,黄海瑛,2014.对我国同声传译教材出版的反思.中国出版(2):22-26.

谭晓丽,2009.韦努蒂的结构翻译思想新探.复旦外国语言文学论丛(1):71-77.

唐媛,2013.技能化口译教学在具体教学环节中的体现——以大学本科口译教学为例.中国翻译(5):52-55.

陶友兰,2007.新形势下我国翻译专业师资建设的思考——"首届全国翻译专业建设圆桌会议(师资建设专题)"综述.外语界(3):30-34.

陶友兰,2008.翻译专业汉英翻译教材的建构模式新探.外语界(2):10-19.

陶友兰,2010.基于语料库的翻译专业口译教材建设.外语界(4):2-8.

滕亿兵,李云平,2003.源语概括能力在口译过程中的重要性及其培养方法.陕西师范大学学报(哲学社会科学版)(S2):272-273.

涂赟,2012.关于翻译硕士专业学位课程设置的几点思考——以国内六高校翻译硕士课程设置为例.中南财经政法大学研究生学报(3).

万宏瑜,2013.基于形成性评估的口译教师反馈——以视译教学为例.中国翻译(4):45-49.

万宏瑜,张燕,2008.拓宽视野,培养能力——上海外国语大学"英语口译"市级精品课建设.外语界(2):55-59.

汪宝荣,2005.翻译理论与实践课程改革探索.绍兴文理学院学报(25):32-37.

王阿晶,2009.公众演讲技能与口译:从释意理论的视角探讨两者的关系.大连大学学报(2):151-153.

王斌华,2006.口译:理论、技巧与实践.武汉:武汉大学出版社.

王斌华,2007.口译能力评估和译员能力评估.外语界(3):44-50.

王斌华,2008.口译研究的路径与方法——回顾与前瞻.中国外语(2):

85-90.

王斌华,2009.口译专业教学的课程设置模式和教学方法.湖南科技学院学报,30(3):208-213.

王斌华,2011.口译能力的评估模式及测试设计再探——以全国英语口译大赛为例.外语界(1):66-71.

王斌华,2012.从口译能力到译员能力:专业口译教学理念的拓展.外语与外语教学(6):75-78.

王斌华,穆雷,2012.国外专业口译教学的调研报告.外语界(5):44-47.

王超美,1990.口译思维与口译能力.上海科技翻译3:21-23

王洪林,2015.基于"翻转课堂"的口译教学行动研究.中国翻译(1):59-62.

王建华,郭薇,2015.口译笔记认知与非英语专业学生交传质量的相关性.外语与外语教学(4):68-74.

王金波,王燕,2006.口译的特点与口译教材:问题与前景.外语界(5):41-47.

王静,2010.网络环境下任务型口译及教学模式的设计与实践.外语电化教学(133):34-37.

王克非,2004.双语平行语料库在翻译教学上的用途.外语电化教学(6):27-32.

王立弟,2001.翻译中的知识图式.中国翻译(2):19-25.

王立弟,2003.翻译资格考试与翻译培训.中国翻译(6):51-54.

王凌云,2012.目标论指导下的大众演讲口译策略.上海:上海外国语大学.

王梦霞,2016.交传口译培训过程中笔记与口译质量的动态关系.北京:中国人民大学.

王瑞昀,2004.口译的认知与口译教材的编写——跨学科口译理论在《英语口译教程》编写中的应用.中国翻译(4):68-72.

王树槐,2013. 翻译教学论. 上海:上海外语教育出版社.

王巍巍,李德超,2015. 汉英交替传译策略使用特征——基于有声思维法的学生译员与职业译员对比研究. 中国翻译(6):41-47.

王文宇,周丹丹,2014. 口译笔记内容与口译产出关系的实证研究. 解放军外国语学院学报(2):115-121.

王文宇,周丹丹,王凌,2010a. 对英语专业高年级学生口译能力的调查——兼谈口译教学. 外语教学(5):71-75.

王文宇,周丹丹,王凌,2010b. 口译笔记特征与口译产出质量实证研究. 外语界(4):9-18.

王晓露,2011. 认知负荷模式关照下的口译笔记. 西南科技大学学报(哲学社会科学版),28(2):77-80.

王晓燕,2003. 口译特点与口译教学. 中国翻译(6):56-58.

王燕,郦莉,2014. 口译过程中的自反式知识生成模式——以口译笔记为例. 中国翻译(2):27-32.

王银泉,2008. 以市场为导向的翻译人才培养模式探微. 外语界,125(2):20-26.

王永秋,2001. 口译听说技能训练. 中国科技翻译(4):37-39.

魏晓红,2009. 模因论与大学英语口译教学. 黑龙江高教研究(12):193-195.

文军,刘威,2007. 任务型教学法运用于口译教学的实验研究. 中国翻译(4):42-46.

文军,穆雷,2009. 翻译硕士(MTI)课程设置研究. 外语教学(4):92-95.

文军,张瑜清,2009. 国内口译教材(1988—2008)研究. 上海翻译(2):48-52.

邬姝丽,2010. 高校英语专业口译能力评估及其对口译教学的启示. 中国翻译(4):37-39.

吴冰,1999. 关于口译教材编写的思考——兼评国内出版的六种教材.

外语教学与研究(2):49-54.

吴刚,2010.MTI毕业论文写作方案的制定及目前出现的一些问题.东方翻译(2):14-16.

吴建,2010.中美高等教育的对比分析.教育与教学研究,24(11):51-55.

吴启金,2002.入世后我国翻译教育面临的挑战及对策.中国科技翻译(2):47-50.

吴玉美,2013.大学本科翻译专业的口译教学探究.探索与研究(39):217-218.

吴钟明,2008.英语口译笔记法.武汉:武汉大学出版社.

伍小君,2007."交互式"英语翻译教学模式建构.外语学刊(4):121-123.

肖洁汶,1991.介绍《大学英语口译(汉英)教程》.外语界(4):55.

谢莉,2006.全球翻译行业的历史与现状.中国翻译,27(4):8-11.

邢家伟,2011.认知理论在口译人才培养中的应用价值.沈阳农业大学学报(社会科学版),13(2):219-221.

徐海铭,2010.汉英交替传译活动中的口译停顿现象实证研究——以国际会议职业口译受训译员为例.外语研究(1):64-71.

徐翰,2007.口译记忆认知与记忆策略探索.南昌大学学报(人文社会科学版)(9):123-126.

徐翰,2008.以技能训练为中心的口译教学模式探索.外语教学(12):82-84.

徐瀚,2011.本科英语专业技能化口译教学的实证研究.上海:上海外国语大学.

徐莉娜,1997.关于本科生翻译教学思考.上海科技翻译(1):30-33.

徐然,2010."专注听力"——口译听力培训方法之我见.中国翻译(3):43-47.

许钧,1998.翻译释意理论辨——与塞莱斯科维奇教授谈翻译.中国翻译(1):9-13.

许明,2008.西方口译认知研究概述.中国翻译(1):16-21.

许明,2010.口译认知过程中"deverbalization"的认知诠释.中国翻译
(3):5-11.

闫怡恂,2009.汉英口译中的文化缺省:现象与对策.大连理工大学学
报(社会科学版)(3):123-127.

严志军,张沫,2010.符号学视域下的会议口译教材开发.南京师大学
报(5):155-160.

杨承淑,2000.口译教学研究.台北:辅仁大学出版社.

杨承淑,2005.口译教学研究:理论与实践.北京:中国对外翻译出版
公司.

杨凯,陈文莉,2011.英语专业本科口译教学中的问题及改革建议.苏
州教育学院学报,28(1):83-85.

杨莉,2010.数字口译教学探究.中国科技翻译(4):38-40.

杨莉,2012.口译听辨教学策略研究.齐鲁师范学院学报(2):79-83.

杨明星,2011.信息化视野下外交口译教学中的多层次规范.外语电化
教学(5):49-53.

杨先明,何明霞,2007.图示理论与口译记忆能力训练.上海翻译(3):
42-44.

杨晓军,2007.基于语料库翻译研究和译者教育.外语与外语教学
(10):51-55.

杨英姿,2011.谈翻译专业资格(水平)考试的三个衔接.中国翻译(3):
81-83.

于连江,2004.基于语料库的翻译教学研究.外语电化教学(2):42-43.

袁斌业,2003.近十年我国英专本科翻译教学研究的回顾与评述.外语
界(1):7-11.

曾阿姗,2013.多媒体技术在本科英语口译教学中的应用.内蒙古民族
大学学报(社会科学版)(1):101-104.

曾记,洪媚,2012.学生译员汉译英连传口译中的自我修正研究.外语与外语教学(3):68-71.

曾文雄,2003.现代电化教育环境下的口译教学.外语电化教学(4):46-50.

詹成,2010.中国口译教学三十年:发展及现状.广东外语外贸大学学报(6):89-92.

詹成,2012.视译教学的原理、步骤及内容.上海翻译(2):48-50.

张爱玲,2015.多语种组合演讲视频教学素材库建设.外语电化教学(3):25-30.

张宝钧,2003.大学英语口译教学中的"临场训练".中国翻译(3):37-39.

张慧琴,2007.多媒体辅助英语专业翻译教学实践探索.外语与外语教学(12):43-44.

张吉良,2008.ESIT模式与中国的口译教学.中国外语(2):91-96.

张吉良,高斌,2014.翻译专业交传、同传训练的视频语料库建设.中国翻译(5):49-53.

张金陵,文军,2005.论翻译课程的发展趋势.上海翻译(3):42-44.

张筠艇,2006.交替传译教学中的记忆训练.外国语言文学,23(4):265-269.

张美芳,2005.功能加忠诚:介评克里斯汀·诺德的功能翻译理论.外国语,155(1):60-65.

张敏,2015.本科翻译专业口译教学难点之数字口译.海外英语(15):100-101.

张淑贞,赵宁,2009.图里与翻译规范理论.重庆科技学院学报(社会科学版)(6):136-137.

张威,2006.口译过程的认知因素分析:认知记忆能力与口译的关系——一项基于中国口译人员的调查报告.中国翻译(6):47-53.

张威,2008.口译质量评估:以服务对象为依据——一项基于现场口译

　　活动的调查研究报告.解放军外国语学院学报(5):84-89.

张威,2009.口译语料库的开发与建设:理论与实践若干问题.中国翻
　　译(3):54-59.

张威,2011.口译认知研究:同声传译和工作记忆的关系.北京:外语教
　　学与研究出版社.

张威,2014.认知记忆训练对口译学习效果的影响研究.外语与外语教
　　学(6):56-61.

张维为,1999.英汉同声传译.北京:中国对外翻译出版公司.

张伟,2008.口译教学中的交传笔记训练.安徽工业大学学报(社会科
　　学版),25(2):126-127.

张欣.论口译听力理解过程中遇到的难点以及应对策略.上海:上海外
　　国语大学,2012.

张燕,2002.口译技巧——提高同声传译的质量.中国翻译(7):66-68.

张燕,2009.口译教学及其对语言实验室的充分应用.外语电化教学
　　(2):3-5.

张玉翠,2010.预制语块在口译工作记忆中的作用.外语教学(1):
　　122-123.

章和升,1995.翻译教学琐议.山东外语教学(3):74-76.

赵晨,2013.中英不平衡双语者口译中的源语理解过程.外语教学与研
　　究(1):93-104.

赵蕾,2013.高校口译教学现状探讨.外语研究,132(10):357-358.

赵亮,2012.口译中跨文化因素对听辨的影响.哈尔滨:黑龙江大学.

赵颖,2012.从 ACT-R 理论谈英语本科生口译笔记能力的培养.桂林
　　师范高等专科学校学报(4):105-108.

赵颖,杨俊峰,2014.从图式理论谈商务英语口译能力的培养.中国翻
　　译(5):49-52.

郑茗元,2011.试论英语专业口译课模式与教学策略.黑龙江高教研
　　究,206(6):158-160.

钟守满,雷雪莲,2009.以市场为导向,侧重翻译能力的培养.外语与外语教学(2):17-21.

仲伟合,1998.口译教学刍议.中国翻译(5):18-21.

仲伟合,2001.口译训练:模式、内容、方法.中国翻译(2):30-32.

仲伟合,2003.译员的知识结构与口译课程设置.中国翻译(3):32-35.

仲伟合,2006.翻译专业硕士(MTI)的设置——翻译学学科发展的新方向.中国翻译(1):32-35.

仲伟合,2007a.口译课程设置与口译教学原则.中国翻译(1):52-53.

仲伟合,2007b.专业口译教学的原则与方法.广东外语外贸大学学报,18(3):5-8.

仲伟合,2010.翻译专业人才培养:理念与原则.东方翻译(1):10-14.

仲伟合,2011.高等学校翻译专业本科教学要求.中国翻译(3):20-24.

仲伟合,穆雷,2008.翻译专业人才培养模式探索与实践.中国外语(6):4-8.

仲伟合,王斌华,2009.基础口译.北京:外语教学与研究出版社.

仲伟合,王斌华,2010a.口译研究的"名"与"实"——口译研究的学科理论建构之一.中国翻译(5):7-12.

仲伟合,王斌华,2010b.口译研究方法论——口译研究的学科理论建构之二.中国翻译(9):18-24.

周金华,2011.口译笔记教学方法新探——论笔记模仿教学法的有效性.吉林广播电视大学学报(8):140-142.

周明伟,2014.建设国际化翻译人才队伍,推动中国文化走出去.中国翻译(5):5-6.

周维,贺学耘,2013.本科翻译专业口译教学的测试与评估现状及体系构建研究.外语测试与教学(2):40-44.

周忠良,2013.地方本科院校英语专业口译教学"SPECIAL"模式刍议.湖北经济学院学报(4):200-202.

朱建新,2009.认知教学理论视域下的《英汉口译》网络教学模式.外语电化教学(5):60-64.

朱晓青,2009. 多媒体教学手段在英语口译教学中的应用. 教育理论与
实践(12):52-53.

庄智象,2007. 我国翻译专业建设：问题与对策. 上海：上海外语教育
出版社.

左嘉,2007. 主位结构与口译中的信息处理. 昌吉学院学报(5):55-57.

二、英文

Alexieva, B. , 1990. Creativity and simultaneous interpretation.
Babel, 36(1):1-6.

Anderson, J. R. , 1995. Cognitive Psychology and Its Implications.
(4th ed.). New York: Freeman.

Atkinson, R. C. & Shiffrin, R. M. , 1968. Human memory: A
proposed system and its control processes. In Spence, K. W. &
Spence, J. T. The Psychology of Learning and Motivation (Vol.
2). Oxford: Academic Press.

Baddeley, A. D. & Hitch, G. J. , 1974. Working memory. In
Bower, G. (ed.). The Psychology of Learning and Motivation:
Vol. VIII. New York: Academic Press.

Baddley, A. D. , 2000. The episodic buffer: A new component of
working memory? Trends in Cognitive Sciences, 4:417-423.

Bartrina, F. , 2005. Theory and translator training. In Tennent, M.
(ed.). Training for the New Millennium: Pedagogies for
Translation and Interpreting. Amsterdam/Philadelphia: John
Benjamins Publishing Company.

Bell, R. T. , 1991. Translation and Translating: Theory and
Practice. London: Longman.

Bottan, L. , 2000. La présentation en interprétation consécutive: comment développer une habileté de base EUT-Edizioni Università di Trieste.

Buhler, H. , 1986. Linguistic (semantic) and extra-linguistic (pragmatic) criteria for the evaluation of conference interpretation and interpreters. Multilingua, (5) 4:231-235.

Chesterman, A. &. Wagner, E. , 2002. Can Theory Help Translators? A Dialogue Between the Ivory Tower and the Wordface. Manchester: St. Jerome Publishing.

Cohen, A. D. , 2001. Strategies in Learning and Using a Second Language. Beijing: Foreign Language Teaching and Research Press.

Cokely, D. , 1992. Interpreting: A Sociolinguistic Model. Burtonsville: Linstok Press.

Colina, S. , 2003. Translation Teaching: From Research to the Classroom. Boston: McGraw-Hill.

Colonomos, B. , 1992. Processes in Interpreting and Transliterating: Making Them Work for You. Riverdale: The Bicultural Center.

Cronin, M. , 2005. Deschooling translation: Beginning of century reflections on teaching translation and interpreting. In Tennent, M. (ed.). Training for the New Millennium: Pedagogies for Translation and Interpreting. Amsterdam/Philadelphia: John Benjamins Publishing Company.

De Groot, A. , 2000. A complex skill approach to translation and interpreting. In Tirkkonen-Condit, S. &. Jääskeläinen, R. (eds.). Tapping and Mapping the Processses of Translation and Interpreting. Amsterdam: John Benjamins.

De Vito, A. J., 1994. The Elements of Public Speaking. (5th ed.). New York: Harper Collins College Publisher.

Delisle, J., 1988. Translation: An Interpretive Approach. Ottawa: University of Ottawa Press.

Ericsson, K. A. & Kintsch, W, 1995. Long-term working memory. Psychological Review (2): 211-245.

Ficchi, V., 1999. Learning consecutive interpretation: An empirical and an autonomous approach. Interpreting, 4(2):199-218.

Gile, D., 1994. Methodological aspects of interpretation and translation research. In Lambert, S. & Moser-Mercer, B. (eds.). Bridging the Gap: Empirical Research on Conference Interpretation. Amsterdam and Philadelphia: John Benjamins, 28-41.

Gile, D., 1995. Basic Concepts and Models for Interpreter and Translator Training. Amsterdam: John Benjamins Publishing company.

Gile, D., 2001. The history of research into conference interpreting: A scientometric approach. Target, 12(2): 297-321.

Gile, D., 2002. Recent Trends in Research into Conference Interpreting. Seoul: Hankuk University of Foreign Studies.

Gile, D., 2005. Teaching conference interpreting: A contribution. In Tennent, M. (ed.). Training for the New Millennium: Pedagogies for Translation and Interpreting. Amsterdam/Philadelphia: John Benjamins Publishing Company.

Gile, D., 2011. Basic Concepts and Models for Interpreter and Translator Training. (revised). Shanghai: Shanghai Foreign Language Education Press.

Herbert, J., 1952/1968. The Interpreter's Handbook: How to

Become a Conference Interpreter. Geneva: Librairie de L'Universit.

Hertnann, A. , 1956/2002. Interpreting in antiquity. In Pöchhacker, F. & Shlesinger, M. (eds.). The Interpreting Studies Reader. London: Routledge.

Jones, R. , 1998. Note-taking in Consecutive Interpreting: Conference Interpreting Explained. Manchester: St. Jerome.

Kiraly, D. , 2000. A Social Constructivist Approach to Translator Education: Empowerment from Theory to Practice. Manchester: St. Jerome Publishing.

Kroll, J. R. & Steward, E. , 1994. Category interference in translation and picture naming: Evidence for asymmetric connections between bilingual memory representations. Journal of Memory and Languages, 33(2): 149-174.

Kurz, I. , 1989. The use of video-tapes in consecutive and simultaneous interpretation fining. In Gran & Dodds(eds). The Theoretical and Practical Aspects of Teaching Conference Interpretation. Udine: Campanotto.

Ladmiral, J. R. , 2005. Lesalto mortale de la déverbalisation. Meta (2): 473-487.

Lederer, M. , 2003. Translation: The Interpretive Model. Manchester: St. Jerome Publishing.

Liu, M. , Schallert, L. & Carroll, P. , 2004. Working memory and expertie in simultaneous interpreting. Interpreting, 6(1): 19-42.

Macizo, P. & Bajo, M. T. , 2004. When translation makes the difference: Sentence processing in reading and translation. Psicologica, 25(2): 181-205.

Macizo, P. & Bajo, M. T. , 2006. Reading for repetition and reading for translation: Do they involve the same processes?. Cognition, 99: 1-34.

Mackintosh, J., 1995. A review of conference interpretation: Practice and training. Target, 7(1): 119-133.

Marrone, S. ,1993. Quality: A shared objective. The Interpreters' Newsletter, 5: 35-41.

Nida, E. A. , 1964. Toward a Science of Translating. Leiden: Brill.

Nida, E. A. & Charles, R. T. , 1969. The Theory and Practice of Translation. New York: E. J. Brill, Leiden.

Nord, C. , 2006. Text Analysis in Translation: Theory, Methodology, and Didactic Application of a Model for Translation-oriented Text Analysis. (2nd ed.). Beijing: Foreign Language Teaching and Research Press.

Phelan, M. , 2001. The interpreter's resources. Multilingual Matters, 2.

Piaget, J. , 1970. Science of Education and Psychology of the Child. New York: Oxford University Press.

Pöchhacker, F. , 2004. Introducing Interpreting Studies. London/ New York: Routledge.

Rogers, C. , 1969. Freedom to Learn. Ohio: Merrill Publishing Company.

Rozan, J. F. , 1956. La prise de notes en interprétation consécutive. Geneve: Georg.

Sawyer, D. B. , 2004. Fundamental Aspects of Interpreting Education. Amsterdam Philadelphia: John Benjamins.

Seleskovitch, D. , 1975. Language, langues et mémoire—etude de la prise de notes en interpretation consecutive. Paris: Lettres moderns Minard.

Seleskovitch, D. , 1978. Interpreting for International Conferences: Problems of Language and Communication. Washington: Pen & Booth.

Seleskovitch, D. , 1999. The teaching conference interpretation: Last 50 years. Interpreting (1):55-66.

Seleskovitch, D. & Lederer, M. , 1984/1992. Interpréter pour traduire. Paris: Didier Erudition.

Seleskovitch, D. & Lederer, M. , 1989. Pédagogie Raisonnée de l'Interprétation. Paris: Didier Erudition.

Seleskovitch, D. & Lederer, M. ,1995. A Systematic Approach to Teaching Interpretation. Jacolyn, H. (trans). Silver Spring: Registry of Interpreters for the Deaf.

Setton, R. , 1999. Simultaneous Interpretation: A Cognitive-Pragmatic Analysis. Amsterdam: John Benjamins.

Setton, R. , 2006. New demands on interpreting and the learning curve in interpreter training. In Chai, M. & Zhang, J. (eds). Professionalization in Interpreting: International Experiences and Developments in China. Shanghai: Shanghai Foreign Language Education Press.

Steiner, G. , 1975. After Babel: Aspects of Language and Translation. Oxford: Oxford University Press.

Szabo, C. , 2006. Language choice in note-taking for consecutive interpreting. Interpreting, 8(2): 129-147.

Toury, G. , 1995. Descriptive Translation Studies and Beyond. Amsterdam: John Benjamins Publishing Company.

Van, Hoof H. , 1962. Théorie et pratique de l'interprétation. Münchn: Max Heuber.

Venuti, L. , 1992. Rethinking Translation: Discourse, Subjectivity and Ideology. London/New York: Routledge.

Venuti, L. , 1995. The Translator's Invisibility: A History of Translation. London: Routledge.

Vygotsky, L. S. , 1978. Mind in Society: The Development of Higher Psychological Processes. Cambridge: Harvard University Press.

Wilss, W. , 1982/2001. The Science of Translation: Problems and Methods. Shanghai: Shanghai Foreign Language Education Press.

Yan, X. , Pan, J. & Wang, H. , 2010. Learner factors, self-perceived language ability and interpreting learning. The Interpreter and Translator Trainer, 4(2): 173-196.

Yan, X. , et al. , 2012. Mapping interpreting studies: The state of the field based on a database of nine major translation and interpreting journals (2000—2010). Perspectives: Studies in Translatology, 21(3): 446-473.

索　引

A

案例教学法　92，96，124，126，150

案例研究　155，170

B

巴黎高等翻译学院　1

百科知识　30，39，56，68，76，99，121

本科翻译教学　59-62，70

本土化　33，35，42，59

笔记策略　197，210-212，216-217

笔记符号　38，97，149-151，168-170，210-212，226

笔记模仿　149，249

笔记内容　147，171-172

笔记数量　158，160-161，164-165，167，169-174

笔记形式　147，160，164-165，167，169，172-173

笔记语言　147-148，157-158，160，169，171-172

编码　5-6，13，85-86，122，128，145，208

编码记忆法　121-122，128

表达策略　197，213-217

表征　9-10，25，83-84，86，101

并行加工　5，8-10

C

长时记忆　8，11，13，25，84-86，97，124-125，136

串行加工　5，8

存储　25，58，82，101，136

错译　17，31-32，69，90，184，189，213

D

动态对等理论　20，22

动态性　10-11

短时记忆　32，50，84-88，97，

115,136,145,208-209,225

多语种组合　61

F

反思法　150,178

反思日志　93

翻译教学　19-20,26-28,54,59-62,70,72-73,79

翻译理论　19-20,22-23,28

翻译硕士　2,51,56,72,75

翻译文化研究　20-21

翻译学　1-2,19,45,49,54

翻转课堂　53-54

泛听　101

访谈　69,80,170-171

非语言能力　176

分脑　170

分心协调　101

符号　6,11,21,29,33,35

副语言　34-35,88,90,176-177

G

功能理论　20,23

公众演讲　175-177,180

工作记忆　9,13,85,106,120-121

关键词　34-35,38,41,46,85-88

关键信息　52,86-87,100-

102,106

关联理论　55

规范理论　20,22

国际会议口译员协会　2,31

H

核心信息　129-135,137-143,145

互动式教学　56,92

回顾性评估　50

会议口译　1-2,4,30-31,59,61,68

I

联络口译　54,64,69,76

漏译　15,17,31-32,45,69,90

逻辑标志　158,160-162,165,167

逻辑线索听辨　52,102

逻辑性重构　101

J

技能化训练　19,35,37,39,42-43

记忆策略　122-123,197,209,216-217

记忆容量　52,85-86,115,120-121

建构理论 26,28,53,95

讲话结构 146

焦虑控制 53

交替传译 1,11,38,40-42,49,
53-54

教学方法 2,47,92,102,148

教学进度 68,97,118

教学目标 18,39,60,71,228

教学内容 53-55,75,228-229

教学原则 28,38,74-75,95

解码 7,24-25,82

介绍语类 127

精听 101

K

抗干扰听辨 101,106

口译笔记 16,33,38,45,80,97

口译笔记档案 170

口译表达 13,17-18,80,87-91,
175-181

口译测试 16-18,45,51,71,218

口译过程 5-11,29-30,114,146

口译记忆 13,36,84-86,
119-127

口译教材 47-51,71,98

口译教学 1,50-82,91-92,121

口译教学大纲 49,74-75

口译理论 1,14,19,28,55,87

口译能力 17,49,56-58,124

口译评估 15-17

口译人才 1-3,36-37,66-68,
78-82

口译师资 51,68,76-78

口译市场 3,43,54-55

口译思维 6-8,12,34-35

口译听辨 36-37,52,80,97,100

口译职业化 3,33,54,68

口译质量 2,13-16,52,147

跨文化交际 4,23,38-39,53,69

跨学科研究 49-51,59,147

L

理解记忆 122,124

联想 6,33,36,101-102,
121,127

论证语类 127

逻辑提示词 149

M

蒙特雷国际研究学院 1

萌芽期 44,46

模拟式 56,60,92

目的语 15,21,30,55,148,197

R

认知补充　30

认知负荷模型　31-33,44

认知技能　35-37

认知语言学　25

S

生生互评　92-93

生态翻译学　57

师生互评　93

实词摄取源语要点　106

实战式　60,92

释意学派　28,59

数字口译　47,52

双语熟悉度　33-34

双语思维　37,49,79,81-82,96

瞬时记忆　13,84-85,136

缩进　146-147

缩略语　146,148-149,152,158,
　　210-212

T

体验教学法　124

听辨策略　97,100,197,206-
　　207,216

听力策略　176

停顿　53,90,114,129

同声传译　1,15,58,119-120

头脑风暴法　150

团队式　56,60,92

推断　4,7,9,101

推理语义信息　101,106,206-207

脱离语言外壳　5,7,10,46

W

无笔记训练　40-41

X

细节信息　86,129-131,133-
　　145,171

衔接词　146

现场性　10

限时性　10-11

项目教学法　92

新旧信息　106,206-207

心理素质　14,16,18,50,
　　176-177

信息单位　34,86,115,121-
　　122,127

信息技术　49,51,53-55,57

信息视觉化　101,121-122

形象化记忆　122

叙述语类　127

学生互评　92

Y

言意分离　101-102

有准备演讲　92-93,97,178,
180,193-194

译前准备　39,41,47,53,145

译语产出　5,7,10,89-90

音流听辨　52,101-102

英语专业口译教学　3,57-58,
81-82,94-96

有声思维法　24

预测　6,100-102,114,194

语境知识　30

语篇　6,12,21,23

语言策略　176-177

语言单位　24,29

语言结构　22,29,73,91

语言提升　47

源语理解　7-10,46

源语复述　52,99,102,106-108,
113-115

Z

中英不平衡双语者　9

知识专题　60

职业技能　37,60

自省式　56,60,92

主干信息　101,129-142,145

主题训练　49,71

专有名词　41,47,55,69,
120,145

转述　88,120-121

组块　85-86,97,120-124,127,
136,145